本书为江苏省一流学科建设成果

行政法学
前沿问题研究

曾祥华　主编

上海交通大学出版社
SHANGHAI JIAO TONG UNIVERSITY PRESS

内容提要

本书围绕行政法前沿问题展开讨论,主要包括传统行政法问题的新热点、行政协议与公用事业民营化、行刑衔接与监察制度改革、信息化时代的行政法应对、公共卫生危机与行政紧急权五个部分。书中对其中的热点和焦点问题进行深入探讨,同时回应了"行政法面临的问题"以及"行政法在国家发展中的定位和未来发展前景"等方面的议题。

本书适合行政法学专业的学生、教师和研究者阅读参考。

图书在版编目(CIP)数据

行政法学前沿问题研究/曾祥华主编. —上海:
上海交通大学出版社,2024.6—ISBN 978－7－313－30917
－4

Ⅰ.D922.104
中国国家版本馆 CIP 数据核字第 2024U9D870 号

行政法学前沿问题研究
XINGZHENGFAXUE QIANYAN WENTI YANJIU

主　　编：曾祥华
出版发行：上海交通大学出版社　　　　　　　　地　　址：上海市番禺路 951 号
邮政编码：200030　　　　　　　　　　　　　　电　　话：021－64071208
印　　制：上海万卷印刷股份有限公司　　　　　经　　销：全国新华书店
开　　本：710mm×1000mm　1/16　　　　　　印　　张：17.75
字　　数：291 千字
版　　次：2024 年 6 月第 1 版　　　　　　　　印　　次：2024 年 6 月第 1 次印刷
书　　号：ISBN 978－7－313－30917－4
定　　价：78.00 元

前言

曾祥华*

  行政法学作为一个较为年轻的部门法学,其发展和更新速度均处于领先地位。随着科学技术的发展、社会生活的日新月异、行政管理改革的持续推进,行政法学不断面临新的挑战,也不断地得到新的发展机遇。近年来,行政法法典化趋势、监察制度改革、公私合作推进以及新的电子化行政的发展都为行政法学带来了新的前沿问题。本书即为对行政法学前沿问题进行开拓的一个尝试。

  2010 年,全国人大常委会领导人宣布我国社会主义法律体系基本建成,然而行政程序法典的缺失仍然是一个遗憾。随着《中华人民共和国民法典》(简称《民法典》)①的颁布,行政法学界掀起了一股行政法典化的热潮,各种设想叠相推出,表现出行政法学界学者的极大热忱。然而,理性的冷静思考仍然是解决问题必不可少的关键,如何实现行政法典化,行政法典化的背景条件是否具备,行政法典化的最佳模式是什么,这些问题仍然需要我们深入讨论。

  行政协议是近年来备受关注的热点问题,也是一个尚未深入讨论的领域。公私合作、公用事业民营化乃至公众参与,构成了一个新兴的实践探索和理论课题。这两个方面的问题实质上存在着密切的关联,其中涵盖了治理理念和治理方式的创新,也涉及行政法学与民法学的交叉。如何借鉴国外的治理方式,如何结合中国国情加以创造性地运用,如何使行政法的传统理论适应新的变革性实践,抑或如何在变革实践的基础上促进行政法学理论的革新,是时代赋予我们的使命。

---

* 曾祥华,男,法学博士,江南大学法学院教授,主要从事宪法学与行政法学、食品安全法学研究。
① 本书统一按此简称处理。

近年来,随着宪法修正和《监察法》的颁布,中国的监察制度经历了重大改革,新的监察系统改革也需要与之配套的新的法律制度。监督监察者的旧难题与新的制度建设的新问题并生,尤其是对监察立法和监察解释权的探讨才刚刚起步,迫切需要宪法学和行政法学界的关注。

人类总是在与灾害作斗争并不断成长,行政紧急权与公民权利保障之间总是面临新的难题。在公共卫生危机等紧急状态下,行政紧急权的应用与公民权利克减之间的界限在哪里? 行政效率与权利保障之间的冲突如何消解? 这些不仅仅是必须探讨的行政法问题,也是涉及宪法乃至国际法的重大议题,更与每个行政相对人(公民)的生活息息相关。

科学技术发展日新月异,电子化政府和信息化管理不仅仅是管理方式的变革,更深入到了百姓生活的方方面面,关系到行政相对人的隐私权、名誉权甚至人身安全、财产安全等多个层面。新的科技给我们生活带来便捷的同时,也引发了诸多担忧甚至烦恼。在科技面前,每个人几乎成了透明人,个人隐私几近于消失,个人信息安全成为一个重大而紧迫的问题。行政法学必须对此作出及时的回应。人脸识别技术、人工智能、大数据甚至 ChatGPT 都给行政法学带来了前所未有的挑战,行政法学必须作出应对。

江南大学法学院法学专业被评为省级重点学科,我们深感责任重大,亟须迎头赶上,除了继续深入知识产权法和食品安全法两个特色方向的研究之外,在二级学科的前沿我们也试图进行大胆的探索,虽然不敢自诩为时代的"弄潮儿",但也力图避免逆水行舟不进则退。承蒙同仁信任,被推为学科带头人,朝思夕计,不敢松懈,期望发动大家共同努力以求取得进展。感谢几位同仁和年轻新进的同学们的支持,本书试图抛砖引玉,大胆探索,提供一些尝试。好在年轻人思维活跃,对新生事物反应敏捷,他们对新生事物进行探索的热情和敏锐将伴随着他们人生的成长,也将伴随着行政法学的发展。由于水平所限,成书仓促,本书略显稚嫩,不足之处甚多,欢迎行政法学界前辈和新进批评指正。

目录

传统行政法问题的新热点

行政协议与公用事业民营化

行刑衔接与监察制度改革

信息化时代的行政法应对

公共卫生危机与行政紧急权

传统行政法
问题的新热点

关于行政法法典化的冷思考

曾祥华

摘　要：学术界对行政法法典化存在多种理解。只有全面、完备的行政法典才是真正意义上的行政法典。然而，历史上却从未有过真正意义上的行政法典，行政法内容的广泛性、制定行政法典的技术性障碍以及行政法的变动性等决定了行政法典之不可能。正由于行政法具有其独特的性质，行政法法典化不可能与民法法典化亦步亦趋。目标太过宏大，不仅无助于行政法法典化的达成，反而会延迟行政法法典化的进程。行政法法典化的现实路径只有行政程序法法典化或者采用行政法通则模式，而前者更具现实性。

关键词：行政法法典化；行政法典；行政法总则；行政法通则；行政程序法

《民法典》颁布之后，行政法学界掀起一股行政法法典化的新热潮，几乎是摩拳擦掌，跃跃欲试，群情激昂，显示了行政法学人发自内心的专业热忱和对行政法治的炽热追求，但也体现了行政法学界的非理性情绪，激情有余而理性不足，梦想性多于现实性。当前，对于行政法法典化更需要冷静的分析和理性的思考。

一、什么是行政法法典（行政法典）

对于行政法法典化，学术界赞同者居多，而对于何谓行政法典却认识殊异。本文试图梳理和总结评述学术界对行政法典的理解。对行政法典的界定是我们讨论问题的起点和基础。有学者总结认为，学术界对行政法法典化存在三种理解：行政法总则法典化、一般行政法法典化和部门行政法法典化[①]，其实未必全面。

[①] 章志远：《中国特色行政法法典化的模式选择》，《法学》2018年第9期，第86-94页。

（1）全面的行政法典。一般意义上的行政法典应当包含所有的行政法规范，内容广泛，涵盖所有行政法调整的对象。这既包括实体法也包括程序法；既包括总则也包括分则；既包括一般行政法也包括部门行政法；既包括行政活动也包括行政救济①。应松年教授设想以提取公因式的方法"形成具有中国特色的行政法总则。在行政法总则的指引下进一步制定行政法的分则，最终形成一部体系完整的行政法法典"。章志远教授也指出："我国行政法的法典化可采行'制定行政法总则＋编纂行政法典各分编'的模式。"主张尽快制定行政法总则，同时进行各分编的整理工作②。

（2）行政实体法和行政程序法典。这种设想几乎没有学者提出，是笔者通过类比和对行政法特点的推导得出的结论。既然刑法典和民法典都不包括刑事诉讼法或民事诉讼法，行政法典也不应该包括行政救济法。刑法学和民法学上的程序法指的就是刑事诉讼法和民事诉讼法，假如完全靠类比推导，行政法典只包括行政实体法，但是由于行政法的特殊性质，存在除行政诉讼法之外的规制行政权运行的程序法，因此，行政法典可以作为例外，包括行政程序法。

（3）行政法通则。很多学者内心深知全面的行政法典制定之困难，因此主张制定行政法通则式的行政法典，即便他们可能并未明确地表达过这一观点。在20世纪80年代，陶希晋先生设想的行政法典其实就是仿照《民法通则》制定的一部行政法通则。江必新教授也曾设想制定一部"规范所有行政行为，在行政法体系中起纲要性、通则性、基础性作用的行政基本法"③。个别国家或地区制定的行政法典或发布的行政法典草案其实就是行政法通则。

（4）行政法总则。行政法典只包括行政法总则，不包括行政法分则（部门行政法）。姜明安教授曾指出："统一的行政法典只是将一国行政法的一般原则和基本规范编纂在一起，形成一个统一的、有内在逻辑联系的法律规范体系，而并非将一国所有的具体行政法规范汇集成一部政法大全（这样的法律规范大全并非法典，而是法规汇编）。在统一的行政法典下，各具体领域的局部行政法典以及其他单行行政法律、法规仍有存在的余地。"其所谓行政法典即行政法总则④。

----

① 万学忠：《学界首次提出构建中国行政法法典》，《法制日报》2018年1月19日第6版。
② 章志远：《中国特色行政法法典化的模式选择》，《法学》2018年第9期，第86－94页。
③ 江必新：《迈向统一的行政基本法》，《清华法学》2012第5期
④ 姜明安主编《行政法与行政诉讼法》，北京大学出版社，高等教育出版社，1999年，第27页.

（5）行政程序法典。由于制定全面的行政法典难度太大，许多学者采取了更为现实的态度，极力主张和促成行政程序法典的制定。不仅如此，他们甚至将行政程序法典称之为行政法典。有中国台湾学者认为："今日法学者所谓行政法法典化之问题，大致即行政手续法制定之问题。"①

（6）行政单行法。这种主张只有少数学者持有，有的学者并没有对行政法典（的范围）加以明确界定，但是，从其行文字里行间中可以推出其主张。"行政法……是由若干法典构成的法律群，……所谓行政法典总则，是指体现于单一行政法典中并统摄该法典后续行文方式的那些内容。……例如，《行政处罚法》《土地管理法》等。"②也有学者认为行政单行法属于集中式行政法典，他们认为："全国人大及其常委会颁布了多部集中式行政法典，专门用以规范某一方面、某一领域的行政权力的运用，包括《国家赔偿法》《行政处罚法》等。"③

至于部门行政法法典化是否算是行政法法典化的一种路径目前尚不是很明晰，因为很少有学者对此作出明确的表述。再者，有些部门法律汇编并不是真正意义上的法典化，例如《中国海关法典》仅仅是对现有相关法律规范的汇总。

从学术研究自由的角度，每个学者都可以对行政法法典（化）做出自己的理解。但是，为了避免误解，当一个学者对行政法法典的理解与别人不同的时候，应当对自己的理解进行明确的表述或者界定，以免引起混淆。从对话方便的角度，学界应当对行政法法典（化）有一个大致统一的理解；从学术规范的角度，学者对行政法法典（化）的理解应当虑及法典（化）的通常含义和行政法的性质、特点，否则，增加一个对概念的新见解不仅不能对学术发展做贡献，反而徒增纷扰和混乱。

讨论行政法法典（化）必须清楚什么是法典。"法典是将某一法律部门的各种法律规定，经过整理、修订，成为系统的适合现时需要的统一法律。一般都分总则、分则等几个部分。颁布后就代替过去颁布的同类性质的各种单行法规。例如刑法典、民法典等。"④

首先，法典的内容必须是法。依照《立法法》，我国广义的法律包括（宪法）

---

① 翁岳生：《行政法与现代法治国家》，台大法学丛书（二），第 188 页。

② 关保英：《行政法典总则的法理学分析》，《法学评论》2018 年第 1 期，第 42 页。

③ 郎佩娟、杨妍：《检视集中式行政法典创制 20 年》，《中国行政管理》2005 年第 12 期，第 8 页。

④ 《什么叫法典？什么叫法规汇编？》，《人民司法》1978 年第 3 期，第 40－41 页。

法律、行政法规、地方性法规、自治条例和单行条例、规章。其他(规章以下的)规范性文件不具备法律属性,单行规范性文件和规范性文件汇编都不能被视为法典。有的学者论及行政法典的时候引用规范性文件为例证,有失严谨。① 从严格的意义上说,只有全国人大(或者外国的议会)制定的全面的体系性的法律才能称为法典。

其次,法典要成典。只有在某个领域全面、系统、完备的法律才能成为法典。一般情况下,领域广泛至少某个部门法范围内完备、系统的法律方能称为法典。在特殊情况下,某个专业领域内全面系统的法律也可以被称为法典。

需要明确的是法规汇编不是法典。法规汇编是不改变法律规范的内容,按照一定的顺序排列,将现有的法律规范集中在一起。

根据以上标准,前述对行政法典的见解中,只有第一种才能称为行政法典。第二种如果实际存在的话也可以称为行政法典,但它仅仅是笔者的一种假设。第三种虽然很多学者视其为行政法典,但是毕竟它是纲领性的、粗略的,不是完备的、细致的统一法律规范,不能算是真正意义上的法典。如果说行政法通则就是行政法典,那么以此类推,中华人民共和国成立以后,我们在 1986 年《民法通则》颁布以后就有了民法典。第四种只包括总则而没有分则,是不完备的,故而也不是行政法典。第五种虽然有学者称其为行政法典,但是它仅包含程序法而没有实体法,即使有些国家因为难以制定全面系统的实体法而在行政程序法典中加入实体法的内容,但是,其实体部分仍然不是全面系统的,因此不能被认为是行政法典。最后一种只有少数学者称之为法典,如果将单行法律法规规章称为法典,中国就不再是缺少法典而是法典泛滥了。按照这种界定,1949 年以后,我们早就有很多部民法典和行政法典了,根本没有必要讨论行政法法典化的必要性。

二、论行政法典之不可能

本部分所称的行政法典系指前文所列对行政法典理解中的第一种。从这个意义上讲,笔者认为,制定行政法典是不可能的。下面将从历史实践和行政法的性质两个方面分别加以论述。

(一) 历史上从来没有一部真正的行政法典

1. 中国历史上没有行政法典

在中国法制史上,有学者认为《唐六典》是中国最古老的行政法典。然而,

---

① 关保英:《行政法典总则的法理学分析》,《法学评论》2018 年第 1 期,第 51 页。

即使在那些肯定其为行政法典的学者中，也承认"关于《唐六典》的性质与行用（施行、具有法律效力。——笔者注）诸问题的论争，从唐朝算起，已有千年历史"。近代以来，坚持肯定说的有张晋藩、王超、宁志新等学者，持否定说的有陈寅恪、严耕望、韩长根、钱大群等。前者认为，《唐六典》从制定之后一直行用，反对者则视其为"便于征引之类书""一部开元时代现行职官志""一部社会制度史"①。钱大群教授认为："《唐六典》成书之后，唐宋两代的人们在议论典章制度时经常征引它，这并不奇怪。征引古文献来论证自己的观点，实际上是一种传统。后人征引《唐六典》并不是在执行'行政法典'，而是与征引《周礼》等书相仿。"他强调："《唐六典》自身说得很清楚：'凡文法之名有四：一曰律，二曰令，三曰格，四曰式。''典'是不可能作为第五种法律而起作用的。""它仅仅起到了征引备考的作用，我们没有必要人为地拔高其地位和意义。"②退一步说，即使《唐六典》实际上行用、发挥法律效力，用现代的眼光看，就其内容来说，它只不过相当于一部经过删减编辑而成的行政组织法汇编。持肯定说的王超先生也指出，《唐六典》的内容仅限于：各政府部门的机构设置，关于政府各部门的官员编制、品秩、职责权限与行政监察体制的形成，一套完备的官吏任用制度。所以，《唐六典》只相当于一部行政组织法汇编，不是真正意义上的行政法典。

另一个类似的例子是《清会典》，其性质也同样存在争议。根据法制史专业的学者所述，《清会典》与《唐六典》略有差异。《唐六典》溯及前朝，《清会典》仅限于清朝；《清会典》以事例为其附属法。有学者认为《清会典》兼有行政法典与典制史书的特点，编修会典是国家立法活动，会典具有现实法律效力，会典有国家强制力保证实施③。但是通观其内容，以官制为核心，以事例为内容，只不过是清代的行政组织法和事例、习惯法的汇编而已。因此，《清会典》也不是完整意义的行政法典。

中国的法律人都知道中华民国时期国民党政府制定了《六法全书》，很容易误认为当时已经有了行政法典，然而，事实上当时民法典和刑法典均已正式颁布施行，行政法典根本就不存在。但是当时已经制定了管制、官规、内政、军事、

① 王超：《我国古代的行政法典》，《中国社会科学》1984 年第 1 期，第 137 页。
② 钱大群：《〈唐六典〉不是行政法典：答宁志新先生》，《中国社会科学》1996 年第 6 期，第 88 - 92 页。
③ 吕丽、刘杨：《是官修史书？还是行政法典：〈清会典〉性质论》，《法制与社会发展》1998 年第 2 期，第 40 - 44 页。

财政、交通、地政等一系列法规,包括《中华民国国民政府组织法》《国籍法》《国家动员法》《工会法》《遗产税法》《邮政法》《土地登记规则》等①。

2. 国外历史上也没有一部真正的行政法典

关于国外所谓的行政法典,行政法学界最为熟知就是荷兰"行政法典"了。其实该法全名是《荷兰国基本行政法典》,该法的起草组织者米黑尔·施豪德马先生与中国学者合作,已经对该法做了大致的介绍,其中行政程序法部分已有译文。该法最初共计9章,除了基本概念和基本法律关系的规定之外,主要涉及行政程序和行政复议、行政申诉和行政诉讼。在行政程序部分除了"补助金的规定"规定之外,只规定了行政命令(包括抽象的具有普遍约束力的命令)、行政政策的程序和责任、行政执行与处罚的一般规定,并没有对各种具体行政行为的特别程序做出规定②。有学者介绍,因为该法采用开放式立法的方式,1998年该法已扩展至11章,新增了"关于行政机关处理公民行政异议、复议的一般规定、关于行政机关的规定"③。当时该法的《通则》已经有四个部分,第一部分和第二部分在1994年生效,第三部分于1998年生效,第四部分则于2009年生效。2013年修改的内容于2018年生效(后面的内容未见英文译文)④。从篇幅上看,基本概念、基本法律关系和行政程序的主体部分的译文总共不超过10页。因此,无论从其名称、篇幅还是内容来看,《荷兰国基本行政法典》其实就是一部行政法通则。我国很多学者也明确承认了这一点。

少数学者注意到1926年的《梯玉隣根邦行政法》和1931年的《符腾堡邦行政法典草案》(在早期的译文中,"符腾堡邦"亦被译为"威登比克邦"),认为它们是当时相当完善的立法。前者全文225条,包括行政组织和手续两大部分,将行政组织、警察行政手续和行政诉讼集中于同一法律。该法还将法治国家的一般重要行政原则加以规定。后者全文122条,包括总则、行政官署、手续之通则、行政救济、行政诉讼、执行程序、权限争议、过渡条款与附则等八章。其规定

---

① 曾宪义主编《中国法制史》,北京大学出版社、高等教育出版社,2000年,第334-335页。
② 张勇、刘莘译:《荷兰国行政基本法典(行政程序法部分)》,《行政法学研究》1997年第2期,第90-100页;张勇、〔荷〕米黑尔·施豪德马:《荷兰国基本行政法典及东亚的一些国家和地区的行政程序法的立法及其立法动向》,《行政法学研究》1997年第4期,第90-93页。
③ 湛中乐、尹好鹏:《制定统一的行政法典既有必要亦有可能:〈荷兰行政法通则〉概述》,《行政法论丛》第2卷,第279-311页。
④ Rob Widdershoven,夏雨:《荷兰〈行政法通则〉访谈》,《行政法论丛》2017年1期,第372-385页。

内容与形式均优于前者①。然而，前者从内容上看，显然不是完备的行政法典。而后者由于历史原因并没有生效。另外，值得注意的是，《符腾堡邦行政手续法草案》是与后者同时公布的，说明后者并没有包含详细的行政程序法规范。从后者的内容本身来看，该法是不完备的，与行政手续法同时公布，更能说明后者并非全面的行政法典。

美国法典中包含行政法典，但是不管是美国法典还是行政法典，都是汇编式的，仅仅是将现有的美国（行政）法律汇编在一起，以便于查找、引用或研究，并不改变所收入法律的内容。况且美国的行政法律主要是程序性的，英美法系不太关注行政实体法立法。美国的行政法教材也主要致力于研究行政程序，只是近年来受到两大法系融合趋势的影响，在行政法教材中也粗略介绍了行政组织的概况，例如威廉·芬克（William Funk）和理查德·西蒙（Richard Seamon）合著的《行政法：案例与解析》②。

（二）行政法的性质决定了行政法典之不可能

行政法调整的范围十分广泛。在现代社会，公民从出生到死亡，从摇篮到坟墓，都需要政府的照管。"'直到1914年8月，除了邮局和警察以外，一名守法的英国人可以度过一生却几乎没有意识到政府的存在。'……但是，大量的迹象表明政府的概念发生了深刻的变化。……现代行政国家正在形成，纠正社会和经济的弊病是政府的职责，……福利国家的出现可以追溯到1911年《国家保险法》。""如果国家对公民从婴儿照管到死"，"仅仅靠议会通过法律，然后交由法院实施，那只能做些微不足道的事"。③现代国家已经从"议会国"演变成"行政国"。行政法除了保障秩序、防止权力侵犯权利之外，还需要保障政府承担大量的积极义务，保障社会福利。仅靠议会的法律已经无法实现社会治理，靠一部行政法典也同样解决不了社会治理的所有问题，即使这部行政法典包罗万象，其实也不可能面面俱到。

行政法典的制定存在技术性障碍。刑事法律因其严肃性，一般只能由国家层面立法。民事基本法律制度也由国家制定。我国《立法法》第7条规定："全国人民代表大会制定和修改刑事、民事、国家机构的和其他的基本法律。"第

---

① 翁岳生：《行政法与现代法治国家》，台大法学丛书（二），第195-196页。

② William Funk & Richard H. Seamon, *Administrative Law: Examples and Explanations*, California: Aspen Publishers, 2020.

③ ［英］威廉·韦德：《行政法》，徐炳等译，中国大百科全书出版社，1997年，第1-2页。

8 条规定："下列事项只能制定法律：……（四）犯罪和刑罚；（五）对公民政治权利的剥夺、限制人身自由的强制措施和处罚；（六）税种的设立、税率的确定和税收征收管理等税收基本制度；（七）对非国有财产的征收、征用；（八）民事基本制度；（九）基本经济制度以及财政、海关、金融和外贸的基本制度……"因此，行政机关无法制定刑事法律规范，对民事法律规范可能涉及，但其目的在于行政管理，而且不能触及民事基本制度。相对而言，除了第 9 条的绝对法律保留事项之外，国务院在获得授权的情况下，几乎对所有的行政管理事项可以制定行政法规。此外，设区的市及其以上的地方政府、国务院部门在遵守法律保留、法律优先原则的情况下，依据法律授予的权限，可以制定行政规章。据某些学者统计，我国现行有效的法律只有 200 多部，而行政法规有 1 000 部左右，至于行政规章，数量几乎多于牛毛。这些姑且不论，就现有的行政法律来说，就有《国务院组织法》《地方组织法》（其中一半为地方人大组织法）、《公务员法》《行政处罚法》《价格法》《治安处罚法》《行政许可法》《土地管理法》《行政强制法》《城乡规划法》《监察法》等，它们的条目数分别为 11、69、113、48、64、119、83、87、71、70、69 条。按照某些学者的设想，行政法典还包括行政救济法，如《行政诉讼法》《国家赔偿法》《行政复议法》（其条目数分别为 103、42、43 条）。由于我们尚未制定行政程序法，其条目数可能会远远超过《信息公开条例》（56）、《行政法规制定程序条例》（40）、《规章制定程序条例》（41）、《重大行政决策程序暂行条例》（44）的条目之和，这里尚且不论是否还有遗漏，就上述法律法规条目数已超过1 100 条。根据某些学者的设想，今后还应该制定《行政收费法》《行政征收法》《行政登记法》《行政确认法》《行政奖励法》《行政救助法》《行政补贴法》《行政合同法》《行政指导法》《行政裁决法》等①。如果制定行政法典，还必须加入行政法的基本概念、基本原则、行政程序法的内容。如果计入其他行政法规的条目数，几乎无法想象行政法典之庞大。当然，制定行政法典时会有删减，采取提取公因式的方法，但仍然是一个浩大工程，难度可想而知。

与刑法、民法相比，行政法更具有变动性。刑法是一部处罚严重的法律，是一个利器，不能轻易运用，何况现代刑法都遵循罪刑法定原则，不能轻易修改，不应变动不居。民事法律尽管也要随着时代的变化而调整，但是，民事基本法

---

① 杨登峰：《从〈民法典〉的编纂看行政法典的编纂：对"单行法先行"模式的一种考察与展望》，《行政法学研究》2021 年第 3 期，第 5 页。

律关系相对稳定,通过对民法典加以修订即可适应社会变化。而行政法由于其内容十分广泛,立法层次多,上至宪法、下至地方规章,都能有所规制,而且处于行政国家时代,行政机关管理、处理的事项包罗万象,无从统计,"上管天、下管地、中间管空气"。随着科技发展一日千里,社会生活千变万化,行政法律关系变动不居,即使行政法典能够制定,也无法适应社会生活的快速变化,如果频繁修订,则会成为一项极为繁琐的任务;反之,如果不修订,则很快就会落后于现实。越是层级高的法律规范,修订越需谨慎;而层级低的法律规范,则修订相对简便。行政法典作为国家层面的法律,其修订自然不能过度频繁。

另外,尽管有政府(甚至社会)以来就有行政规范,行政规范的出现或许早于刑事规范和民事规范(三者或许同时出现)。但是,行政法作为一个部门法只是近二百年的事情,行政法学比民法学和刑法学晚了许多年,其理论的成熟程度远远低于民法学和刑法学。

很多行政法学者认为,既然中国能够制定出民法典,就必然能够制定出行政法典。这种推论显然带有简单化的情感色彩和理想主义,经不起逻辑推敲。因为行政法的性质、特点与民法有着本质区别。1532年,具有现代意义的刑法典——加罗利那(Carolina)刑法典已经问世,1804年《拿破仑法典》(《法国民法典》)也已出台,而时至今日,全世界尚无一部真正的行政法典出现,究其缘由,绝非偶然,而是由行政法的性质和特点所决定的。

三、行政法法典化的现实路径

从《民法总则》的起草到《民法典》的颁布,行政法学界不但掀起了一股行政法法典化的热潮,而且对行政法法典化的模式(路径)进行了热烈的讨论。此前学界已经对行政程序法典模式和行政法通则模式提出了设想,如今又增加了全面的行政法典模式和行政法总则模式。对于行政法法典化实现的具体路径,学者们还进行了更为深入的探索。如前所述,有学者提出"行政法总则+行政法分则"模式,还有学者仿效民法典的制定提出了"单行法先行模式"。尽管热情洋溢,却也莫衷一是。

借鉴制定《刑法典》《民法典》,尤其是《民法典》的经验来实现行政法的法典化本来是理所当然的,无可厚非。行政法"小兄弟"向刑法、民法"老大哥"学习是再自然不过的事情。但是,借鉴并非等于亦步亦趋,完全照搬。必须分析行政法不同于刑法、民法的性质和特点。在借鉴一般经验的基础上,考虑行政法的特色,因"法"制宜。否则就会邯郸学步,贻笑大方事小,耽误行政法编纂事大。

有激情、有理想甚至梦想是事业成功的必要因素,但并非事业成功的充分条件。理想和目标既要远大,又不能过于宏大。如果目标过于宏大,脱离了现实可能性,不仅不能引导和激励目标的实现,反而会挫伤积极性,造成不必要的曲折,甚至阻碍事业的正常进行,从而延缓发展的速度。

中国行政法法典化必须借鉴行政法制史上的经验教训。目前尚无任何一个国家制定出真正意义上的全面完备的行政法典,也没有一个国家单独出台了行政法总则。当然,有的学者认为,世界上的事情都是从无到有的,别的国家没有并不代表中国不能有,中国完全可以创造一个全新的模式,因为"一切皆有可能"。当然,学术界并非完全凭空想象,很多学者也认真进行了论证,列举了许多有利条件,包括"行政法律规范的基础、行政改革的实践智慧、行政法学理论的发展、域外立法的丰富素材"①;这些条件可能构成行政法典的基础,但是是否构成充分条件? 这些条件很多国家都具备,为什么在这些国家没有形成行政法典?

关于行政法典之不可能,前文已经论述。至于制定行政法总则,中国台湾学者亦有主张者:"行政实体法之法典化,即其总则部分之制订,并非不可能……"②但毕竟是前无古人的做法,以笔者揣测,大陆学者大约是受《民法总则》制定的影响。但是,《民法总则》是为《民法典》的出台作最后的准备而制定的,在《民法总则》制定之前,《民法典》所收录的民事单行法基本上已经形成。而目前的行政法单行法中,还有大量的空缺。按照杨登峰教授的设想,还缺少大约十部行政单行法律。何况最主要的行政程序法尚未出台("行政手续法则构成行政法总则之核心,因为行政法总则,实系行政机关之手续与组织之法律"③)。因此,为行政法典出台而制定行政法总则的可能性目前并不存在。更重要的是出台一部《行政法总则》并不能解决问题,缺位的单行法律仍然不能被填补和替代。目前起草的专家稿,"有走向行政法通则的倾向。因为参与起草工作的学者,普遍对行政法总则有很高的期待,自觉不自觉地扩大了其调整范

① 章志远:《中国特色行政法法典化的模式选择》,《法学》2018 年第 9 期,第 86 - 94 页。
② 翁岳生:《行政法与现代法治国家》,台大法学丛书(二),第 188 页。
③ 翁岳生:《行政法与现代法治国家》,台大法学丛书(二),第 188 页。

围,最后导致名为'总则'实为'通则'"。① 这是一个很有意思的现象,背后似乎蕴藏着某种必然性。没有分则的行政法总则难以独立存在。皮之不存,毛将焉附? 而欲单行法全部具备又不可能,因为行政法的变动性特别强,随着时代的发展,经常会出现超出传统行政行为或事实行为的新形式、新种类。

基于以上理由,笔者以为,行政法法典化只有两种比较现实的路径。

(一)行政程序法典化

行政程序法典化在很多国家的法治实践中已被证明是可行的道路,不但在西方法治发达国家已得到了实现,而且在东亚的韩国、日本以及我国的台湾、澳门地区均已践行。不但在认为"行政法就是程序法"的英美法系能够实现,而且在传统上对程序法看重程度较低的大陆法系也多有实例。如果说素有"重实体,轻程序"的中国与英美法系不好比拟,那么与中国传统比较接近的大陆法系完全可资借鉴。目前大多数国家采用的是"行政法法典化",即行政程序法典化。这些国家之所以如此选择,有其内在的原因,因为行政法内容的规范性、层次的反复性和规则的易变性,使得制定一部全面完备的行政法典变得极为困难,而将各种行政行为的运行程序加以规范则是一条迫不得已且非常现实的路径。民事主体的大部分为私人(公民、私法人或其他组织),刑法的规制主体也多为私人(公法人组织犯罪除外),而行政法则不同,行政主体(尤其是行政机关)是具有以国家强制力为后盾的组织,其能量非一般行政相对人可比拟。因此,与民法、刑法不同,除了作为程序法的诉讼法之外,行政法需要专门的行政程序法来规范控制行政权的运行,以保障行政相对人的权利,保证公平和效率。在英美法行政法理论中,行政法就是程序法,行政法也是控权法,而行政程序法又是控制行政权的法律装置之一,程序和控权紧密联系在一起。因此,行政程序法在行政法中具有独特的功能。总之,制定行政程序法典既有可能,也有必要。可以说,行政程序法是衡量一个国家依法行政水平的一个标尺。

我国行政(程序)立法的实践经验和理论成熟度也证明制定行政程序法典是一条较为现实的路径。早在世纪之交,学术界就积极倡导行政程序法典化。仅《行政程序法(学者建议稿)》就有三种版本,中国政法大学的应松年教授、马怀德教授,北京大学法学院的姜明安教授分别组织团队撰写出了试拟稿。专门

---

① 钟瑞华、李洪雷:《论我国行政法法典化的意义与路径:以民法典编纂为参照》,《行政管理改革》2020年第12期,第77页。

研究行政程序法的专著就出版了很多部。可以说,行政法学界对行政程序法典的目标、功能、原则、制度、机制和结构都有了清晰的认识。全国人大也曾将行政程序法列入立法规划,并组织起草了《行政程序法(试拟稿)》,只不过因为种种原因,行政程序法最终未能正式颁行。在此前后,《行政处罚法》《行政许可法》《行政强制法》分别出台,这三部主要的行政单行法都具有融实体与程序于一身的特点,已经确立了行政程序的基本原则和制度。在地方行政立法层面,自从湖南省政府首次在省级层面上推出《湖南省行政程序规定》之后,浙江省、江苏省、广东省、贵州省、河南省、山东省等纷纷出台行政程序规定。同时,各具有立法权的城市也纷纷制定行政程序规定(或办法)。笔者所在城市也在数年之前制定了本市的行政程序规定。在此之前,2001 年国务院还制定了《行政法规制定程序条例》和《规章制定程序条例》(2017 年修订),接着在 2007 年出台了《政府信息公开条例》(2019 年修订),2019 年还制定了《重大行政决策程序暂行条例》。在此前后,各地还制定了地方政府的重大行政决策程序规定。但是,目前的地方行政程序规定的制定主体均为行政机关,属于行政权的自我约束,一方面,这说明行政机关对程序的重视程度;另一方面,也存在明显的缺陷,即这些规定尽管具有规范行政权运行的功能,却更多地追求效率和实用。

早在 2010 年,应松年教授就曾断言:"当前,中国在国家层面制定统一的行政程序立法的时机已经完全成熟。"①那么十几年过去,制定统一的行政程序法的时机应当说更加成熟。有学者认为:"行政法的法典化需要政治力量的重视和推动、国家法治实践的需求和经验积累、学界的理论准备,三者缺一不可。"②目前看来,行政程序法典化尚需政治力量的重视和推动,当然学术界的着力点也对行政程序法典化产生重要的影响。行政程序法本来就具有控权功能,行政机关自我约束毕竟是有限的,只有立法机关制定行政程序法才能切实达到行政程序的控权目标,也更容易保障公平。政治力量控权的决心以及立法机关的积极性才是行政程序法典化的有效推动力。笔者也曾撰文指出,行政机关的行政改革需求、宪法正当法律程序条款、行政诉讼法或司法审查的强度等,均构成了行政程序法典化的法治基础和条件。就此角度而论,我们尚需付出巨大努力。

---

① 应松年:《中国行政程序法立法展望》,《中国法学》2010 年第 2 期,第 5 页。
② 罗冠男:《我国行政法典编纂的重要历程与新思路新展望》,《理论探索》2020 年第 4 期,第 111 页。

需要说明的是,由于制定实体性行政法典殊为困难,而制定行政程序法典较为容易,许多国家的行政程序法典融入了实体法内容。因此许多国家的行政程序法典都含有实体法的成分,行政程序法典并非纯粹的行政程序法。"在大陆法系国家,基本上都以行政程序法的制定作为行政法法典化的契机,没有将行政程序法的内容限定为纯粹的程序法,而是在行政程序法中规定了有关行政组织和行为效力等实体内容,形成实体与程序并存的立法模式,与美国的纯粹程序性规定形成鲜明的对比。"①

(二)行政法通则

典型的行政法通则的模式目前只有荷兰进行了实践,并且采用开放式立法的形式,即先将成熟部分制定出来,其他部分随着时机成熟再行补充制定。新增部分的制定时间和生效时间都与最初部分不同。行政法通则既包括基本概念、基本原则、基本行政关系、基本程序,还包括其他内容;既有实体法规范和程序法规范,还有救济法规范。行政法通则制定的困难比制定全面完备的行政法典要小很多,采取"提取公因式"的方法将行政法共性的东西规定在一部法律中应当是可行的。在内容上,行政法通则可以既借鉴《荷兰国基本行政法典》,也可以借鉴我国的《民法通则》,不一定完全跟随前者。可以将各种行政行为,尤其是尚未制定单行法的行政行为的特别内容纳入其中。与《民法通则》不同的是,制定《民法通则》时,我国的许多民事单行法尚未出台,而目前我们的行政单行法已有多部,因此,如何处理行政法通则与已有行政单行法的关系,尚需认真研究。

20世纪80年代《民法通则》出台以后,立法机关和行政法学界曾经一度尝试制定行政法通则,但由于条件不成熟而未能成功。四十多年后的今天,无论是在立法经验、执法经验还是行政法学理论方面都今非昔比,制定一部行政法通则的条件无疑要成熟许多。最近,学者们尝试起草行政法总则专家建议稿,然而结果是,名为"总则"实际上更符合"通则"的性质,这是否蕴含了某种莫名的必然性?

制定行政法通则还有一个优点,即可以在一定程度上克服众多、各层次的行政法规范中的重复和冲突现象。

---

① 王万华:《行政程序法的内容分析及中国立法的选择》,《行政法学研究》2002年第2期,第15-23页。

相较于制定行政法通则，制定行政程序法典更具有现实可能性，其困难也相对较小。20 世纪 80 年代行政法通则尝试失败后转而走向制定程序法（《行政诉讼法》），虽然时代不同，条件相异，但也许对我们仍然有所启示。

与其试图制定行政法典，不如着手制定行政程序法典。

论技术标准制定程序的正当性[*]

曾祥华

摘　要：正当法律程序是技术标准制定过程中必须遵守的规定,也是衡量技术标准制定程序正当性的标准。尽管技术标准本身不是规范性文件,但是制定规范性文件属于一种抽象的行政行为,其制定程序受到正当法律程序的约束。正当法律程序的核心要素是衡量技术标准制定程序正当性的具体标准,因此程序公正、有效参与、程序公开、说明理由、程序效益是技术标准制定程序正当性的核心要求。对技术标准制定程序的监督是确保其正当性的保障。行政监督提供了强有力的监督手段,司法监督则是最后的屏障。

关键词：技术标准制定程序;正当法律程序;核心要素;行政监督;司法监督

技术标准在社会治理中发挥着重要的作用,甚至出现"标准替代法律"的现象①。学术界对技术标准的法律性质和法律效力已经有所探讨,对技术性标准的制定程序也有所关注,但主要是从程序的技术性步骤着眼,缺乏对技术标准制定程序的系统研究,尤其是对其正当性的深入思考。技术标准制定既不是具体行政行为也不同于立法行为,不像普通行政行为那样引人关注,导致技术标准制定程序研究几乎成为一个盲点。但是,标准制定程序对标准的质量起着决定性的作用,因此必须加强技术标准制定程序的研究,本文试图对技术标准制定程序的正当性及其保障进行初步探讨,以期发挥抛砖引玉之效。

---

* 本文曾发表于《法学论坛》2023 年第 3 期。
　基金项目:江苏省教育厅高校哲学社会科学研究重大项目"食品安全标准法律制度改革研究"
　（编号:2019SJZDA017)阶段性成果。
① 柳经纬:《论标准替代法律的可能及限度》,《比较法研究》2020 年第 6 期,地 174 - 184 页。

一、正当法律程序与技术性标准制定

(一) 正当法律程序

正当法律程序来源于英国的自然正义原则(natural justice,亦译为自然公正),这是英国的一个古老的原则。其最早的文献可以溯及 1215 年的《大宪章》,其中第 39 条规定:"任何自由人,如未经其同级贵族之依法裁判,或经国法裁判,皆不得被逮捕,监禁,没收财产,剥夺法律保护权,流放,或加以任何其他损害。"同样的精神为后世许多法律文件所重申。自然正义原则主要包括两条内容:①任何人不得成为自己案件的法官;②应当听取对方当事人的意见。有人认为自然正义相对模糊,缺乏实际意义。在 1964 年的"里奇诉鲍尔温"(Ridge v. Baldwin)一案中,洛德·雷德(Lord Reid)援用了"理性人"(the reasonable person)的概念、以理性人在给定的条件下认为是公正的程序作为把握自然正义原则的标准①。自然正义表达了"天然的是非观"。依笔者的理解,自然正义原则的两条要求是实现正义的自然(自然而然)要求,因此被称为"自然正义",无论它是否在自然法或自然状态意义上使用。

"正当法律程序"在英国的历史法律文件中已经多次使用,但是英国人更多地习惯于使用"自然正义"这一古典术语。1354 年爱德华三世的法令和 1628 年《权利请愿书》都曾使用"正当法律程序"一词。但是,真正确立正当法律程序并突出其显著地位的是美国。《美国宪法修正案》第 5 条规定:"未经正当法律程序,不得剥夺任何人的生命、自由或财产。"该条规定仅适用于联邦,后来《美国宪法修正案》第 14 条也作出同样的规定,将正当法律程序推广至各州。如今受美国影响较大的国家甚至包括日本和菲律宾等亚洲国家,均在宪法中明确规定了正当法律程序原则。正当法律程序的理念在全世界都产生了深刻的影响。

正当法律程序是一个高度灵活的概念,E. 博登海默(E. Bodenheimer)形容它为一张"普洛透斯之脸"(a protean face,多变的脸)②。但是,正当法律程序意味着"最低限度的程序正义要求",无论时代如何变幻,人们对正当法律程序的认识总有其共通之处。"正当"通常指"合理合法的"③。国内学者也对正当

---

① 张越:《英国行政法》,中国政法大学出版社,2004 年,第 491 页。
② [美]E. 博登海默:《法理学:法律哲学与法律方法》,邓正来译,中国政法大学出版社,1999 年,第 252 页。
③ 中国社会科学院语言研究所词典编辑室编《现代汉语词典》,商务印书馆,2007 年,第 1738 页。

法律程序进行了学理探究,陈驰先生认为,正当行政程序具有合法性、合理性与人道性的基本特征①。刘东亮先生以哈贝马斯的交往理性来分析正当法律程序的要素或核心内容:行政主体没有偏见、听取相对人的意见、说明行政行为的理由②。这是一种运用现代哲学理念为指导的新探索,这三项要素的确也是正当法律程序的核心要素。但是,正当法律程序的要素是否仅仅包括这三项,仍然值得推敲。正如有的学者所言,正当法律程序不但是一个不断进化的概念,且其内涵还与时间、地点和场合等因素有关③。

正当法律程序应用于行政领域则被称为正当行政程序。行政法学界对正当行政程序的核心要求也进行了探讨,仍然是本着正当法律程序的基本内涵加以阐发,部分结合了行政程序的特点。周佑勇教授认为,正当行政程序包括避免偏私原则、行政参与原则和行政公开原则④;江必新法官则从行政程序正当性的监督的角度论证了行政程序的基本要求:程序公正、权利保护、有效参与、程序效益、程序的可接受性、程序的规范性⑤。

我国宪法并没有明确规定正当法律程序,尽管对刑事程序包括人身自由有所规范或保障,但与正当法律程序尚有明显的距离。《国有土地上房屋征收与补偿条例》第 3 条规定:房屋征收与补偿应当遵循程序正当原则,这是行政法规首次确立行政行为中的正当程序要求。《价格法》《行政处罚法》《行政许可法》《行政强制法》等法律尽管没有使用正当法律程序的字眼,但是在相当程度上体现了正当法律程序的要求。《行政诉讼法》第 43 条、第 69 条、第 89 条都规定了法定程序,却没有要求审查行政行为以正当法律程序为标准。法定程序与正当法律程序虽有联系,但也有明显的区别。顾名思义,"法定程序"乃法律规定之程序。法定程序有可能体现正当法律程序,但是正当程序有可能在法律文本之外,作为对程序的更高的要求(即高级法,higher law),某种程序要求即使法律条文没有规定,但属于正当程序的基本要求,行政机关也必须遵守。英国的一个案例可以较好地说明正当法律程序与法定程序的区别。在 1863 年的古帕诉万兹乌斯区工程管理局(Cooper v. Wandsworth Board of Works)一案中,法院

① 陈驰:《正当行政程序之价值基础》,《现代法学》2005 年第 2 期,第 188 - 193 页。
② 刘东亮:《什么是正当法律程序》,《中国法学》2010 年第 4 期,第 76 - 88 页。
③ 张千帆:《西方宪政体系》(上册·美国宪法),中国政法大学出版社,2000 年,第 221、226 页。
④ 周佑勇:《行政法的正当程序原则》,《中国社会科学》2004 年第 4 期,第 115 - 124 页。
⑤ 江必新:《行政程序的正当性司法审查》,《中国社会科学》2012 年第 7 期,第 123 - 140 页。

认为，该地方当局在推倒房屋之前，应当举行一个听证会。"虽然制定法没有明文规定必须听取当事人的意见，但是普通法的公正原则应当主动弥补立法上存在的疏漏。"①这段判词被视为经典并被经常引用。总之，正当法律程序可以是法律程序制定中的指导原则，为制定法指引方向；正当法律程序可以弥补制定法的缺漏，当制定法中的程序缺少正当程序的基本要求时，行政机关、司法机关和行政相对人都可以引据正当法律程序加以执行、审查或者提出程序要求。如果行政执法程序规定违反了正当法律程序的基本要求，行政决定当属无效，除非遇到紧急情况等特殊情形。

笔者根据苏苗罕博士等人编辑的《最高法院、最高检察院行政法案例汇编》统计②，自 1985 年到 2020 年（截至 2020 年《最高人民法院公报》第 1 期发布），最高检与最高法（主要是最高法）的行政案例文书中，直接运用了"正当程序"42次，使用了"正当法律程序"0 次。判决书中直接使用了"从正当程序原则出发""应当通过正当程序解决""根据正当程序的要求""基于正当程序原理"等表述。

（二）技术标准的法律定位

社会治理应当采用多元化的方式和途径综合进行，在许多情况下，可以采用标准替代法律，有时候采用标准或许比法律更有效率③。随着科学技术的进步和标准化的发展，标准化的空间不断扩大，我们的生产、生活中充满了标准。

《标准化法》第 2 条规定："标准（含标准样品），是指农业、工业、服务业以及社会事业等领域需要统一的技术要求。"标准根据其法律性质可以分为强制性标准和推荐性标准，根据其制定主体可以分为国家标准、行业标准、地方标准和团体标准、企业标准。"行业标准、地方标准是推荐性标准。"标准根据其调整对象分为三类：技术标准、管理标准、工作标准。本文研究范围为企业标准之外的技术标准，主要研究强制性标准，但也不排除推荐性标准（尤其是行业标准和地方标准）。

关于技术标准的法律定位一直存在争议，而其定位又与其制定程序密切相关。TBT 协定（《技术贸易壁垒协定》）中规定了"技术法规"（technical regulations），国内也有学者因此认为技术性法规属于法律规范。实际上，"技

---

① 张越：《英国行政法》，中国政法大学出版社，2004 年，第 496 页。
② 苏苗罕、刘嚞穷、张亮、胡有情：《最高法院、最高检察院行政法案例汇编》（2020 年 4 月 1 日更新，内部资料）。
③ 柳经纬：《论标准替代法律的可能及限度》，《比较法研究》2020 年第 6 期，第 174 - 184 页。

术法规"大致相当于中国的强制性标准,而其"标准"大致相当于推荐性标准①。宋华琳博士认为,在形式意义上技术标准不是法律规范,但在实质意义上,技术标准与法律规则的功能没有差别②。这种分析是比较准确的,但是他又认为技术标准是一种行政规则,并将其等同于规范性文件,却未对此作出论证③。行政法学界一般都了解,在大陆法系,包括受德国影响的日本,行政规则指的是法规命令(相当于行政法规、行政规章)之外仅适用于行政机关内部,对外不发生效力,即对行政相对人权利义务不产生(直接)影响的规则。行政规则不能增加公民的义务,也不能减损公民权利。在英美法系,"规则"通常用"rule"或者"regulation"来表述,但是这两个词都是多义词。"rule"直译就是"规则",可以包括各种各样、各种层次的规则。在行政法领域,它可以指"法规"或者"规章","rule-making"可以译为"法规制定"(王名扬先生喜欢译为"法规制定",参见《美国行政法》)或者"规章制定",也可以指一般的"规则制定"。"regulation"作为动词性名词可以指"规制",作为单纯的名词则就是"法规"或者"规章"。宋华琳博士所说的"行政规则"可能是"agency's regulation(s)",但是"agency's regulation(s)"一般译为"行政法规"或者"行政规章"。如果是某一部门制定的规章则在部门之后加上"regulation",如"FDA regulations"。很少见到"administrative rule"或者"administrative regulation"的表述,不过,"administrative rule-making"的表述比较常见。美国的行政规则包括实体性规则和程序性规则,而实体性规则又包括立法性规则(legislative rule-making)、非立法性规则(non-legislative rule-making),其中的非立法性规则包括解释性规则(interpretive rule)和政策声明(policy statement),大致与我国的(其他)规范性文件接近。宋华琳博士直接将我国的规范性文件称为行政规则并不符合我国行政法学界的一般习惯。

规范性文件有广义和狭义两种。广义的规范性文件是指以"法"的形式出现的文件,也包括行政机关制定的"法"文件之外的,具有普遍约束力、可以反复

① 宋华琳:《当代中国技术标准法律制度的确立与演进》,《学习与探索》2009年第5期,第15-19页。
② 宋华琳:《论技术标准的法律性质:从行政法规范体系角度的定位》,《行政法学研究》2008年第3期,第36-42页。
③ 宋华琳:《论行政规则对司法的规范效应:以技术标准为中心的初步观察》,《中国法学》2006年第6期,第122-134页。

适用的文件。狭义的规范性文件则仅指后者，一般称为"其他规范性文件"。技术标准不是规范性文件，尽管实际上可能具备类似于法律的功能和效力。首先，技术标准包括企业标准，尽管从广义上讲，但企业也存在行政管理，但企业管理只能属于私行政。企业标准也具有规范性，但是，企业标准毕竟不是公共标准，即使从行政法学范式转换的角度，将国家行政转换为公共行政，公共行政的主体也只从国家行政机关扩及公益性的社会组织，仍然不包括以营利为目的的企业，除非是法律法规授权的极少数特殊企业（如中国银行）。无论从哪个角度着眼，企业标准都不是（其他）规范性文件。其次，即使是国家标准、行业标准、团体标准、地方标准也都不是规范性文件。目前我国的（其他）规范性文件一般指行政机关制定的法律规范之外的具有普遍约束力的文件。其一，从制定主体上看，团体标准的制定主体不是行政机关，行业标准的组织者有可能是行政主管部门。但是严格地说，行业标准的制定主体应当是行业协会（团体标准和行业标准有点混淆了）。其二，从标准的形式和内容来看，尽管这四类标准也具有规范人们行为的功能，但是，标准不借助于法律法规规章或者规范性文件授权规定，因此无从发生效力。标准本身并不包含违反标准的法律后果（法律责任）。这些特征使得标准不仅不同于法律规范，也与规范性文件相差甚远。规范性文件通常规定违反文件规定的后果或责任，尽管规范性文件不能增加公民义务，不能减损公民权利，也不能设定行政处罚、行政许可、行政强制措施。在这方面，（其他）规范性文件尽管不属于"法"的范畴，但是，在现实生活中发挥着巨大的规范性功能，"县官不如现管"导致规范性文件的适用频率实际上可能超过法律规范。更重要的是，规范性文件的效力来源于宪法组织法对行政机关的概括性授权，它本身的效力不需要再另行借助法律规范。其三，标准具有相当强的历时性，科学技术总是在不断进步，近年来更是一日千里。标准更新速度也很快，在发达国家是 2～3 年，在我国一般是 5 年就要进行复审。相对于法律来说，规范性文件的修订频率要高得多，但是，它没有固定的期限，因事而论，根据社会发展的情况或者法律法规规章的修订而进行修订。

标准制定程序与规范性文件制定程序也不相同。规范性文件需要制定机关的全体会议或者常务会议通过，而标准通常需要标准委员会（或者技术委员会）通过，无需行政机关全体会议或常务会议通过。另外，根据技术标准本身的特征，其制定程序还有其他不同于规范性文件制定程序之处。

（三）正当法律程序与技术标准制定程序的正当性

自然正义原则源于对司法审判的要求，最初仅适用于司法领域。但是自然正义原则在英国被移植到了行政领域，前述英国 1863 年古帕诉万兹乌斯区工程管理局一案就对自然正义原则应用于行政领域产生了重大影响。但是对正当法律程序是否适用于立法包括行政立法（规则制定）领域却仍然存在争论。一种意见认为，正当程序只适用于具体的裁决性案件，而不适用于一般性政策制定或立法行为①。而另一些法官则认为行政立法不符正当程序要求的，亦可判决撤销。

在长期的司法实践中，法院发展了正当法律程序的内涵，提出了实质性正当法律程序的概念，质性正当法律程序（substantive due process of law）要求国家所制定的法律必须符合公平与正义②。但是，面对复杂的科技事项时，法官并不审查每一项规则中的技术内容，而是就行政程序作出指引，进而使规则制定更加理性化。当然，这种观点也遭遇了针锋相对的反面意见③。实际上，程序性正当法律程序与实质性正当法律程序很难区分，但本文主要从程序性正当法律程序的角度探讨技术标准制定程序。

虽然技术标准的性质不同于行政立法，也不同于规范性文件，但在美国却需要遵守规则制定（rule-making）程序。从立法的观点来看，（食品安全）标准制定程序被认为是规则制定程序，标准制定程序与规则制定程序并无二致。但是，也有人认为这些程序比法院（办理）案件更具有审判性（adjudicative）④。技术标准制定程序尽管不完全等同于立法（含行政立法）程序和规范性文件制定程序，但是技术标准在实质意义上具有法律规范同样的功能和效力，除去其内容上的科学性、技术性、专业性之外，在一般制定程序上其与立法程序和规范性

---

① Richard J. Pierce, Jr., *Administrative Law Treatise* (4th ed.), Aspen Publishers, 2002, p.561.

② Danial E. Hall, *Administrative Law Bureaucracy in a Democracy* (3ʳᵈ ed.), Pearson Prentice Hall, 2006, p.50.

③ 而实体审查观点则认为法官依靠传统的法律工具可以胜任对实体问题的审查，当然其中还可以引入司法助手制度来辅助法官就科学技术性的事项作出决断。审查过程中法官与行政机关的建设性的伙伴关系，对于奠基于合理分析之上制定的行政规则也会予以尊重。参见高秦伟：《程序审抑或实体审——美国行政规则司法审查基准研究及其启示》，《浙江学刊》2009 年第 6 期，第 152 页。

④ Alan H. Kaplan, "Food Standard Making Procedures," *Food Drug Cosmetic Law Journal,* 3 (20)1965, pp.149-158.

文件制定程序具有相似性。既然行政立法和规范性文件的制定都需要遵守正当法律程序(尽管有争议),那么技术标准的制定也要遵守正当法律程序,否则技术标准的正当性就难以保证。

正当法律程序既是标准制定必须遵守的规定,也是衡量现有技术标准制定程序是否具有正当性的标准。判断技术标准制定程序是否正当的具体标准就是基于正当法律程序的基本要求。基于标准制定程序本身的特性及其与具体行政行为(美国称之为"行政裁决")的差别,根据"最低限度的程序公正"的要求,为实现现代行政程序的基本价值追求——程序正义,技术标准制定中正当法律程序的基本要求应当包括:程序公正、行政公开、有效参与、说明理由、程序效益。其中程序公正(避免偏私)、有效参与(听取当事人意见)、说明理由是正当法律程序中的公因式,属于基本上没有争议的公认要求。而行政公开是现代行政程序的基本要素,既是避免偏私、实现公正的保障,也是公众参与的基础。人们常说,"正义不仅要实现,而且要以看得见的方式实现"。至于程序效益,也有一句法谚可以说明其必要性与重要性:"迟到的正义非正义。"现代行政只讲公正而不顾效益是难以持久的,成本效益分析是政府普遍采取的一种评估方法,有人甚至将其上升为行政法的一项基本原则。效益不等于效率,效益之中应当也包括正义价值、公正的结果在内,不能将效益与公正截然对立。

二、技术标准制定程序正当性要素

我国技术标准制定程序主要法律规范涵盖了国家层面的法律法规规章,其中包括《标准化法》《国家标准管理办法》《强制性国家标准管理办法》《地方标准管理办法》《行业标准制定管理办法》《团体标准管理规定》《企业标准化管理办法》等,此外,还有一些专业性标准管理办法,例如《食品安全地方标准管理办法》。在地方层面,不同地区也有相应的标准管理办法,如《北京市地方标准管理办法》《江苏省标准监督管理办法》《福建省标准化管理办法》等。

《标准化法》对标准制定程序的要求主要包括以下内容。①基本程序原则:制定标准应当在科学技术研究成果和社会实践经验的基础上,深入调查论证,广泛征求意见(第4条);②各类标准制定的基本程序包括:立项审查、可行性进行论证评估、征求意见、立项、发布、备案、编号、标准文本免费向社会公开、规范、引导和监督。特别规定制定团体标准应当遵循开放、透明、公平的原则,保证各参与主体获取相关信息,反映各参与主体的共同需求,并应当组织对标准相关事项进行调查分析、实验、论证；③组成要求：行政主管部门、标准化技术委员会和专家组的组成应当具有广泛代表性。《国家标准管理办法（征求意见稿）》第13条再次强调了制定程序的基本原则：制定国家标准应当公开、透明，广泛征求各方意见。具体程序包括：立项、起草、征求意见、技术审查、批准、发布。另外，《地方标准管理办法》包括以下程序：立项建议、立项申请、立项、起草、征求意见、送审、审查、报批、批准、发布、编号规则、项目变更、备案、公开。

我国技术标准制定程序经过多年的发展已经建立了基本框架，并正处于不断完善之中。在一定程度上体现了正当程序的基本要求，如公开、透明、公平、广泛征求意见等。但是，毋庸讳言，我国的技术标准制定程序仍然存在缺陷，接下来，将以正当法律程序的基本要素为线索对其进行探讨。

（一）程序公正

2013年4月发生了"农夫山泉事件"。农夫山泉饮用天然水执行的是浙江省《瓶装饮用天然水标准》（DB33/383 - 2005），标准中关于有害物质的限量甚至比自来水标准更为宽松。经调查，发现只有一家饮用水企业参与制定（起草）了该标准，即农夫山泉股份有限公司。由此可见，地方标准有时会仅仅为某个或某一部分企业服务①。

据报道，在车用燃料国家标准的制定机构——全国石油产品和润滑剂标准化技术委员会人员构成中，90.9％的委员来自石化系统，2.3％的委员来自汽车产业系统，而只有4.5％的委员来自环保系统。值得注意的是，该委员会的主任委员来自中石化，且其秘书处设在中石化②。

根据自然正义原则，任何人不能成为自己案件的法官，其目的在于避免偏私。在立法或规则制定领域，适用规则的个体不能自行制定规则（尽管可以发表意见）。这意味着裁判员不应同时是运动员，标准制定者不应脱离于利益之外，因为他们不具备超然地位。大企业甚至具有垄断性地位的企业控制标准的制定，中小企业失去话语权，被排除在标准制定程序之外，只能成为规则的被动遵守者。大企业可以单独或者集体制定符合自己利益的标准，从而更加有力地维护其垄断地位，这导致弱者愈弱，强者愈强，造成恶性循环，缺乏公平竞争，最

---

① 周敏敏：《食品安全标准法律问题探析：以农夫山泉"标准门"为视角》，《生产力研究》2015年第12期，第95 - 102页。

② 田鹏：《环保部只占两标委会5％席位　难控国Ⅳ标准话语权》2011年09月07日16:33经济观察报［微博］，https://finance.qq.com/a/20110907/006172.htm，2021年12月11日访问。

终损害了消费者的利益。公共利益与企业利益之间也失去了平衡。程序不公，没有适用回避原则，导致结果不公。在 1990 年《国家标准管理办法》中规定了负责起草单位的责任和工作要求，但是却没有规定起草单位的行业要求，也没有明确规定企业不能负责起草标准。《国家标准管理办法（征求意见稿）》第 24 条规定："国务院有关行政主管部门或者技术委员会应当按照下达的国家标准计划，组建起草组，承担具体国家标准的起草工作。起草组应当具有专业性和广泛代表性。"但是，正式通过的版本中却删除了该内容。技术委员会的组成如果没有明确的比例规定，结构就会失衡。企业代表是否有资格担任技术委员会委员的职务？企业工作人员参与技术委员会从而参与标准的制定，为私人（企业）利益对标准产生影响提供了可能性。

《全国专业标准化技术委员会管理办法》（2017 年公布、2020 年修订）第 7 条规定："技术委员会由委员组成，委员应当具有广泛性和代表性，可以来自生产者、经营者、使用者、消费者、公共利益方等相关方。来自任意一方的委员人数不得超过委员总数的 1/2。教育科研机构、有关行政主管部门、检测及认证机构、社会团体等可以作为公共利益方的代表。"第 8 条规定："同一单位在同一技术委员会任职的委员不得超过 3 名。主任委员和副主任委员不得来自同一单位。同一人不得同时在 3 个以上技术委员会担任委员。"该办法对技术委员会的组成进行了细致明确的比例规定，这是一大进步。但是，生产者、经营者仍然可以担任技术委员会的委员。虽然一方委员人数不得超过总数的二分之一，但是，生产者、经营者即企业的委员人数合起来仍然可能超过委员总数的一半以上。应当加以更加严格的限制，即生产者、经营者委员人数不能超过总数的二分之一。此外，在企业兼职的科研机构人员不应作为使用者、消费者、公共利益方的代表。

最彻底的办法应当是建立回避制度，当专家与制定标准存在利害关系时，应当主动回避。制定机关发现专家与标准有利害关系时，也可要求其主动回避。但利益相关者包括企业的专家、消费者可以作为没有投票权的代表参与标准的制定过程，并对制定过程进行监督。回避制度的实施需要足够数量的委员作为前提，这样可以在有关委员回避的情况下仍然可以达到法定人数。因此，技术委员会委员人数应当增加。

（二）有效参与

据报道，我国国家标准化管理委员会于 2009 年底修改了原来的电动自行车标准，超出这一标准的即视为电动摩托车，被归类为机动车。结果引起一片反对声，舆论哗然。在该标准制定过程中，制定机关并未向消费者和生产者征求意见，在程序上存在重大问题①。

在技术标准制定过程中，政府拥有控制权，技术专家处于优势地位。科技决策需要民主参与，而另一方面公众又无法实现有效的民主参与。但是，辩证地看，技术既可以成为民主实现的掣肘，也可以用作民主推动的利器②。在公民参与科技决策方面，国外一些做法可以给我们提供一些参考。如丹麦创造了公民会议、剧本研讨（scenario workshops）等形式；英国则采取了协商民意测验、常设协商评议组、焦点小组、公民评审团、共识会议、利益相关者对话、互联网对话等途径；美国杰佛逊中心（Jefferson Center）设计了公民陪审团（citizen juries）、反馈小组（feedback panels）、公众参与研讨（public participation workshops）等程序。还有一些机构或团体的做法也有可借鉴之处。以 ASTM（美国测试与材料学会）为例。ASTM 是全世界最古老的国际标准组织之一，全世界的个人或行业代表都可以无障碍地参与 ASTM 标准制定，进行审查和监督，表达个人意见，ASTM 也都会充分采纳③。这些公民参与的形式可以为我们的科技决策提供有益的借鉴。在我国的科技决策中也应当树立以公众为主体，政策制订者、科技专家参与互动的多元决策理念。

毋庸讳言，无论在我国标准制定的法规文件中，还是在实际标准制定的过程中，消费者往往被置于一个无足轻重的位置上，这种弱势地位虽然有普通公众知识局限性的因素，但绝非仅仅如此，参与途径不通畅等也是重要原因。

在美国，无论一项食品标准是由 FDA（食品药品监督管理局）发动还是基于一个利害关系人表明合理理由的请求，根据法律的规定，都必须在《联邦登记》上公布，以便给所有的利害关系人随后立即发表他们观点的机会，口头或书面均可。如果受建议负面（反向）影响的利害关系人提出反对意见，并且陈述理由，提出听证的要求，FDA 还得举行由听证检察官（Hearing Examiner）主持的

① 邓可祝：《论技术标准的司法审查》，《科技与法律》2010 年第 5 期，第 82 - 86 页。
② 徐骏：《技术政治化趋向下的民主技术功能》，《长白学刊》2015 年第 6 期，第 27 - 32 页。
③ 胡亚楠：《ASTM 标准制订过程公开、公正、公平、人人参与：亲身体验 ASTM 协商一致标准制定过程》，《中国标准化》2009 年第 6 期。

听证(当然,针对食品标准听证也出现了批评意见)①。美国公民可以申请参加委员会(commission\committee)一类行政机关的决策会议(部、局、独立管制机构的会议除外)。美国的《联邦行政程序法》(APA)并没有要求非立法性规则必须遵守通告评论程序,但是,在实际操作中,有的法院在司法审查中却要求通告评论程序是非立法性规则制定的必经程序。这种激进主义做法也受到了一些批评,有人建议部分适用事前通告评论程序,增加事后评论程序②。未经通告评论程序的非立法性规则可能会面临法院更严格的审查,制定规则的行政机关为了避免严苛的审查,往往会自己主动适用额外的公众参与程序。美国非立法性规则制定程序的经验、教训都值得我们思考。

《国家标准管理办法》第16条规定:"国家标准征求意见稿应征求意见。征求意见期限一般为六个月。"《地方标准管理办法》第13条、第25条做了类似的规定,只是稍有不同。《强制性国家标准管理办法》第15条规定需要审查的强制性国家标准项目向社会公开征求意见。第22条规定起草部门以书面形式多方面征求意见。第23条规定了标准征求意见稿、编制说明以及拟订的过渡期公开征求意见。第24条规定:"对于涉及面广、关注度高的强制性国家标准,组织起草部门可以采取座谈会、论证会、听证会等多种形式听取意见。"第26条规定:"制定中的强制性国家标准有关技术要求发生重大变化的,应当再次向社会公开征求意见。"第47条规定:复审结论为废止的,公开征求意见。《食品安全国家标准管理办法》第5条规定:"鼓励公民、法人和其他组织参与食品安全国家标准制(修)订工作,提出意见和建议。"第9条规定:"任何公民、法人和其他组织都可以提出食品安全国家标准立项建议"。公开征求意见为公众参与提供了途径,参与者不仅有普通公众,还包括专业人士,专家参与也是公众参与形式之一。然而,仅以全国标准信息公共服务平台作为向社会公开征求意见的形式显得过于单一,因为普通消费者可能从来不关注这个平台。因此,必须促进和督促消费者组织真正发挥消费者代言人的作用,消费者组织必须以多种形式广泛收集消费者的意见,发挥消费者与标准制定机构的桥梁作用,充当消费者的传声筒。另外,在征求意见的阶段上,已经有所提前,不仅仅限于标准草案起草

---

① Alan H. Kaplan, "Food Standard Making Procedures," *Food Drug Cosmetic Law Journal*, 3 (20)1965, pp.149-158.

② 刘磊:《美国非立法性规则之公众参与及其借镜》,《行政法学研究》2016年第6期,第109-119页。

完成之后。在标准制定动议阶段,即项目建议和立项之前即需进行征求意见。公民有权提出立项建议,这是公民标准制定动议权的确认,对发扬民主具有重要的意义。在立项之前,也应当进行公开征求意见。在公众参与方面,新修订或新出台的相关"办法"比旧"办法"进步了很多,民主性显著增强。在今后的实施过程中还应当不断总结经验,适时修订,使参与的途径更加畅通,参与的形式更加完善,确保公众的参与更加有实效。

（三）程序公开

行政程序公开是保障公众知情权、参与权的前提。在《行政程序法》尚未出台的情况下,国务院专门制定了《政府信息公开条例》（2007 年颁布,2019 年修订）,也侧面说明了行政程序公开的重要性以及我国政府的重视态度。当然,WTO 透明度要求也是该条例出台的重要原因。行政信息公开不仅有利于实现公民的参与权,也增加了标准的可接受性,有利于公民和企业知悉、理解和自觉遵守。此外,行政信息公开还有助于公众了解行政标准制定的复杂性,促进信息交流①。

《标准化法》第 17 条规定了标准文本的公开。该法第 35 条要求公开受理举报、投诉违反该法规定的行为的电话、信箱或者电子邮件地址。但是,对标准制定过程的公开并没有提出要求。《标准化法实施条例》通篇主要规定技术性要求,对标准制定过程的公开仍未涉及。如前所述,《国家标准管理办法（征求意见稿）》强调了制定程序的公开、透明原则。第 19 条、第 26 条和第 42 条分别规定了对拟立项的国家标准项目、国家标准征求意见稿和编制说明,以及废止标准的结论向社会公开征求意见。相比之下,《地方标准管理办法》的要求则比较宽松,对立项前公开未做规定。

标准制定程序中的公开,不仅仅是结果的公开,还应当包括建议、立项、起草（包括起草单位、人员背景信息）、审查、批准、废止等全过程公开,包括会议过程以及会议纪要等标准制定材料的公开。举例来说,郑州的消费者赵先生在 2011 年 12 月 2 日向卫生部提出信息公开申请,要求公开涉及生乳等 66 项食品安全国家标准起草的信息资料,重点是会议纪要,遭到卫生部的拒绝。于是,赵先生向北京市第一中级人民法院起诉。2012 年 10 月 17 日,法院判决卫生

---

① 成协中:《科学理性导向下的行政正当程序》,《华东政法大学学报》2013 年第 5 期,第 125 - 136 页。

部败诉①。法院的判决维护了消费者的知情权,促进了标准制定过程的信息公开,有利于加强对标准制定过程的监督,避免暗箱操作和标准制定被强势企业绑架,有助于促进标准的公平和公正。

行政机关在主持制定规标准的过程中应当以公开为原则,不公开为例外(涉及国家秘密)。对于以商业秘密为由拒绝公开的情况要特别谨慎。应当秉承"开门立规"的精神,体现公正性和透明性,保证关键环节的记录完整,并及时向社会公开这些记录,方便公众知晓。现代网络技术为标准制定信息公开提供了有效的途径,也为行政机关、起草单位、技术委员会与广大公众交流提供了方便,有助于增进公众参与和社会监督。

(四)说明理由

说明理由是指行政机关在做出对相对人不利的行政行为时,必须向相对人说明做出该行为的事实根据、法律依据和论证过程。说明理由必须事实清楚、论证充分、逻辑严密,能够说服利害关系人和公众,做到以"理"服人,而不是以"力"压人。说明理由制度,一方面可以促使行政机关深思熟虑,依据充分,防止其主观武断和滥用权力,体现对相对人的尊重;另一方面有助于提高行政行为的可接受性,避免产生对抗情况,这也是现代制度文明的重要体现②。

自然正义原则本身并没有规定说明理由的要求,说明理由是自然正义发展到正当法律程序的产物。在英国,议会和法院逐渐认识到说明理由的必要性和重要性。法律可以在某个具体领域提出更高的程序性要求。譬如美国食品药品监督管理局在行政规则制定过程中即需遵循更严格的程序③。

美国法院在《行政程序法》制定之前,就将说明理由的要求适用于非正式程序。当然,对此也存在一些反对意见④。同样,WTO也要求一个合理的行政行为,应该附具"理由"。

行政机关和技术委员会应及时主动将标准制定的立项原因、制定过程、标准草案、争议事项和利害影响都进行详细说明,并对公众的问题进行及时答复。

---

① 王忠敏:《标准的制定过程应不应公开?》,《中国标准化》2012年第12期,第51-52页。

② 吕新建:《行政法视域下的正当程序原则探析》,《河北法学》2011年第11期,第165-171页。

③ Richard A. Merrill, "Administrative Rule-making", *Food Drug Cosmetic Law Journal*, (8) 1975. 转引自王瑞雪:《美国行政规则制定中的听证程序及对我国的启示》,《重庆工商大学学报(社会科学版)》第4期,第103-113页。

④ M. Elizabeth Magill, "Agency Choice of Policymaking Form", 71 U. Chi. L. Rev. 1383, 2004, pp.1411-1412.

《标准化法》第 35 条规定：受理举报、投诉的行政主管部门应当告知处理结果。《国家标准管理办法（征求意见稿）》第 20 条规定了对于重大意见应当形成处理意见，第 26 条规定了征集意见的处理。但是，这些法规并没有规定具体处理意见的方式，以及是否需要说明理由，以及是否对提出意见建议的相对人进行回复。《地方标准管理办法》也有关于意见处理的规定，说明理由的对象是国家主管部门。《食品安全国家标准管理办法》第 18 条规定，征求意见时应当提供标准编制说明。在我国的立法程序中，法案在提请表决通过前一般都会向全国人大常委会或全国人民代表大会提交关于法律草案的说明，特别是就其重点问题和争议问题进行解释。尽管这些草案说明主要针对的直接对象是人大常务委员会委员或者人大代表，但是通常会对外公开发布。标准制定机构应当借鉴这一做法。

（五）程序效益

关于程序效益原则，我国学者很少专门讨论，江必新法官认为，程序效益体现在行政机关应当及时、高效地作出行政行为，同时要重视节约行政成本，减少相对人的负累。他提出了几条具体的建议：①设定时限和责任，以使行政机关及时作为；②兼顾保障相对人获得救济的权利和节约行政成本；③实行程序分流，区分一般程序、简易程序、正式程序、非正式程序等。不同情形适用不同类型的程序。

一方面，规范的行政程序可以提高行政效率，有助于提高行政行为的质量，避免官僚主义、行政专断导致行政行为的低质量以及来回折腾，只讲效率不讲效益，从而浪费更多的行政资源。另一方面，僵化繁复的行政程序也会降低行政效率。在美国，对行政程序的规范与对行政程序的反思同时并进。1954 年以前，美国针对所有的食品安全标准建议都要求举行公开听证。1954 年的《黑尔修正案》(the Hale Amendment)只要求对有反对意见的提议举行听证。尽管如此，在举行听证时，提出制定标准的建议者、反对者、第三方都要提出证据乃至证人证词，这无疑给当事人增加了负担。因此规则仍然需要改进①。

在标准制定程序之中，我们应当争取民主与效率的平衡。与美国的过度参与不同，我国是一个各项法律法规不断完善发展中的国家，公众参与虽尚有欠

---

① Alan H. Kaplan, "Food Standard Making Procedures," *Food Drug Cosmetic Law Journal*, 3 (20)1965, pp. 149 - 158.

缺,却又不得不考虑效率的问题。因此我们最好采取一种适度参与的方式,在"民主性"和"效率性"之间寻求平衡。既要扩大民主参与,又要适当地兼顾效率。具体而言,既要畅通标准制定中公众参与的途径,又要采取多种灵活的方式,包括正式程序、非正式程序、正式听证、非正式听证、协商程序等,都可以根据情形加以部分借鉴,对于影响较大、涉及众多百姓生活的标准制定,不妨尝试举行听证。当然,听证并非越多越好,程序也非越正式越好。正当法律程序本来就有"合理"之意,既规范又灵活,合情合理,符合比例,适度原则应当是我们的追求。《国家标准管理办法(征求意见稿)》规定:强制性国家标准从计划下达到报送报批稿的期限一般不得超过 24 个月;推荐性国家标准从计划下达到报送报批稿的期限一般不得超过 12 个月(第 22 条);在规定期限内无法报批的国家标准计划应当申请延期,延长时限不超过 6 个月(第 23 条);征求意见期限一般不少于 60 日(第 26 条);复审周期一般不超过 5 年。复审结论为废止的,征求意见一般不少于 60 日(第 42 条)。《地方标准管理办法》规定:地方标准的制定应当做到经济上合理(第 4 条);征求意见期限一般不少于 30 日(第 13 条);复审周期一般不超过 5 年,应当及时复审地方标准的情形(第 24 条)。这些规定在一定程度上体现了程序效益原则。关键是如何既能提高行政效率,又能防止行政滥用职权,还能保障公民的参与权,三者之间要找到准确的平衡点。

原国家技术监督局于 1998 年发布了《采用快速程序制定国家标准的管理规定》。快速程序实行"等同采用或有效采用"原则,包括四类情形。采用快速程序也是特事特办、讲求程序效益的一个典型体现。但是,笔者以为,对于"现行国家标准的修订项目"和"现行其他标准转化为国家标准的项目"是否必须采取快速程序仍有讨论的空间。如遇特殊情形,如事关广大公民生命健康安全、受到广泛关注、涉及重大变动的事项也可以考虑采用一般程序,即实行"特殊中的特殊可以视为一般"原则。

三、技术标准制定程序正当性的保障

对技术标准制定过程的监督是技术标准制定程序正当性的保障。这类监督依据监督主体可以划分为立法监督、行政监督、司法监督、监察监督和社会监督等。由于立法机关的主要职责在于立法和决定重大事项,受其专业性的限制,以及技术标准形式上的非法律规范性和内容上的专业性,立法机关几乎没有精力也不便直接进行监督。在技术标准制定程序的正当性方面,立法机关最

主要的任务应当是通过法律确立正当法律程序的原则。监察监督主要在于技术标准制定主管官员的违法责任,尤其是渎职贪腐的法律责任。至于社会监督,由于其形式多样、主体复杂,并非简短的文字所能概括。因此,本文仅探讨对技术标准制定的行政监督和司法监督。

（一）行政监督

行政监督一般是行政系统内部上级对下级的监督,在我国,下级服从上级是一种普遍的要求。这种监督的优点在于其专业性和有力有效性,表现为监督的范围更广,监督的强度更大,其缺点则可能是"官官相护""胳膊肘往里拐",缺乏中立性。

我国《标准化法》第4章专章规定了对标准制定的"监督管理",并且集中于行政监督。第32条规定了对标准的制定进行指导和监督。第34条规定对未依照该法规定对标准进行编号、复审或者备案的,要求其说明情况,并限期改正。第35条规定向社会公开受理举报、投诉的途径,为举报人保密,对举报人给予奖励。该条规定是公众参与、社会监督和行政监督的结合。该法第5章规定了违反标准化法的法律责任,其中第41条规定了未按规定立项、编号、备案的法律责任。《地方标准管理办法》第26条规定了:①对地方标准的技术要求低于强制性国家标准的相关技术要求的,国家标准化主管部门采取的监督措施;②对地方标准未依照本办法规定进行编号或备案的监督措施;③地方标准未依照本办法规定进行复审的监督措施;④对利用地方标准实施排除、限制市场竞争行为的处理措施;⑤对地方标准的制定事项范围或者制定主体不符合本办法规定的监督措施。监督措施的形式主要包括限期改正、撤销标准编号、公告废止标准、依《反垄断法》等法律法规规定处理、行政处分。其中违法情形主要包括违反法定程序(编号、备案、复审等)的情形。法定程序并非正当程序,但是,法定程序可以融入正当程序。另外,既然司法审查中法院可以适用正当程序作为补充进行辅助判断,行政机关也可以如此。再者,司法审查适用正当程序对行政机关也形成了一定的压力,为了避免败诉的可能性,行政机关应当会自觉地遵守正当程序。因此,在上级部门对下级部门技术标准制定程序的监督中,可以包括对违反正当程序的审查。

仔细观察,我们可以发现对于国家标准层面的行政监督比较薄弱,尤其是对国务院标准化行政主管部门的行政监督几近于虚置。这也充分显示了行政内部监督的局限性,因此外部监督就显得尤为必要,毕竟任何权力都必须受到有效的监督。

（二）司法审查

对技术标准的司法审查首先需要解决其理论基础。如前所述，技术标准尽管实际上发挥法律规范的功能，例如在诉讼中法院会依据标准进行判决，但是，技术标准本身并不具备法律规范的形式。在我国，目前法律法规规章都不是司法审查的对象。但是，在《行政诉讼法》修订之后，规范性文件已被纳入行政诉讼法的审查范围，只不过仅仅适用于附带性审查，即行政相对人只有在认为自己的合法权益遭受具体行政行为侵害时，方可附带对作为行政行为依据的规范性文件提出审查的要求。技术标准虽然不是规范性文件，但将规范性文件纳入司法审查的做法为技术标准的审查创造了方便条件。行政机关制定技术标准的行为不是一个具体的行政行为，因为标准具有普遍约束力和反复适用性，此外，技术标准的法律效力接近于规范性文件。行政机关制定技术标准的行为与制定规范性文件的行为都同属于抽象行政行为，但并非立法行为。因此，从立法的目的和精神出发，将行政机关制定技术标准的行为纳入司法审查在理论上并不存在法律障碍。只是由于技术标准具有专业性和技术性，对其进行司法审查法官并不存在优势。然而，对技术标准的审查包括实体审查和程序审查，专业性、技术性主要体现在标准的内容上，对于制定标准的程序进行审查对法官来说并没有太多的专业屏障。

对于技术标准能否进行司法审查，学术界存在意见分歧。笔者以为，技术标准在现实生活中发挥了巨大的作用，影响到生活的方方面面，如果没有有效的监督，在标准制定过程中，制定者很容易被利益集团所"俘获"，对广大消费者乃至中小企业十分不利。在民事活动中，标准虽然可以有一定的选择性，但是强制性标准具有强制效力。在行政活动和法院裁判过程中，技术标准作为判断事实的依据，发挥类似法律规范的效力。如果不对标准或标准制定活动进行司法审查，公民权利不仅有可能被行政滥权所侵害，而且失去了一个重要的权利救济途径。司法判断作为法治方式中的最终判断，应当也必须发挥权利最终救济保障的功能。在美国，技术标准被视为非立法性规则，尽管存在司法谦让的主张，但对技术标准进行司法审查是毫无疑义的。

由于我国立法上对正当程序的确认并不多见，并且《行政诉讼法》规定的法院对行政行为的审查标准之一是"违反法定程序"，这使得正当程序能否成为司法审查的标准仍然存在争议。但是，江必新法官则认为，程序自由裁量权技术难度不会像实体裁量那么复杂,对正当性的判断标准易于统一。他主张对程序自由裁量权加以规范和监督是可行的。只有运用正当性标准审查程序裁量权,才有可能发现自由裁量权是否被滥用①。

在我国,由于对行政程序正当性审查缺乏明确的法律依据,法院主要通过《行政诉讼法》的"滥用职权""显失公正"审查标准"曲线救国",实现正当性审查。其中,"滥用职权"包括滥用程序自由裁量权,而"显失公正"("明显不当")可能包括显失程序公正(程序明显不当,缺失正当程序基本要素)。根据前述"两高"②司法文件统计,存在一定数量直接以"正当程序"为审判标准的案例。但是,通过对前述案例汇编的统计,发现对技术标准的司法审查基本上限于其适用问题,几乎没有发现对技术标准实体内容和制定程序进行审查的案例。前述郑州消费者提起的诉讼也主要是关于信息公开,法院也未对技术标准制定程序本身进行审查。这表明对技术标准制定程序的司法审查仍然需要我们作出巨大努力。

---

① 江必新:《行政程序的正当性的司法审查》,《中国社会科学》2012 年第 7 期,第 123－140 页。
② 即最高人民法院、最高人民检察院,简称最高法、最高检。

关于行政许可改革关键问题的思考

——从食品经营许可改革谈起*

曾祥华

摘　要:当前的行政许可改革主要集中于相对集中行政许可权、精简许可事项(取消许可事项)和简化许可程序三个方面。行政许可改革的目标是在保障经济社会健康发展的同时,最小限度地限制行政相对人的权利。食品经营许可具有市场进入类许可和危害控制类许可的双重性质,既要改革,又要慎重。相对集中行政许可权具备形式合法性,但其改革依据在实质合法性上有所欠缺。虽有提高效率和方便相对人的优点,但也存在很多缺陷。国务院废止行政许可事项涉及法律设定的行政许可需要全国人大及其常委会的授权,废止行政立法设定的行政许可事项需要经过废止立法程序。可以考虑在设定行政许可的立法中引进"日落条款"。废止行政许可事项一般来说有利于行政相对人,但也会涉及根据信赖保护原则所需要的补偿。对于食品经营许可事项,需要谨慎处理,不可随意废止。

关键词:行政许可改革;食品经营许可改革;相对集中行政许可权;废止许可事项;合法性与合理性

事件介绍:2018年10月,国务院印发《关于在全国推开"证照分离"改革的通知》,明确首先在上海市浦东新区进行试点,并计划在更大范围内复制和推广,确立了"直接取消审批""取消审批,改为备案""简化审批,实行告知承诺""完善措施,优化准入服务"四种改革方式。随后,市场监管总局于11月9日印发《关于加快推进食品经营许可改革工作的通知》,从试点推行"告知承诺制"、

---

* 本文曾发表于《杭州师范大学学报(社会科学版)》2020年第4期。

基金项目:江苏省教育厅高校哲学社会科学研究重大项目"食品安全标准法律制度改革研究"(编号:2019SJZDA017)阶段性成果。

优化许可事项、缩短许可时限、全面推进许可信息化等方面推动食品经营许可改革。各地食品安全监管部门也通过推进食品安全地方立法、出台登记备案监管政策等方式推进许可事项优化、小餐饮等小微业态登记备案管理等制度落实落地①。

中国的行政许可改革自 2001 年全面展开,距今已过 20 年,2004 年《行政许可法》的实施是该改革的标志性事件。此后,改革继续向前推进。前述国务院和市场监管总局的两个"通知"表明改革已经进入实质性阶段,由减少数量向提高质量转变,从重事前审批到重事中事后监管转变,改革的目标逐渐清晰,措施也逐渐深入。行政许可改革是一个复杂系统的过程,涉及方方面面,触及许许多多的利益矛盾,目前已经进入攻坚阶段,欲实现改革的目标,既要着力全面推进,又要抓住关键问题。根据当下改革的实际状况,笔者以为,目前的行政许可改革主要集中于三个方面:相对集中行政许可权、精简许可事项(取消许可事项)和简化许可程序。

行政审批是一个通俗用语,也是行政学和政治学中的一个用语。行政许可是一个法律术语,本文所称的行政许可其外延小于行政审批。除了行政许可外,行政机关内部还存在行政审批。行政许可是行政审批的下位概念,本文所称的行政许可是指行政机关内部审批以外的,针对行政相对人申请依法作出是否准许申请人从事某种法律限制的特定活动的行政行为。至于"非许可行政审批",因其概念的内涵和外延不太清晰,本文不予讨论。另外,食品经营许可在《食品安全法》出台以前一般被称为食品卫生许可。特此说明,以免混淆。

一、行政许可改革的可行性与必要性

自 2001 年 10 月起,上海浦东新区率先在全国范围内实行了行政审批事项告知承诺制度,其中部分食品及公共场所卫生许可(现称食品经营许可)被列入首批告知承诺的范围。其后此类改革被多地借鉴推行。关于卫生许可告知承诺制,大部分学者及实务工作者都认可其积极意义,认为这种制度创新提高了工作效率,体现了人性化的管理,为申请人带来了很大的方便②;这一改革改善了浦东新区的投资环境,减少了投入成本,增加了许可行为的透明度,有助于防

① 北京市场监管原质监:《2018 年度食品安全法治十大事件》,https://www.sohu.com/a/313051018_120026901,2019 年 9 月 15 日访问。

② 周云英:《卫生行政许可实施的告知承诺制》,《职业与健康》2006 年第 18 期,第 1499 页。

范腐败[1]；同时也指出卫生许可领域实施告知承诺制的弊端，如申请人不守诚信，增加了行政监督执法的工作量等。但也有文章从根本上反对在卫生许可领域实施告知承诺制。俞幼达指出，告知承诺制与卫生许可制度的特性不符，忽视了特殊行业事前审批的重要性，增加了不必要的工作量，违反了法律规定[2]。尽管在普遍的赞扬声中持反对意见者仅属少数，但我们仍然应当重视和思考：行政许可改革边界在哪里？如何把握行政许可改革的度？从另一个角度看，问题可以转换为如何把握行政许可的必要性和妥当性。

在自由资本主义时期，政府主要扮演"守夜人"的角色，履行警察、税收、邮政等有限的管理职务，管得少就是管得好。但是，随着经济危机的频繁发生，市场失灵的问题逐渐显现，政府开始加强宏观调控。自然资源的有限性、环境保护的需要、经济社会秩序维护、各种安全的保障催生了政府规制。其实，从根本的意义上说，只要有政府的存在，就有规制的存在，政府规制有其存在的必然性。然而政府治理的好坏却是一个复杂的问题，涉及权力与权利、国家与社会、政府与市场的疆域边界如何划分。政府管多管少本身并不是判断政府好坏的唯一标准，优秀的政府是管得适度的政府，关键是管到什么程度才算"适度"？如何把握其中的"度"？

中国是一个社会主义国家，改革开放以前，国家实行计划经济，政府几乎无所不管。改革开放以后，中国逐步转向社会主义市场经济，简政放权成为改革的重要内容。"放管服"是当今规制改革的主旋律。但是，由于公有制占主体地位，惯性力量的存在，部门利益和机构利益的影响，更由于规制的边界难以把握，改革仍然面临阻力和困难。

行政许可是政府规制的一个手段，也是行政规制的一部分。按照西方古典自然法学派的观点，人权是天赋的，人人生而自由，享有自然权利。只是由于某种原因（如安全的需要[3]；自然状态不方便，自然法不明确，缺少公正的裁判者和判决的执行者等）人们签订契约组建政府。政府的权力来自公民权利的让渡，组建政府的目的是保障公民的生命、自由和财产安全[4]。按照马克思主义

---

① 吴小芹：《卫生许可告知承诺制的实施情况分析》，《上海预防医学杂志》2004 年第 7 期，第 329 - 330 页。

② 俞幼达：《谈卫生行政审批实行告知承诺制的弊端》，《中国卫生法制》2004 年第 1 期，第 28 页。

③ ［英］霍布斯：《利维坦》，黎思复译，商务出版社，1985 年，第 128 - 131 页。

④ ［英］洛克：《政府论》（下篇），叶启芳、瞿菊农译，商务印书馆，1996 年，第 77 - 78 页。

的观点，一切权利属于人民，人民政府为人民，政府为人民服务。共产党人奋斗的目标是实现人自由而全面的发展。设立行政许可是对公民权利的一种限制乃至禁止，获得行政许可是对权利限制或禁止的一种解除，是自由的恢复。

既然行政许可是对公民权利的限制，其目的必须是明确的。设立许可的目的正是维护秩序、保障安全、发展经济、保护自然资源环境等，也就是为了社会的公益目标。设立行政许可是一种权力，是公共权力，不是私人权力，设立行政许可不能夹带行政机关的部门利益，更不能以权力寻租为目的，不能立自利之法。即使为了公共利益，其目标也必须具有现实性，即是可以实现的目标。避免主观想象闳大不经，真正能够切实地达到规制的实效，具备有效性和可操作性。

对公民权利的限制只是实现行政许可目的的一种手段，其本身不是目的，能达到目的即可。应当坚持必要性原则，即"最小侵害原则"，杀鸡不能用牛刀，不能"以炮击雀"，通俗地说，不能"高射炮打蚊子"。在众多方式方法中，只要能够同样达到公益目标，应选择其中对公民权利限制最少、利益损害最小的方式。在行政审批程序中，要坚持高效便民原则，尽可能减少程序壁垒，提高行政效率，方便许可申请人。这与中国古代道家的"无为而治"有相通之处，"无为"并非不作为，而是指无扰攘、无苛政、无烦扰、不折腾，为政之道在于不扰民、不多事。因此，应当力戒扰民、减轻人民的负担。

《行政许可法》第12条列举了可以设定行政许可事项，第13条列举了可以不设行政许可的事项："（一）公民、法人或者其他组织能够自主决定的；（二）市场竞争机制能够有效调节的；（三）行业组织或者中介机构能够自律管理的；（四）行政机关采用事后监督等其他行政管理方式能够解决的。"需要注意的是，这两条都使用的是"可以"而非"应当"，第12条所列事项并非必须设定行政许可，第13条所列事项并非一定不能设定行政许可。立法的模糊性为实际操作中灵活处置预留了空间，因为现实生活中会出现立法时不能预料的情形，这种规定有其合理的一面。但是，这种模糊性也为行政机关扩权滥权留下口子。另外，条文中的概念本身也具有伸缩性，包含许多不确定的法律概念，因此应当通过立法或者法律解释加以明确。但是，从更高的层面上解读，第12条体现了妥当性原则，其正面列举规定限定了设立行政许可的所应当追求价值目标。只有在符合这些目标的情形下，设定行政许可才有可能是正当的。一旦违反这些目标，行政许可的设定就失去了正当性。第13条体现了必要性原则，以反面排除的方法划定了行政许可设定权的边界，一般说来，行政机关不能越界行事。从有限政府和"无为而治"的角度,或者根据"法无明文授权即禁止"的原则(职权法定),行政机关在第 13 条规定的范围内,未经(狭义的)法律授权不得设定行政许可。

有学者将行政审批划分为资源配置类、市场进入类和危害控制类行政审批三类,对于不同类型的审批改革提出替代性制度建设的建议。"市场进入类审批改革的方向是降低进入门槛,打破进入壁垒,激发市场活力;危害控制类审批改革的方向是打破传统体制下建立起来的审批管控制度,将审批范围收缩到那些具有社会危害性,且通过其他方式不足以有效控制危害的社会活动方面。"①但是,学理的分类是理想化类型,不可能囊括所有的现实情况,更重要的是,食品经营许可兼具市场进入类许可和危害控制类许可的双重性质,所以很难套用单一类型的框架。食品经营许可是食品生产加工经营企业或者个体户进入市场的必要条件,同时,食品生产经营也可能给市场带来不符合食品安全标准、劣质的甚至有毒有害的食品,从而危害消费者的健康乃至生命安全。我们既需要激发市场活力,为消费者提供足够的食品,确保粮食安全,又需要防止假冒伪劣食品入市,确保食品的质量安全,保障消费者的生命健康。一般说来,食品生产加工的技术性要求相对较低,与其他危害控制类产品,例如药品的生产加工相比,其技术要求、专业化水平较为简单。在实际生活中,如果不从市场经营的角度看,每个人都可能是食品的生产加工者。因此,食品经营许可降低门槛是可行的。但另一个方面,"民以食为天,食以安为先",对食品经营又必须实施有效监管。

根据《食品安全法》的规定,食用农产品的销售不需要许可,小作坊和食品摊贩等的管理办法由省、自治区、直辖市规定。根据传统习惯,纯手工制作的食品一般不需要取得许可,但是,很多地方立法要求食品小作坊取得营业执照,并申请食品小作坊登记证(如《江苏省食品小作坊和食品摊贩管理条例》第 10 条)。目前对食品经营许可的改革主要体现在程序方面,包括简化程序、缩短期限等。实行告知承诺制是改革的一个重要措施,包含行政机关对申请全部条件的书面告知和申请人对符合法律要求的书面承诺。告知承诺制客观上简化了程序,缩短了办证时间,提高了行政效率,方便了行政相对人,也激发了市场活力。但是,告知承诺制也带来一些问题,如不守诚信,增加了工作量等,这些弊

---

① 王克稳:《论行政审批的分类改革与替代性制度建设》,《中国法学》2015 年第 2 期,第 5-28 页。

端在其他领域的许可改革中也同样存在。其解决方法是对失信者实施必要的处罚、扩大执法队伍、加大执法力度等,实行宽进严管,从重审事前批转变为重事中事后监管。对于监管力量不足的问题,扩大编制可能会有困难,应当创新监管方式、监管手段,加强社会共治、协同监管和企业自律。但是,食品经营的确具有特殊性,事关食品安全,涉及消费者生命健康,因此相较于其他行业,应当更加慎重。告知承诺制并非排除事前审核,而审核的形式包括形式审查和实质审查,甚至可能进行现场审查。对食品经营许可的告知承诺制实施应当从严把握,实行现场检查。《食品安全法》第35条规定:"必要时对申请人的生产经营场所进行现场核查。"至于是否"必要",监管机构有判断权。而前述江苏省条例第11条规定:"食品药品监督管理部门应当……按照规定对其生产加工场所进行现场核查。"监管机构已经没有选择权,一律进行现场核查。

二、相对集中行政许可权改革的合法性与合理性

关于相对集中许可权的合法性,理论界存在截然相反的观点,争论比较激烈。有学者认为相对集中行政许可权违反了职权法定原则的精神[1],也有学者认为相对集中行政许可权并不违反职权法定原则[2]。相对集中行政许可权是指将多个行政机关的行政许可权交由一个机关行使(行政审批局模式)。一般认为,行政服务中心只是多个行政机关集中在一个场所接受行政许可申请,并不涉及行政许可权的转移和集中,只是场所的集中,并非相对集中行政许可权。职权法定原则要求行政机关的职权由法律规定,即"权自法出",这是人民主权原则在行政法领域的体现,即一切权力属于人民,人民通过宪法和法律授予行政机关行政职权。行政机关不能超越职权,越权无效。"法无授权即禁止"。越权包括横向越权和纵向越权。

最早实行行政审批局模式的是成都市武侯区,其根据2008年12月24日区编办印发的文件,设立了武侯区行政审批局。该局行使了原本由22个部门负责的主要行政审批职能。原职能部门不再行使行政审批权,而主要承担监督和管理职能。其中行政许可事项的划转比例达到了85%。关于这一模式,既

---

① 徐继敏:《相对集中行政许可权的价值与路径分析》,《清华法学》2011年第2期,第79-81页。

② 殷飞、申海平:《组织法下的相对集中行政许可权改革》,《中国行政管理》2016年第4期,第19-22页;王克稳:《论相对集中行政许可权改革的基本问题》,《法学评论(双月刊)》2017年第6期,第44-51页。

有赞成者也有反对者。双方都引据了《行政许可法》第25条规定："经国务院批准，省、自治区、直辖市人民政府根据精简、统一、效能的原则，可以决定一个行政机关行使有关行政机关的行政许可权。"从形式合法性的角度来看，两者的分歧并不是太大。赞成者还引用《地方各级人民代表大会和地方各级人民政府组织法》（以下简称《地方组织法》）第64条的规定作为依据：地方各级人民政府根据工作需要和精干的原则，设立必要的工作部门。省、自治区、直辖市、自治州、县、自治县、市、市辖区的人民政府的工作部门的设立、增加、减少或者合并，由本级人民政府报请上一级人民政府批准，并报本级人民代表大会常务委员会备案。殷飞、申海平认为，根据成都市政府的文件和一般情理推定，武侯区应当已经履行了《地方组织法》规定的相关程序①，因此武侯区的决定符合《地方组织法》的要求。但是关于《行政许可法》第25条的理解却发生了分歧。该条可以有两种解释：一种是所有层级政府相对集中许可权，都需要国务院批准，省、自治区或者直辖市决定。另一种理解是，该条的批准、决定的规定，不能作扩大解释，而不适用自治州、县等人民政府所属的行政机关行政许可权的调整。如果比照相对集中行政处罚权的实践，第一种解释是合理的。《行政处罚法》第16条规定与《行政许可法》第25条规定极其相似，而相对集中行政处罚权改革的实施，全部得到了国务院的批准②。但是，两位学者认为第二种解释合理，因为《行政许可法》第25条是一条鼓励改革的条款，而不是限制改革的条款。该条所规定的批准、决定制度是针对省、自治区、直辖市人民政府对于其工作部门行政许可权调整的，是《地方组织法》第64条规定的具体化而已。笔者以为，两种解释都有道理，但是，《行政许可法》立法者的原意是支持第一种解释的。因为第一，第一种解释本身是立法机关工作部门领导（《行政许可法》立法的参与者）做出的③。第二，在起草《行政许可法》时，起草者并非不了解《地方组织法》第64条的规定，既然《地方组织法》已有相关规定，《行政许可法》又做出这样的规定，其本意一定是对相对集中行政许可权做出特别指导。在了解《地方组织法》规定的情形下，只对省级政府集中行政许可权改革决定的报批程序进行规定，

---

① 殷飞、申海平：《组织法下的相对集中行政许可权改革》，《中国行政管理》2016年第4期，第19 - 22页。

② 江凌、张水海：《相对集中行政处罚权制度：发展历程、实施情况与基本经验》，《行政法学研究》2008年第4期，第13 - 18页。

③ 汪永清主编《中华人民共和国行政许可法教程》，中国法制出版社，2003年，第72,75 - 76页。

而没有对省级政府以下的政府集中行政许可权的决定和批准程序做出规定,不应当理解为一种遗漏。相反,应当解释为只有省级政府经国务院批准才能做出集中行政许可权的决定。这是追求立法原意的解释。但这种解释不利于调动省级以下地方政府进行行政许可改革的积极性和主动性,也不利于实际推动地方政府的行政许可改革。如果按照类比推理,自治州、旗县区的相对集中许可权改革方案也应当报上级政府批准并同时报本级人民代表大会备案。结合《地方组织法》的规定,前述第二种解释也是合理的。至于比照《行政处罚法》第16条关于相对集中行政处罚权规定的实践来理解《行政许可法》第25条关于相对集中许可权的规定,也难以站得住脚。因为行政处罚是一种对行政相对人不利的行政行为,是损益行政行为,而行政许可是一种有利于行政相对人的授益行政行为。一般说来,相对集中行政许可权改革更加便利行政相对人申请及获得行政许可。

　　以上主要是从形式合法性的角度解读相关法律与相对集中行政许可权改革的关系,如果从实质法治的角度来看,《地方组织法》的规定未必完善。根据该法的规定,地方政府工作部门的设立、增加、减少或者合并,程序相对简单,只需由本级人民政府报请上一级人民政府批准,并报本级人民代表大会常务委员会备案即可。反观《国务院组织法》关于国务院部门的调整,程序更加严格,该法第8条规定:"国务院各部、各委员会的设立、撤销或者合并,经总理提出,由全国人民代表大会决定;在全国人民代表大会闭会期间,由全国人民代表大会常务委员会决定。"相对来说,《国务院组织法》的规定更加尊重人民主权原则。根据宪法精神,中华人民共和国一切权力属于人民,人民行使权力的方式是各级人民代表大会。从法理上讲,国家权力包括行政权,来源于人民的授予。人民通过宪法和法律授予国家机关权力。在直接民主制不方便的情况下,宪法和法律由民意代表机构制定。各级政府部门的行政职权是行政权的具体分工,不能由行政系统自我决定(包括上级行政机关的决定),否则就有自我授权的嫌疑,行政职权的具体化将失去民意机关的控制。宪法和组织法规定了国家人民政府的行政权,其职权的具体分工亦应由民意机关决定。有学者认为"国务院部门的职权也非法定,而是由国务院决定的"[1]。这种说法曲解了法律规定的含义,国务院只有建议权,没有决定权。《地方组织法》规定地方各级政府部门

---

[1] 王克稳:《论相对集中行政许可权改革的基本问题》,《法学评论(双月刊)》2017年第6期,第44-51页。

职权的调整,只需由上级人民政府批准,同时报同级人民代表大会常务委员会备案。这种规定没有体现人民主权原则的要求,导致地方人民代表大会失去了对地方行政机构改革的监督权。因为备案只是一个形式,只须同级人大常委会知道即可,无需人大及其常委会的同意和批准。可能有人认为,地方各级人民政府是国务院领导下的地方行政机关,只要国务院部门的设立和调整经过全国人大同意,地方各级人民政府依照一一对应原则设立相关部门即可,这种说法难以成立。中国幅员辽阔,各地情形差异极大,行政部门的设立应当因地制宜。另外,立法机关的一项重要职权就是监督权,全国人大没有精力也不方便监督地方政府的行为,而部门行政职权的分工是各种行政行为的源头问题。地方人大对本级人民政府的监督更加有效、及时、方便,如果行政职权的划分不从源头控制,地方人民对地方事务容易失去"主人"所应有的控制权。按照实质法治和人民主权原则的要求,相对集中行政许可权改革方案应当得到地方人大常委会的批准。《地方组织法》第 64 条所规定的简单程序确实方便了行政机构改革,具有灵活性和弹性空间。但是,另一个方面,这也为机构膨胀提供了可能性,不利于对行政权的法律控制。我国机构改革之所以陷入"精简—膨胀—再精简—再膨胀"的怪圈,与组织法的不完善密切相关。

至于食品经营许可,也涉及相对集中行政许可权改革。近年来,在许多地方基层已经实行机构合并,例如将质监、食药、工商等多个部门合并为市场监督管理局。2018 年,国务院机构改革,成立市场监督管理总局。这一大部制实际上集中了行政许可权,为行政相对人减轻了申请行政许可的负担,提供了更为便利的服务。但是,学者们一般认为,大部制不属于相对集中许可权的范围之内。食品经营许可除了涉及市场监管部门以外,还涉及卫生部门、环保部门、消防部门等多个部门。另外,如果实行行政审批局模式,市场监管部门的行政许可权也需要转移到行政审批局。

关于相对集中行政许可权的合理性,也存在争论。尤其是对于武侯模式(行政审批局模式)是否科学合理,能否全面推广,确实是一个值得讨论的问题。徐继敏认为,行政审批局模式增加了行政机关的设置方式,导致行政管理体制更混乱。他指出,将同一管理领域的计划权、调查权、许可权、处罚法、强制权等交由不同行政机关行使,必然导致权力运行不畅[1]。王克稳则积极支持行政审

---

[1] 徐继敏:《相对集中行政许可权的价值与路径分析》,《清华法学》2011 年第 2 期,第 79 - 81 页。

批局模式。他认为,行政审批局模式改革可以有效切断许可权力与部门利益之间的联系,从而消解了原机关对改革的抵制,倒逼行政机关监管创新①。虽然两种意见针锋相对,似乎承认其中一种观点,就必须反对另一种观点。但是,事实上两位学者所列举的理由并非不能同时并存。在江苏省部分地级市设立了行政审批局的情况下,笔者经过调研发现,行政审批局模式有利有弊。我们不能简单地做出肯定或否定的结论。就提高审批效率,方便相对人而言,行政审批局模式确实具有一些明显的优点。但是,据实务部门的同志反馈,行政审批局存在许多弊端。第一,行政审批局模式使得许可与监管分属两个部门,前后难以衔接,监管部门未参与、不了解许可状况,监管不方便,甚至不知道从哪里着手。监管机构失去了监管的积极性。行政许可改革本来就是为了革除"重审批,轻监管"的弊病,这样一来,结果适得其反:审批强化了,监管却越来越薄弱。第二,改革方针中曾有"谁审批,谁监管"的政策,虽然未必一律适用,现在却反其道而行之,审批的不监管,监管的不审批。例如,吊销营业执照,按照某些管理法的规定,谁许可,谁负责吊销。由于行政审批局并不具有监管职能和职权,实际上不可能发现吊销营业执照的违法行为,因此也就不可能实施行政处罚。而原本负责监管的部门在发现有关行政相对人严重违法以致于需要吊销营业执照时,却没有了吊销的权力,只能将查清的违法事实等相关材料转交到行政审批局,商请行政审批局吊销营业执照。尽管行政审批局一般都会依照监管部门的材料和要求作出吊销营业执照的处罚决定,但是,从理论上不排除行政审批局不实施该行政处罚的可能性。如果出现这种情况,将形成机关部门之间的不衔接和推诿,也会导致监管不力。这种做法还导致实际制定处罚决定的部门与名义上执行处罚决定的部门不一致。此外,相应地自然会衍生一种情形,即如果行政相对人就这类行政处罚决定申请行政复议或者提起行政诉讼,被申请人或被告人(行政审批局)不了解处罚事实和理由,只能要求实际监管部门准备答辩书等文件,进一步加剧了不协调和名实不符的问题。第三,行政审批局存在技术上的困难。行政审批局成立之初,部分工作人员是从各部门从事审批的人员中抽调出来的,但是由于编制的限制、新生力量的加入以及其他主客观原因,不可能将所有部门的原审批人员全部调入进来,导致部分人员缺乏专业性

---

① 王克稳:《论相对集中行政许可权改革的基本问题》,《法学评论(双月刊)》2017年第6期,第44-51页。

和技术性,部分审批业务没有熟练人员。因此实际上行政审批局在部分职业技术性较强的领域重复了行政服务中心的做法,即行政审批局从窗口接受行政许可申请,但实际是否许可仍由原监管部门决定。另外,有些许可决定作出之前需要进行技术检测或监测,行政审批局没有能力完成,仍然需要借助原监管部门的力量。第四,行政审批局模式造成上下级机构的不对应,影响行政职能的正常发挥。行政审批局一般在地级市或县区级政府设立,并且没有普遍推行。这就造成了上级监管机构布置的任务,下级监管机构可能没法完成的情形,上级职能部门关于行政审批政策的调整一般只传达给下级监管部门,能否传达到行政审批局以及是否能够得到贯彻实施没有保证。行政审批局不可能与所有的上级监管部门一一对接。如果上级政府没有设立行政审批局,本级行政审批局缺乏上级对应机构的领导、指导和监督。一些实务部门(政府法制部门,原法制办,现司法局。他们不从事具体审批,也不从事具体监管,相对中立)的同志认为,行政审批局模式有利有弊,但总体上有些过头,弊大于利。至于实际上是否如此,以及行政审批局模式的未来趋势,还有待实践和时间的检验。总之,行政审批局模式不能轻易肯定,也不能轻易否定,上级政府千万不能一刀切,各地应当根据自己的情况和意愿独立决定是否采纳。

行政许可权不是越集中越好。例如美国纽约市于 1996 年确定由建筑局、交通局和环保局合作实行牵头部门负责制,将三个局的审批权集中到建筑局,申请人从建筑局就可以获得原来需交通局、环保局共同审查后才能获得的许可[1]。英国食品安全规制改革遵循了善治原则,强调先进、独立、透明、参与和责任。在这一规制体系中,起关键作用的就是英国食品标准局。它与地方当局合作,并借助肉食品卫生局进行监督,同时科学技术办公室也扮演着重要角色[2]。其善治改革并没有进行机构合并,也并没有转移(集中)行政许可权。日本规制改革经历了行政审批精简、放松规制和规制改革三个阶段,通过设立改革特区,启动市场化,提高国民参与等措施推动了规制改革。当然,这一过程仍面临多元官僚制的制约等问题[3]。日本也没有着力推进行政许可权的集中。

---

[1] 方洁:《相对集中行政许可权理论与实践的困境与破解》,《政治与法律》2008 年第 9 期。

[2] 王建军:《英国食品安全规制改革中的善治原则:规制改革机构简介》,《太平洋学报》2008 年第 7 期,第 23 - 24 页。

[3] 张敏、林志刚:《打造小而有效的政府:日本规制改革的回顾与评析》,《日本现代经济》2019 年第 1 期,第 9 - 22 页。

韩国规制改革经历了从精简数量到提高质量的进程,致力于塑造专业且强效的规制能力,全面提升现存规制质量,提高规制过程与规制信息的透明度,全面完善规制质量工具:规制影响分析①。其着眼点也不在于调整行政许可权。在法治发达国家,一般是先制定一部法律再依据法律成立一个机构(部门),严格实行法律对行政组织的控制,而不是先成立一个部门,再修改相关法律,甚至根本不进行任何的法律立改废工作。必须尊重组织法的权威,认真对待法律对行政组织的控制,只有如此,依法行政原则才能真正得到落实。

三、精简行政许可事项的合法性与合理性

对于精简许可事项,社会上赞成的意见居多,因为它减轻了行政相对人的负担,扩大了公民的自由,激活了市场活力。尽管如此,只有少数学者对其合法性进行了比较严肃的思考。但这并不意味着取消审批事项不存在任何问题,没有探讨的必要。

首先,行政许可事项的取消涉及取消权限的问题。根据《行政许可法》第20条的规定,对设定行政许可的规定的废止的权力属于行政许可的设定机关。该法第21条规定:省、自治区、直辖市人民政府对行政法规设定的有关经济事务的行政许可,报国务院批准后,可以在本行政区域内停止实施该行政许可。前述国务院《关于在全国推开"证照分离"改革的通知》规定:"对设定必要性已不存在、市场机制能够有效调节、行业组织或中介机构能够有效实现行业自律管理的行政审批事项,直接取消。""对取消审批后有关部门需及时准确获得相关信息,以更好开展行业引导、制定产业政策和维护公共利益的行政审批事项,改为备案。"这种改革措施无疑具备实质正当性,也符合《行政许可法》第13条的精神。但是,这种做法的形式合法性却不无疑问。国务院是国家最高行政机关,也是最高权力机关的执行机关,行政机关最主要的任务是执行法律。从形式合法性的角度,国务院有权废止自己设定的行政许可事项,也有权废止下级政府设定的行政许可。但是,国务院无权废止全国人大及其常委会(通过法律)所设定的行政许可。党的十八届四中全会指出,重大改革必须于法有据。行政监察委员会改革就树立了一个先例,在《宪法》和《行政监察法》修改以前,三个

---

① 吴英慧、高静学:《从规制数量到规制质量:韩国规制改革及其启示》,《亚太经济》2009年第1期,第58-61页。

省市的监察委试点经过全国人大常委会特别授权方才实施。国务院决定废止法律设定的行政许可事项,必须经过全国人大及其常委会的授权,否则就是越权,是违法行政。幸好全国人大常委会已经在行政许可改革方面做出若干特别授权。2012 年 12 月 28 日,全国人大常委会作出《关于授权国务院在广东省暂时调整部分法律规定的行政审批的决定》。2013 年 8 月 30 日,全国人大常委会作出《关于授权国务院在中国(上海)自由贸易试验区暂时调整有关法律规定的行政审批的决定》。2014 年 12 月 28 日全国人大常委会作出《关于授权自贸区行政审批决定》,授权广东、天津、福建、上海四个自贸区暂时调整法律规定的行政审批的权力。这种授权是(特定)区域性的,国务院进行全国性调整法律规定的行政审批事项,尚需全面授权。另外,根据《宪法》,全国人大常委会只能对全国人大制定的法律作出部分修改,无权全面修改或废止全国人大制定的法律。如果是全国人大制定的法律所设定的许可,全国人大常委会无权全部废止。因此,更无权授权国务院废止全国人大制定的整部法律所设定的大部分甚至全部许可。只有通过全国人大废止整部法律的方式才能废止相关许可。

国务院废止自己制定的行政法规中所设定的行政许可事项,当然是在其权限范围之内,但是,也涉及一个程序问题。国务院关于废止行政许可事项的决定是以"通知"的形式作出的,按照《行政法规制定程序》,行政法规有三种形式:条例、规定、办法。因此"通知"不属于行政法规,只是一项行政决定。废止设定多项行政许可的行政法规中的部分许可,实际上相当于修改行政法规;废止一部行政法规中所有行政许可事项,相当于废止了该部行政法规。修改和废止行政法规是否应当遵守一定的程序,答案无疑是肯定的。根据 2017 年 12 月 22 日修订的《行政法规制定程序条例》第 35 条规定:国务院可以根据需要,决定暂时调整或者暂时停止适用行政法规的部分规定;第 36 条规定要及时组织开展行政法规清理工作;第 37 条规定了立法后评估;第 38 条规定:"行政法规的修改、废止程序适用本条例的有关规定。行政法规修改、废止后,应当及时公布。"相较于修订之前的版本,该条例对行政法规废止程序有所完善。但是,仍然存在一些模糊而需要明晰之处,如第 37 条的"相关规定"应当如何理解?是仅指"评估"(及后面的"公布"),还是包括其他程序?是否需要走制定行政法规一样的程序?因此,对行政法规废止案的提起、审议、讨论、表决等都基本上处于模糊状态。对于废除行政法规所设定的行政许可事项的形式和程序,还需要深入研究并不断完善。

行政许可是一项限制公民权利和自由的制度设置,对于行政许可事项的取消,有利于行政相对人自由的恢复。因此,对行政许可事项的及时清理非常必要。我们可以考虑借鉴西方的"日落条款"。"日落条款"也称"落日条款",是指在立法中专门规定某一法律规范的有效期间,在有效期届满之前需要对其进行审查并重新确认其效力,否则该法律规范在有效期间届满时即如日落西沉般失效的条款①。美国总统托马斯·杰弗逊说:"地球应当属于活着的世代……每一部宪法,然后是每一部法律,都应该在 19 年后自然消亡。"②行政许可事项的设定与当时的历史条件相联系,随着经济社会文化的发展可能会不再适应新的形势,从而丧失存在的必要性,这也是为什么政府需要及时清理行政许可事项的原因。但是,人为的清理受人力和行政人员认识水平、利益立场的影响,难以实现及时性。"日落条款"的引入可以推动行政许可设定机关及时评估和清理行政许可事项。可惜中国的行政机关不太适应这种"逼迫",不愿意受到"强制",因而不愿采纳"日落条款"。在起草《行政许可法》的过程中,曾有专家建议设置"日落条款",但未被采纳。但是全国人大常委会在平衡各方利益后做出了部分回应:规定省、自治区、直辖市人民政府规章可以设定临时性的行政许可(为期一年);行政许可的设定机关应当定期对其设定的行政许可进行评价,对不符合需要的应当及时修改或者废止③。

其次,是否取消行政许可事项必须根据其本身的性质和必要性来判断。对于事关安全的行政许可事项,一般不能取消。确实需要废止的,必须谨慎行事,对于此类行政许可事项的改革,一般可以从简政放权、社会共治和简化程序等方面着手。改革也需要精准定位。2015 年 4 月,国务院提议对 26 部法律进行修改,但是全国人大常委会只表决通过了其中的 25 项,而修改特种设备安全法的草案未获表决。许多安全事件也暴露了监管漏洞。因此必须放管

---

① 黄锡生、谢玲:《论环境标准制度中"日落条款"的设置》,《重庆大学学报(社会科学版)》2016 年第 22 卷第 1 期,第 153 页。

② Kysar R M. "The sun also rises: The political economy of sunset provisions in the Tax Code", *Georgia Law Review*, 40(2)2006, pp. 335-405.

③ 黄伯平:《整合数量管理与质量管理:建立行政审批的动态调整机制》,《中国行政管理》2015 年第 12 期,第 68-73 页。

结合①。食品经营许可事项关涉人民的生命健康，必须严格规制，不得随意废止。前述市场监管总局的《通知》并未包含"取消行政审批"措施，是妥当的、正确的。

精简许可事项，总体上来说是对行政相对人有利的一种行政措施，但未必对所有的相对人都有利。行政许可本来就是一个授益行政行为，在废止行政许可事项之前获得行政许可的行政相对人本身获得了一种从事某种行为的法律资格，也是一种可预期的利益。但是，当行政许可事项取消之后，他（她）的这种区别于其他未获许可的行政相对人的独特利益就行将丧失。另外，当相关行政许可事项废止之后，理论上所有人都可以从事该项行为，如果是营利性行为，则必然会导致更多的竞争，使得原获得行政许可的人的收益减少。尽管有些人可能认为这是不必考虑的因素，政府没有任何必要关注。但是，在法治发达国家，当政府进行商业街建设或者修建新航道项目时，如果导致原相邻街道或航道的经营者收益减少，原经营者可以起诉政府，要求政府补偿。这种做法看似荒诞不经，但是却有其内在的合理性。我国《行政许可法》第 8 条规定了信赖保护原则，要求行政机关不得随意改变行政许可，如因法律法规修改，客观情况变化，为了公共利益的需要，撤回行政许可，应当给予补偿。尽管这一条本身是为个别行政许可（撤回）行为作出的规定，但是，其精神应当适用于废止行政许可事项的行政决定或立法行为。

---

① 黄伯平：《整合数量管理与质量管理：建立行政审批的动态调整机制》，《中国行政管理》2015 年第 12 期，第 68 - 73 页。

行政协议与
公用事业民营化

论政府特许经营协议中单方解除权的法律控制[*]

高　凛　李　昭[**]

摘　要：本文以政府特许经营协议为例，认为政府的单方解除权在实际运作中面临三重困境，包括行使范围不明、信赖利益受损、程序保障不足。然而，基于双阶理论，政府特许经营协议在缔约阶段和履行阶段分别凸显出行政属性和民事属性的特征。因此，为了淡化公权色彩，单方解除权宜界定为"法律行为性质的声明"。具体而言，应该从实体控制、原则控制、程序控制、结果控制四个方面来规范特许经营协议中的单方解除权，以实现政府公共权力与投资者合法权益之间的平衡。

关键词：政府特许经营协议；单方解除权；公共利益；法律控制

政府在行政协议中享有的单方解除权有可能会引发"行政性"和"协议性"之间的激烈冲突。尽管《最高人民法院关于审理行政协议案件若干问题的规定》中明确了法院的合法性审查权限，但是单方解除权仍然存在着被滥用的风险。

一、问题的提出

随着"命令—服从"向"协商—合作"的转变，行政协议已经成为公私合作的重要方式，而行政协议的典型特征之一则是行政主体基于公共利益或行政管理职能，有权单方变更或解除合同[①]。迄今为止，学界尚未结合行政协议的具体类型对单方解除权予以分析。一方面，民法学者普遍认为，行政优益权的存在

* 基金项目：教育部人文社会科学研究青年项目"适用《联合国海洋法公约》之外国际法规则解决海洋争端研究"（21YJC820042）的阶段性成果。

** 高凛，江南大学法学院教授、硕士生导师；李昭，江南大学法学院硕士研究生。

① 罗豪才、湛中乐：《行政法学》，北京大学出版社，2012年版，第329-330页。

违反了平等自愿原则,从而否定单方解除权的价值①。另一方面,行政法学者主要从行政协议的一般层面出发,认为公共利益理论为单方解除权提供了正当基础②。因此,为了明确单方解除权在特定领域的运行现状,本文选取政府特许经营协议(以下简称特许经营协议③)加以研究与考察。首先,特许经营协议案件的数量较多,便于笔者研究单方解除权的运行现状。其次,此类案件通常存在较大争议,具有深入研究的重要理论价值和实践意义。由于特许经营协议的履行期较长,经营过程中难免会出现签约时难以预见的情况,容易产生纠纷。此外,司法解释对单方解除权的规制较为有限。2019 年 11 月 12 日,最高人民法院颁布了《最高人民法院关于审理行政协议案件若干问题的规定》(以下简称《行政协议规定》),其中第 16 条规定了法院有权审查单方解除行为的合法性,但该规定依然存在缺陷。第一,单方解除权的行使范围不明。尽管《行政协议规定》将单方解约范围限定为“可能严重损害国家利益、社会公共利益的情形”,但由于对公共利益缺乏明确定义,致使单方解除权的行使范围模糊不清。第二,投资者的信赖利益受损。虽然《行政协议规定》规定了政府单方解约后应承担的补偿或赔偿义务,但补偿标准过于笼统且赔偿标准过低,导致投资者的信赖利益严重受损。第三,单方解除权的程序保障缺位。一方面,《行政协议规定》未规定解约前的协商机制,损害了协议的稳定性;另一方面,政府不受正当程序的拘束,导致投资者本应享有的程序性权利,如陈述权、申辩权、听证权等,无从行使。鉴于特许经营协议中单方解除权的现实困境,笔者认为研究其法律控制是非常必要的。

二、单方解除权的实践检视

政府在特许经营协议中充当运动员和裁判员的双重角色,其在行使单方解

---

① 崔建远:《行政合同族的边界及其确定根据》,《环球法律评论》2017 年第 4 期,第 21 - 32 页;王利明:《论行政协议的范围:兼评〈关于审理行政协议案件若干问题的规定〉第 1 条、第 2 条》,《环球法律评论》2020 年第 1 期,第 5 - 22 页。

② 王学辉:《行政何以协议:一个概念的检讨与澄清》,《求索》2018 年第 2 期,第 118 - 128 页;陈天昊:《行政协议的识别与边界》,《中国法学》2019 年第 1 期,第 140 - 163 页。

③ 此处的特许经营协议仅指政府特许经营协议,不包括商业特许经营协议。在政府特许经营协议中,政府一方基于公共利益享有单方解除权;而在商业特许经营协议中,特许人在冷静期内享有单方解除权。此外,本文只关注常规情况下的单方解除权,而不包括情势变更下的单方解除权。这是由于,情势变更下的单方解除权与常态下的单方解除权无本质差别。除补偿责任范围和风险负担规则存在不同之外,两者在公共利益必要性、协议优先、正当程序等内容上基本一致。

除权时必然会面临一系列问题,主要表现在以下三个方面:

（一）单方解除权的行使范围不明

有学者认为,行政协议与民事合同的不同之处在于,双方当事人的利益在"质的规定性"方面存在差异。其中,公共利益恰恰为政府单方解除权提供了法理基础①。但是,公共利益的内涵和外延较为宽泛,且适用于各个法学学科。尤其是在特许经营协议中,单方解除权的运用往往偏离了公共利益初衷②。

首先,公共利益的范围模糊。不同于传统的行政管理目标,特许经营的正当性在于公共服务。而公共利益更多地体现为公共服务,即政府通过签订特许经营协议,鼓励社会资本参与,以满足服务行政的现实需要③。然而,在实践中,政府往往对公共服务作宽泛解释。例如,在王某恒案④中,乐山市城管局认为原告占用绿地的行为损害了抽象的公共利益,但未阐明公共利益受损的具体事实。而原告在案发前曾与园林局约定了绿地临时占用费,这表明政府对于绿地占用事实早已知悉。因此,市城管局单方解约将导致公共利益判断标准的频繁变动。此外,政府因股权变动等无关原因单方解约,违反了公共利益的初衷。例如,在福建中气集团有限公司案⑤中,江西省高级人民法院认为,原告转让公司股权的行为并未损害国家利益或公共利益,此时政府不得行使行政优益权,故判决撤销该解除行为。

其次,行政规则的合法性受质疑。作为公共利益客观化的行政规则,其合法性常常受到质疑。尽管某些地方政府尝试以"红头文件"的形式将公共

① 陈天昊:《行政协议中的平等原则:比较法视角下民法、行政法交叉透视研究》,《中外法学》2019年第1期,第248-279页。
② 虽然在特许经营协议领域内,单方解约通常以维护公共利益为目的。但是,笔者通过梳理司法案例发现,在房屋征收补偿协议、国有建设用地使用权出让协议等其他领域内,欺诈、胁迫、不可抗力等特殊情况也可成为政府单方解除的理由。例如,在(2020)最高法行再311号行政判决书中,最高人民法院认可了欺诈胁迫情形下单方解约的正当性。笔者认为,此差别背后的原因在于:为了确保公共服务的持续性,仅当特许经营协议的缔约条件发生重大变化时,公权力机关才有必要解除协议。然而,在缔约条件不变的情况下,即使特许经营协议存在违法情形,单方解约也未必符合公共利益和经济效益的价值目标。
③ 江国华:《PPP模式中的公共利益保护》,《政法论丛》2018年第6期,第31-42页。
④ 参见乐山市中级人民法院(2019)川11行终199号行政判决书。
⑤ 江西省高级人民法院发布保护营商环境典型行政案例之六——福建中气集团有限公司诉南丰县人民政府行政协议案,http://www.jiangxi.gov.cn/art/2022/12/12/art_393_4287365.html,2021年12月15日访问。

利益法定化,但规章和规范性文件本身可能面临合法性争议。例如,在崔某书案①中,丰县发改委所颁布的《关于对〈关于印发丰县招商引资优惠政策的通知〉部分条款的解释》违反了《关于印发丰县招商引资优惠政策的通知》的事先规定,损害了崔龙书的信赖利益。推本溯源,行政规章和规范性文件的背后往往存在着特定的利益。在利益驱动下,违法的或损害公共利益的红头文件如韭菜一般割而复生,亟须相关机关在制度层面上对红头文件的制定权进行有效制约②。因此,作为单方解约的法定依据,行政规则必须是正当且合法的。

最后,特许经营协议的具体目的被忽略。政府在判断公共利益时,未考虑特许经营协议的具体目的。在实践中,政府常以抽象的公共利益为由单方面解除协议。但是,行政协议种类繁多,不同类型的行政协议所涵盖的公共利益差异显著,不能混为一谈。其中,特许经营协议和征收补偿协议在公共利益的判断标准上有所不同。例如,在金润公司案③中,朝阳市中院认为,由于原告未能按期供应天然气,损害了公共利益,故被告的单方解除行为合法有据。而在唐某国案④中,最高法认为,尽管房屋征收补偿协议中对于"经营性用房"的定性有误,但是原告的信赖利益超过受损的公共利益,所以被告单方解约违法。笔者认为,从单方变更或单方解除的具体理由出发,特许经营协议侧重于公共服务需要,而征收补偿协议则强调信赖利益保护,政府在判断公共利益时,应适当考虑特许经营协议的目的。

(二) 投资者的信赖利益受损

在特许经营协议中,地方政府既是行政协议的履行者,又是公共职责的监管者。在这种情况下,为了充分保障投资者的信赖利益,不仅需要明确协议的具体内容,还应当确保行政权的公正行使。一方面,政府作为协议履行者,应遵循有约必守的契约原则,尊重双方合意。另一方面,政府作为公共监管者,负有监督投资者履约的法定职责,必要时有权单方解约。因此,政府的双重角色定位决定了其既是运动员又是裁判员的尴尬现状,从而导致投资者的信赖利益受损。具体体现为以下两个方面:

---

① 参见江苏省高级人民法院(2016)苏行终 90 号行政判决书。
② 王锡锌:《清理红头文件需跳出"剪不断""理还乱"怪圈》,《法制日报》2007 年 3 月 26 日第 4 版。
③ 参见朝阳市中级人民法院(2014)朝 13 行终 06 号行政判决书。
④ 参见最高人民法院(2018)最高法行申 8980 号行政判决书。

　　第一，政府随意解约的行为，违反了"存续保护"原则。根据《行政许可法》第 8 条规定，政府不得随意变更生效的行政许可。据此，政府应当尊重经过合法审批取得的特许经营权，不得轻易变更或解除。然而，现实中不乏政府随意解约的现象。比如，在周某兵案①中，虽然原告正常履行供水服务，但管委会仅以上级通知为由解除了供水特许经营协议。这种处理方式明显侵犯了投资者的合法经营权，有违特许经营协议的稳定性。又如，在京融公司案②中，被告未遵循正常的招投标程序，擅自将特许经营权授予第三方。尽管此行为属于"重大且明显违法情形"，但法院在充分考虑当地居民的实际需求之后，判定天然气特许经营协议是合法有效的。该案例表明，违法授予的特许经营权并不必然被撤销。可见，既然违法协议可能基于公共利益而有效，那么在不违反公共利益的前提下，合法协议应当得到更多的尊重。

　　第二，政府单方解约后，行政补偿或行政赔偿不充分。一方面，行政补偿标准较低。根据《行政协议规定》第 16 条第 1 款的规定，政府在合法解约情形下负有补偿责任。然而，该条款未明确补偿标准是"完全补偿"还是"适当补偿"。在司法实践中，法院通常采用的是"适当补偿"标准，但这可能导致补偿数额相对较低。例如，在桂鸿公司案③中，最高法认为，根据《关于审理行政许可案件若干问题的规定》第 15 条，被告应承担的补偿范围仅为原告特许经营期间的实际投入损失。这表明，单方解约的补偿范围非常有限，忽视了投资者的预期损失。对此，笔者认为，在补偿范围上，应适用完全补偿标准，以弥补投资者的全部损失。原因是：①与单方行政行为不同，特许经营协议更注重双方意愿，应保持协议的稳定性。对此，只有实施完全补偿标准，才能增加违约成本，间接促使政府自觉履约；②基于契约财务平衡原理，公权力所增加的负担与财产补偿之间成立对待给付关系。既然单方解约行为打破了协议双方的经济平衡，那么政府理应补偿投资者的全部损失。另一方面，行政违法的成本过低。《行政协议规定》第 16 条第 2 款只规定了违法解约下的赔偿责任，未明确具体的赔偿标准。在司法实践中，违法行政活动通常引发的是国家赔偿责任，而非违约责任，因此政府违法解约的成本相对较低。例如，在王某案④中，最高法行政庭认为，

① 参见芜湖市濉溪县人民法院(2015)濉 422 行初 74 号行政判决书。
② 参见江苏省高级人民法院(2014)苏行终 158 号行政判决书。
③ 参见最高人民法院(2020)最高法行申 3732 号行政裁定书。
④ 参见最高人民法院(2016)最高法行申 1611 号行政判决书。

对于行政协议中的违法行为,行政机关应当承担国家赔偿责任。此观点值得商榷。一是法院将赔偿责任定性为国家赔偿,侵害了投资者的选择权。当前,行政诉讼法在原告资格问题上坚持主观诉讼的功能定位,并以权利救济作为首要目的①。在主观诉讼框架下,既然行政诉讼由当事人启动,那么当事人理应享有救济方式的选择权。然而,法院的做法无疑将剥夺投资者的选择权,从而损害其信赖利益。二是国家赔偿责任标准较低,这显著降低了行政机关的违约成本。虽然出于减轻国家负担的目的,国家赔偿的范围限于"直接损失"②,但这可能导致政府在违法情况下获益,进而违反了"任何人都不应该从非法行为中获利"的原则。因此,为了遏制行政违法,在特许经营协议下,违法解约造成的财产损失赔偿不宜过低。

（三）单方解除权的程序保障缺位

在现实中,政府解约过程具有强烈的行政强制特征。然而,这一过程不但缺乏必要的协商机制,而且也未遵循正当程序原则,导致民主协商、程序正义等关键要素缺失。

第一,政府在单方解约前缺乏协商机制。尽管《行政协议规定》第11条规定了合法性审查与合约性审查,但第16条仅规定对单方解除行为进行合法性审查。之所以如此,是由于最高法对于单方解除权的性质定位存在理解上的偏差。在《行政协议规定》新闻发布会上,最高法将单方权(包括单方变更权与单方解除权)与行政优益权相关联,并将其定性为"行政职权"。显然,这种做法赋予单方解除权明显的公权属性,阻碍了当事人的协商对话。例如,在瀚洋公司案③中,由于村民反对,投资项目未能如期完成,进而影响了医疗废品的正常处置。对此,市环保局虽享有单方解除权,但其未与投资者事先协商,这可能会进一步加剧双方分歧。所以,笔者认为,在解约现象较为普遍的当下,建立解除前的协商机制显得尤为必要。原因在于:①如果过分强调"管理原则"下的合同特权,必将忽视特许经营协议的契约属性,加剧现实的不公平。②将协商机制引入单方解除权,具有现实可行性④。虽然私自磋商伴随着权力寻租的风险,

---

① 赵宏:《法治政府与行政诉讼中的权利保护》,《治理研究》2020年第4期,第99-109页。

② 管君:《论国家赔偿中的"直接损失"》,《甘肃政法学院学报》2015年第1期,第101-111页。

③ 参见山东省高级人民法院(2017)鲁行终1170号行政判决书。

④ 德国《联邦行政程序法》第60条第1款规定:"确定合同内容所依据的关系,如在合同成立后作出显著变更,以致遵守原合同对当事人一方不合理的,该当事人可要求将合同内容作（转下页）

但规范化和制度化的协商机制不仅可以约束公权力的行使，而且能够切实保障投资者的合法权益。

第二，政府在单方解约中未遵循必要的程序。一方面，在单方解约过程中存在程序违法的现象。例如，在昆仑燃气案①中，寿光市政府未听取投资者意见，便直接解除协议，此举明显侵犯了《市政公用事业特许经营管理办法》第 25 条赋予投资者的听证权。归根结底，政府对程序规范的漠视，源于主客观两个层面的原因。主观上，我国存在"重实体轻程序"的法律传统。政府认为，行政程序只会束缚管理者手脚。客观上，我国缺乏完善的程序法对单方解除权进行规制。目前，尚未出台统一的《行政程序法》，仅有零散的程序规范。但是，行政程序本身承载着民主参与、人格尊严、程序理性等内在价值。而且，程序的内在价值和工具价值并不必然发生冲突。倘若最低限度的程序正义缺失，必将增加行政决策的道德成本和错误成本，反而会降低行政效率②。此外，程序法治是行政法治的重要组成部分，违反法定程序将导致解除行为被撤销或确认违法等不利后果。另一方面，正当程序原则未能发挥实际效力，程序合理性要素也存在明显缺失③。目前，尽管《行政处罚法》《行政强制法》等法律法规体现了正当程序原则，但它尚未被确立为特许经营协议乃至行政活动的普遍原则，更无法作为司法裁判的直接依据。所以，在法定程序缺位的情形下，政府单方解除权几乎不受程序上的拘束。然而，美国宪法第十四修正案早已确立正当程序原则的法律地位，我国自从田勇案、刘燕文案之后也认可了正当程序的重要地位④。因此，随着行政处罚、行政强制等侵益行政行为逐渐遵循正当程序原则，特许经营协议作为合意行政的典型样态，其单方解约过程应更加注重对投资者的程序保障。

三、特许经营协议中单方解除权的法律属性

如前文所述，单方解除权存在适用范围不明、信赖保护不足、程序保障缺位

（接上页）出符合变更关系的调整，或不能调整或对合同当事人一方不合理的，作出解除合同通知。为防止或排除公共福祉之重大不利益，政府也可作出解约通知。"笔者认为，公共利益下的单方解除行为应参照适用情势变更下的单方解除规则，即以协商优先，协商不成后才采取解约手段以维护公共利益。

① 参见山东省高级人民法院(2017)鲁行终 191 号行政判决书。
② 王锡锌：《行政程序法理念与制度研究》，中国民主法制出版社，2007 年，第 81 - 99 页。
③ 王锡锌：《中国行政程序立法：主义与问题》，《湛江师范学院学报》2005 年第 2 期，第 8 - 10 页。
④ 章剑生：《从自然正义到正当法律程序：兼论我国行政程序立法中的"法律思想移植"》，《法学论坛》2006 年第 5 期，第 95 - 99 页。

等现实困境。究其原因,这与特许经营协议的性质模糊密不可分。因此,有必要明确特许经营协议的法律性质,并在此基础上重新理解单方解除权的法律属性。

(一)特许经营协议的法律性质

根据《行政诉讼法》第 12 条和《行政协议规定》第 2 条的规定,特许经营协议被纳入行政诉讼的受案范围。对于特许经营协议的性质,理论上有"协议说"和"行政说"两种观点。协议说主张,特许经营协议的典型特征在于双方合意。有学者基于政府特许的结构性概念认为,协议的内容具有经济上的可交易性,这决定了协议性是特许经营协议的内在属性[1]。行政说主张,特许经营协议的主要特征在于公共利益。有学者从主体特定性、目的公益性和适用公法规则三个方面出发,认为特许经营协议在性质上应属于公法契约[2]。

协议说与行政说各执一端,均有不足之处,主要体现在:①现行立法中既有协议性因素,亦有行政性因素。2015 年《市政公用事业特许经营管理办法》第 2 条对特许经营概念作出界定,特别强调了"市场竞争机制"要素,体现了其协议属性。而《行政协议规定》第 2 条将特许经营协议列举为典型的行政协议类型,凸显了其行政属性。②由于法定空间和合意空间的比重不同,行政协议可大致分为"侧重法定性"和"侧重合意性"两类。特许经营协议虽被纳入行政协议,但其所追求的公共利益可通过合同履行予以实现,故此类协议的合意性更加明显。③从域外法视角出发,整体公法说和整体私法说不再是主流观点,德国学者普遍采用双阶理论来分析特许经营协议,即区分缔约阶段和履行阶段,并分别归属于公法和私法[3]。而且,双阶理论在我国司法领域有着广阔的适用空间。即便在《行政诉讼法》(2014)、《关于适用〈行政诉讼法〉若干问题的解释》(2015)颁布后,最高法在新陵公司案中仍然采用民事诉讼来解决履行纠纷[4]。

笔者认为,我国既面临维护公益保障的现实需要,也存在私权受损的严峻

---

① 于安:《论政府特许经营协议》,《行政法学研究》2017 年第 6 期,第 3-12 页。

② 邢鸿飞:《政府特许经营协议的行政性》,《中国法学》2004 年第 6 期,第 3-12 页。

③ 尹少成:《PPP 协议的法律性质及其救济:以德国双阶理论为视角》,《政法论坛》2019 年第 1 期,第 85-98 页。

④ 本案中最高法将政府特许经营协议区分为两个阶段,即协议内容不仅包括许可审批事项,而且包括合同履行及违约纠纷。参见最高人民法院(2015)民一终 244 号民事裁定书。

问题。而双阶理论不仅契合特许经营协议的法律结构,亦能有效遏制政府权力滥用。因此,笔者认为可以借鉴该理论,在缔约阶段采用行政法规范,在履行阶段则遵循民法规范,以此平衡公共利益与私人利益之间的关系,从而激发社会资本参与公共服务的积极性。

(二)特许经营协议下单方解除权的法律属性

单方解除作为私法概念,被应用于公私交融的特许经营协议领域,因此需要澄清其法律属性。通常情况下,单方解除活动发生在特许经营协议的履行阶段。而根据双阶理论,履行阶段的纠纷原则上由私法予以调整,所以单方解除权的行使应遵循私法规范。但是,《行政协议规定》第 16 条将"可能严重损害国家利益、社会公共利益"作为单方解约的正当事由,使单方解除权与行政优益权产生关联,从而彰显了单方解除权的公权力属性[1]。由此,单方解除权与特许经营协议在法律属性上存在激烈冲突。

笔者认为,单方解除权的法律属性与特许经营协议的法律性质密切相关。由于特许经营协议在履行阶段遵循私法自治原则,因此本文以此为基础重新思考单方解除权的法律属性。首先,与其他行政行为不同,特许经营协议中的单方解除并非典型的公法概念,其实际调整了特许经营协议中所有当事人的权利和义务,包括政府和投资者。因此,在认识单方解除权的法律属性时,不能局限于传统的客观法,而应从主观法的视角重新认识该问题。其次,将单方解除权与公权力脱钩,具有明显优势。具体体现在四个方面:第一,有助于协调特许经营协议中行政性和协议性的关系。通过褪去单方解除权的公权色彩,可以避免单方解除权的行政属性与特许经营协议的民事属性产生冲突。第二,有利于缓解公益解除与约定解除之间的矛盾。在行政权膨胀的现实背景下,公益解除与约定解除存在激烈冲突。而通过淡化单方解除的公权属性,可以减少国家强制和意思自治之间的冲突,也为协商机制的引入提供了可能。第三,凸显了形式自由的有限性。政府既然选择了协商手段,就应根据契约关系安排双方的权利义务,不得任意损害相对方的合同利益[2]。第四,淡化单方解除权的公权属性,不会妨碍公益目的之实现。尽管单方解除权失去了行政权的特性,将其纳入民法中的形成权范畴仍能实现单方解约的效果,从而有效维护公共利益。

---

① 《行政协议规定》新闻发布会中,最高法在"三、行政协议司法解释的主要内容"部分将单方变更、解除行为纳入对行政优益权的合法性审查,这说明单方解除具有行政优益权的属性。

② 林明锵:《行政契约法研究》,翰芦图书出版有限公司,2006 年,第 164-168 页。

因此,为了平衡单方解除权与特许经营协议的性质冲突,应该淡化单方解除权的公权色彩,将其界定为"法律行为性质的声明",即只产生单方终止特许经营协议的法律效果,而不具备行政行为的公定力和拘束力。

四、单方解除权法律控制的完善

传统行政法注重政府的公共监管者身份,却忽略其协议履约者的角色,导致单方解除权带有过度的公权色彩。然而,特许经营协议作为单方行政的替代方式,本身承载着行政民主化的重要功能。为了实现此功能,应该淡化单方解除权的行政属性,并对其予以严格限制。笔者认为,应该从行使范围、信赖保护、启动程序、事后监督四个方面对单方解除权予以法律控制,以实现特许经营协议中政府与社会资本的利益平衡。

(一)实体控制:单方解除权的行使范围

单方解除权的正当理由决定了其行使范围,即政府只能在公共利益范围内行使单方解除权。因此,为了明确单方解除权的适用范围,需要进一步具体化公共利益。

第一,明确公共利益的基本内涵。首先,公共利益具有正当性、非获利性、共享性、稳定性等基本特征[1]。作为单方解约的法定事由,公共利益至少要满足四项基本条件:①在实体和程序上具有正当性;②不以营利为目的;③受益对象广泛;④在时间和内容上稳定不变。其次,在特许经营协议中,由于公共利益集中表现为"公共服务",所以需要明确"公共服务"的含义。一方面,公共服务下的单方解除制度借鉴自法国法,故应从源头上探寻公共服务的内涵。例如,法国现代著名法学家莱昂·狄骥(Léon Duguit)认为:"公共服务是指必须透过政府规范、监督及负责而完成的活动,且这些活动均具有非透过政府理论之介入无法完整实现的特征。"[2]而法国当代行政法权威雷内·查普斯(René Chapus)则将公共服务定义为:"直接由公法人自己所实现,或间接由私人执行但仍由公法人所负责,以满足公共利益为目的之活动。"[3]由此可见,公共服务

---

① 倪笃志、章文英:《"公共利益"之特征界定与适用:以司法行政审判为视角》,《法律适用》2012年第9期,第97-101页。

② [法]狄骥:《公法的变迁》,郑戈译,商务印书馆,2013年,第55-57页。

③ 陈淳文:《法国政府委托民间办理法制概要》,收录于刘宗德编《政府业务委托民间办理类型及程序之研究》,台北经济建设委员会委托研究报告,2000年,第65-66页。

至少要满足两个要件，即主体为公法人，目的为公共利益。另一方面，应当从第三人立场客观判断具体情形是否构成《行政协议规定》第 16 条的"可能严重损害国家利益、社会公共利益"，而非探寻行政主体的主观意思①。有学者指出，尽管传统法国一直强调"管理原则"，但自 2011 年以来，法国逐渐增加了对单方解除权的限制。如今，政府不再垄断公共利益的判断权，而是更加倾听市场主体的声音②。因此，政府单方解约，不仅要满足"公共利益"或"公共服务"的需要，还应充分尊重社会主体的立场。

第二，法定化是公共利益客观化的重要方式。在立法中明确单方解约的具体事由，可以提高当事人对可能发生情况的可预见性。当前，立法已对公共利益具体化做出尝试。例如，《市政公用事业特许经营管理办法》第 18 条规定了主管部门取消特许经营权的四种情形，并以"法律、法规禁止的其他行为"作为兜底条款③。那么，在公共利益法定化的过程中，其效力位阶是否限于法律和行政法规？对此，有学者认为："为了发挥规范性文件的优势，公共利益具体化的法律位阶不宜设置过高，可放宽为"规范性文件"以上的法律规范。"④笔者认为，放宽位阶限制的做法实属无奈之举，这可能会带来严重的负面影响，因此必须受到严格控制。首先，单方解约的依据应当是合法的行政规则。尽管规章、规范性文件可以解决立法供给不足的问题，但由于其文件数量众多、制定程序简便，很可能与上位法相冲突。所以，法院有必要对其进行合法性审查。当然，对于不同层级的行政规则，司法审查的强度有所不同。对于规章，法院应给予高度尊重，重点审查明显违法情节。对于规范性文件，法院仅给予一般尊重，进

① 邢鸿飞、朱菲：《论行政协议单方变更或解除权行使的司法审查》，《江苏社会科学》2021 年第 1 期，第 110 - 118 页。

② 陈天昊：《法国 PPP 纠纷解决机制：在协议合法性与协议安定性之间》，《中国法律评论》2018 年第 4 期，第 197 - 204 页。

③ 《市政公用事业特许经营管理办法》第 18 条规定："获得特许经营权的企业在特许经营期间有下列行为之一的，主管部门应当依法终止特许经营协议，取消其特许经营权，并可以实施临时接管：（一）擅自转让、出租特许经营权的；（二）擅自将所经营的财产进行处置或者抵押的；（三）因管理不善，发生重大质量、生产安全事故的；（四）擅自停业、歇业，严重影响到社会公共利益和安全的；（五）法律、法规禁止的其他行为。"虽然只有第（四）项情形明文提及了公共利益，但笔者认为，不论从目的解释还是类推适用的角度出发，前三项情形均应符合本法第 1 条"保障社会公共利益和公共安全"的立法宗旨，并与第（四）项情形保持一致。因此，第（一）至（三）项情形本质上也属于损害公共利益的具体表现。

④ 沈广明：《行政协议单方变更或解除权行使条件的司法认定》，《行政法学研究》2018 年第 3 期，第 121 - 132 页。

行严格审查①。其次,政府自行制定的规章或规范性文件不得作为解约依据。这是由于政府对于解除事由的发生具有可归责性,其违反了"任何人不得做自己案件的法官"的法治原则。

第三,公共利益需结合协议目的、合意程度予以具体化。不确定法律概念的具体化过程包括两个步骤,即明确描述对象、语义范围内追加价值判断②。第一步,根据协议目的的不同,可以将行政协议分为提供公共服务目的和实现行政管理目的两类③。显然,特许经营协议以公共服务为目的,属于前者;而征收补偿协议以替代征收拆迁为目的,属于后者。第二步,在具体协议类型下引入价值判断。基于特许经营协议的公共服务目的(如供电、供水、供气等),政府可以对现行法律条款进行宽松解释,理由上符合"可能损害国家利益、社会公共利益"标准即可④。与此同时,特许经营协议具有明显的民事属性,因此政府在启动单方解除权时必须遵循必要性原则,以尊重意思自治。例如,地铁特许经营协议中,如果管理部门对地铁班次、客流量、技术改进等方面有新要求,应将单方解除作为最后选择,优先采用民主协商等柔性手段。

(二)原则控制:单方解除权的信赖保护

政府在扮演"公共监管者"和"协议履行者"的双重角色时,常常偏向于公共利益。因此,为了维护公私利益的平衡,政府应受到信赖保护原则的制约。而且,我国历来强调政府的优越地位,认为私益需服从于公益。在此背景下,倡导信赖保护原则更具现实意义⑤。

第一,政府应遵循不可预见性、公共利益必要性、最小损害性三项原则,以确保特许经营协议的法律效力。①仅当公益受损事实无法预见时,政府才能行使单方解除权。如果政府违约导致公共服务目标无法实现,那么政府过错与公

---

① 沈岿:《解析行政规则对司法的约束力:以行政诉讼为论域》,《中外法学》2006 年第 2 期,第 170 - 185 页。

② 王天华:《行政法上的不确定法律概念》,《中国法学》2016 年第 3 期,第 67 - 87 页。

③ 翟冬:《行政协议单方变更解除行为的司法审查》,《行政法学研究》2022 年第 3 期,第 101 - 108 页。

④ 笔者采用此标准基于两点原因。其一,为了满足公共服务需要,"以公共服务为目的"的契约在公益判断上应比"以替代公权行使为目的/实现行政管理目的"的契约更宽松,其不要求达到公共利益"严重损害"程度。其二,"可能损害国家利益、社会公共利益"标准具有消极属性,以区别于法国法上的"以公共利益为必要"标准,从而达到兼顾公共利益和投资者利益的双重目标。因此,笔者认为单方解除权的行使具有消极属性,故应尽量采取协商手段增进公共利益。

⑤ 赵宏:《试论行政合同中的诚实信用原则》,《行政法学研究》2005 年第 2 期,第 72 - 77 页。

益受损之间存在直接因果关系,政府也就无权单方面解除协议。例如,在三星堆客运公司案①中,由于广汉市政府未依约移交独家特许经营权,其行为构成了根本违约,对公益事业造成了可预见的损害。因此,政府不得擅自解除合同。②仅当公共服务目的无法实现时,政府才有单方解约之必要。从鼓励市场交易和尊重契约自由的角度出发,政府应尽量确保合同的有效性。即使投资者存在违约情形(如迟延履行、未经授权转让等),只要不妨碍公益目标的实现,政府就不宜解除协议,而应采取罚款等替代性手段。③从必要性原则出发,政府应遵循变更优于解除的准则。与单方解除相比,单方变更对协议效力的影响较小。当单方变更足以实现公益目的时,政府应选择变更手段,以免过度侵害投资者权益。仅当单方变更无法实现目的时,才有单方解约之必要。例如,在铂隆停车管理公司案②中,政府在变更《委托管理协议》之后,仍未实现规范路侧停车管理的目标。因此,不得不采取解除手段。④为了贯彻最小损害性原则,如果协议内容具有可分性,则单方解除的范围限于必要部分,而其他部分仍然有效。例如,昆仑燃气案③,山东省高院认为,涉案协议可分成多个区域,其中被告仅收回羊口镇、侯镇的燃气经营权,而东城工业园区的相关协议仍然有效。

　　第二,依据信赖保护原则,政府在合法情形下负有补偿责任,而违法情形下负有赔偿责任。一方面,单方解除行为合法时,应采用"完全补偿"标准。根据契约财务平衡原理,政府需全额补偿投资者的经济负担。所以,《行政协议规定》应以"完全补偿"替代"相应补偿",以实现当事人的经济平衡④。而完全补偿的范围,包括直接损失与预期损失。需要注意的是,此处的预期损失不同于民法中的信赖利益。尽管在民法中,信赖利益被定义为缔约或履约成本,但行政补偿的对象是"期待利益"而非"信赖利益",而这属于民法中的履行利益⑤。另一方面,单方解除行为违法时,赔偿责任不宜过轻。体现在以下方面。①明

---

① 参见最高人民法院(2009)民二终 37 号民事判决书。
② 参见北京市门头沟区人民法院(2018)京 109 行初 16 号行政判决书。
③ 参见山东省高级人民法院(2017)鲁行终 191 号行政判决书。
④ 需要注意的是,不同于公益解除下的完全补偿,情势变更下的补偿范围仅限于"部分补偿"。这是由于,在情势变更的情况下,合同解除的主要原因通常是发生了无法预料的情况,而非基于公共利益.因此,原则上投资者应自行承担损失,但出于公平考虑,政府应该合理补偿投资者的部分损失。然而,情势变更的适用范围不能过于宽泛,以避免政府逃避责任。关于情势变更的构成要件,可以参照《民法典》第 533 条的具体规定。
⑤ 王锡锌:《行政法上的正当期待保护原则述论》,《东方法学》2009 年第 1 期,第 18 - 27 页。

确投资者享有救济方式的选择权。单方解除行为违法时,国家赔偿责任与违约责任发生竞合。对此,法院负有释明义务,并在释明后由当事人自主选择。②行政赔偿不得低于行政补偿。由于行政赔偿与行政补偿的客体相同,所以行政赔偿在范围、标准等方面均可参照行政补偿。例如,在仁杰粮油公司案①中,最高法指出,为了防止"以赔代补"现象的发生,赔偿数额原则上不得低于补偿数额。③明确行政机关责任人的罚款责任。可以借鉴《行政诉讼法》第96条规定,当政府单方解除行为违法且情节恶劣时,相关责任人需缴纳一定数额的罚款,以督促政府机关依法行政。

此外,当事人可以约定违约金条款,以实现惩罚履行过失和督促合同履行的双重目的。一旦单方解除行为构成违约,政府就有义务支付相应的违约金。但由于协议双方均可能成为违约主体,为了避免政府滥权,条款的设置应满足比例原则的要求②。当违约金过高或过低时,当事人可以依据《民法典》第585条的规定,请求法院予以适当调整。

(三)程序控制:单方解除权的程序保障

为了确保公共利益的正当性,政府不仅应遵循信赖保护原则,还必须执行合理的行政程序。具体而言,当公益损害不紧迫时,原则上协议优先,尽量以协商方式解决纠纷;当公益损害紧迫时,政府有权单方解约,但应遵循正当程序原则。

第一,当公共利益损害不紧迫时,当事人可以约定单方解除权的行使方式和具体内容,以减轻其对契约必守原则的冲击③。具体而言,可从立法、行政、司法三个层面着手。①立法层面。目前,法国已在立法中明确规定 PPP(Public-Private-Partnership,即政府和社会资本合作模式)协议必须约定政府单方解除的具体模式,以增强公私合作信心④。我国可借鉴此经验,在今后的《行政协议法》或《市政公用事业特许经营管理办法》中规定协议优先的纠纷解决方式,以避免公权力的过度干预。②行政层面。为了保证协商的有效性,应

---

① 参见最高人民法院(2017)最高法行申 7437 号行政判决书。
② 杨解君:《行政契约与政府信息公开》,东南大学出版社,2002 年,第 74 - 75 页。
③ 江嘉琪:《行政契约第五讲:契约法律关系的进展》,《月旦法学教室》2008 年第 63 期,第 30 - 42 页。
④ 陈天昊:《行政协议中的平等原则:比较法视角下民法、行政法交叉透视研究》,《中外法学》2019 年第 1 期,第 248 - 279 页。

确立禁止反言规则。根据《民法典》第 136 条契约必守原则和《行政许可法》第 8 条信赖保护原则,政府无论是作为协议当事人还是公权力机关,均应受到合同的拘束。例如,在某国际公司诉荆州市政府案①中,交通局在单方解除前作出《终止(解除)协议意向通知》,直到 30 日期满后才正式解约,此做法反映了诚信政府的精神。③司法层面。法院应加强合约性审查,审查单方解除行为是否符合双方约定,以督促政府自觉履约。此外,法院应审查政府机关的意思表示是否超出合法行政的范畴。由于特许经营协议不同于民事合同,应受到公法约束。从职权委托理论出发,政府作为公权力的受托者,既不得以约定形式放弃固有职责,也不得怠于行使约定解除权。因此,在协商过程中,各方必须遵守法律规定,并于事后接受司法监督,以防止格式条款带来的不公平现象,规避可能存在的权力寻租风险。

第二,当公益损害紧迫或双方协商不成时,单方解约应遵循正当程序,以发挥行政程序的重要功能。在宏观层面上,依法治国作为国家的重要政治制度安排,程序法治在其中发挥着关键作用。在微观层面上,参与、讨论、协商不但是必要的,而且是可行的。具体而言,立法机关、行政机关、司法机关应转变观念,重视程序所蕴含的独立价值(如人格尊严),并及时制定统一的行政程序法,将程序中立、程序理性、程序自治等要素吸纳其中②。此外,政府应发挥正当程序的法律效力,以保障投资者的程序性权利。在程序操作中,政府必须坚守"最低限度的公正",并根据具体情况,寻求公平与效率的平衡③。例如,政府在单方解除前必须保障投资者的听证权,而且听证程序应满足听证公开、利害关系人回避、案卷排他性原则等要求。

(四)结果控制:单方解除权的事后监督

事后监督主要是司法监督,是法律控制的最后环节。对单方解除权进行事后的审查和校正,不但有利于解决特许经营协议纠纷、保障投资者的合法权益,而且有助于监督政府依法行政、实现公共服务目的。

---

① 最高人民法院发布第二批行政协议诉讼典型案例之五——某国际有限公司、湖北某高速公路有限公司诉湖北省荆州市人民政府、湖北省人民政府解除特许权协议及行政复议一案,https://www.court.gov.cn/zixun-xiangqing-355511.html,2021 年 10 月 15 日访问。

② 应松年、王敬波:《论我国制定统一行政程序法典的法制基础:基于现行法律规范体系之分析》,《法商研究》2010 年第 4 期,第 88-95 页。

③ 王锡锌:《正当法律程序与"最低限度的公正":基于行政程序角度之考察》,《法学评论》2002 年第 2 期,第 23-29 页。

第一,法院对单方解除权的事后监督,不宜采取合法性审查模式。一方面,司法解释体现了合法性审查的传统思路。鉴于单方解除纠纷在性质上属于行政纠纷,故《行政协议规定》对于单方解除权的规制,基本上遵循行为之诉的传统进路,这在审查方式(第16条第1款)、起诉期限(第25条)、举证责任(第10条)、审理内容(第11条)以及裁判方式(第16条第2款)均有所体现。另一方面,合法性审查模式不利于保护投资者权益,也无法实质性解决纠纷。①投资者容易丧失起诉权。由于行政诉讼的起诉期限较短(6个月)且不得中断,而特许经营协议的周期时间较长,故此类案件容易超出起诉期限,从而导致投资者失权,疆南热力案①即是如此。②审理内容忽略了单方解除行为对特许经营协议的实际影响。传统模式下,法院只审查单方解除行为的合法性,不考虑协议的具体状况。例如,《行政协议规定》第16条第3款规定,单方解除行为违法时,法院"可以"判决继续履行或其他补救措施。此处的"可以"一词表明了,是否继续履行或采取补救措施,属于法院的自由裁量范围,因此法院有权决定是否审理协议纠纷。例如,在益普燃气案②中,法院仅审查单方解约的合法性问题,而不涉及合同的履行情况。③单一的裁判类型,不符合行政判决类型化的趋势。从客观诉讼立场出发,当单方解除行为被认定为违法时,法院只能作出撤销判决或确认违法的判决,无法作出继续履行、采取补救措施等给付判决,除非当事人提出新的诉讼请求。因此,合法性审查模式无法满足行政协议诉讼的现实需要,难以解决特许经营协议的具体纠纷。

第二,法院对单方解除权的事后监督,宜采取"关系之诉"的审查模式。在法国行政法中,行政协议诉讼的审理重心是契约当事人的权利义务关系,而非解除行为。而如今,我国的行政协议诉讼与传统行政诉讼有所不同,实施的是全面管辖原则③。这表明,我国已经采用法国的主观诉讼模式。所以,对于特许经营协议纠纷,法院享有全面审查权。那么,就单方解约纠纷而言,法官应更

---

① 参见最高人民法院(2018)最高法行申4243号行政裁定书。
② 参见辽宁省高级人民法院(2020)辽行再18号行政判决书。
③《行政协议规定》新闻发布会,最高人民法院在"三、行政协议司法解释的主要内容"部分明确强调,我国行政协议诉讼坚持全面管辖原则,不仅包括行政优益权的行使所引发的行政行为诉讼,还包括政府未依法履行、未依约履行义务所引发的违约诉讼。由此可见,我国行政协议诉讼在整体上采取主观诉讼模式。

加关注解除行为对合同关系的具体影响①。因此,针对单方解除权的诉讼,在性质上应被视为确认之诉,审理时需参照《民法典》第 565 条解除权异议之诉的规定,即只有当事人对单方解除权提出异议时,法院才需要判断该行为是否有效。具体而言,法院对于单方解除权的审查应遵循以下三个步骤:第一步,如果投资者对政府单方解约存有异议,则单方解约的法律效力处于不确定的状态,有待法院予以明确。第二步,法院不仅应当审查政府单方解约是否符合公共利益,还需要审查其在启动程序上是否遵循"协议先行"原则。具体而言,当公共利益损害不紧迫时,单方解约除了满足公共利益要求之外,还必须遵循协商程序,否则将归于无效;而公共利益损害紧迫时,单方解约只需符合公共利益,即为有效。在此过程中,若当事人明确约定了政府单方解除权的行使方式,法院应审查解除行为是否符合约定。行为符合约定方才有效,反之视为无效。总之,当单方解约有效时,特许经营协议无需继续履行,但政府理应补偿投资者的全部损失;当单方解约无效时,双方应继续履行特许经营协议,且政府负有协助履行和采取补救措施的法定义务。然而,当合同因现实原因无法继续履行时,例如特许经营权已经合法转让给第三方,政府应当对投资者的直接损失和预期损失承担赔偿责任。对此,法院负有释明义务,而投资者可在法院释明后,选择主张违约赔偿或国家赔偿。第三步,如果政府在正当事由和启动程序上满足条件,但违反了合理行政要求,比如违反了信赖保护原则和正当程序原则,那么法院可以基于公共利益而承认单方解约的法律效力,但应采取一定的补救措施。例如,法院可以参照《行政协议规定》第 16 条,责令政府对投资者损失予以适当赔偿。此外,法院还可以依据《行政诉讼法》第 74 条对政府解除行为作出确认违法判决。

五、结语

毋庸讳言,对单方解除权进行法律控制,无法解决现实生活中的所有问题。但这并不意味着政府可以在特许经营协议中恣意行使单方解除权。由于特许经营协议不同于传统的行政行为,其更加强调双方合意,传统的行政干预模式难以适应公私合作的现实需要。而且,在特许经营协议中,地方政府兼具公共

---

① 闫尔宝:《行政机关单方解约权的行使与救济检讨:以最高人民法院司法解释为分析对象》,《行政法学研究》2020 年第 5 期,第 13 - 23 页。

监管者和协议履行者的双重身份,这势必导致单方解除权的公法属性与特许经营协议的私法属性之间存在冲突。此时,淡化单方解除权的行政权属性并予以法律控制,显然是一条切实可行的路径。在某种程度上,相较于传统的行政职权模式,对单方解除权的法律控制可被视为保护私权和促进自治的一种有效手段。与此同时,也有助于摆脱对公益整体性观念的依赖,从而推动公益和私益的平衡①。

另外,为了增强政府和社会资本参与特许经营的主观意愿,我们既需要重视单方解除权对于公共利益的必要性,也必须借助司法监督在内的多元方式来防范单方解除权的滥用。一方面,从行政职能出发,单方解除权是实现行政有效性目标的重要手段。在现代行政法的背景下,调整范围逐渐从公法领域转变为公法与私法混合适用,主要职能也从"合法性"向"合法性与有效性并重"转变②。因此,为了高效地实现行政任务目标,政府应该充分发挥单方解除权的重要作用。尤其当契约手段无法实现供电、供水、供气等公共目的时,政府可以适当放宽单方解除的适用条件,以确保公共服务的高效供给。另一方面,从监督效果出发,司法监督具有自身的局限性。司法中心主义的审查模式不足以解决所有问题,有必要改进对话型司法,发挥行政机关的自我约束作用,并完善相关立法,以更好地规范官僚行政③。总之,完善对单方解除权的法律控制,可以遏制行政恣意,督促政府自觉履行特许经营协议,并切实保障投资者的实体权益与程序权益。

---

① 张千帆:《"公共利益"的构成:对行政法的目标以及"平衡"的意义之探讨》,《比较法研究》2005年第5期,第1-14页。
② 沈岿:《面对传统、现在与未来的行政法学》,《行政法论丛》2019年第7期:卷首语。
③ Christopher J. Walker, "Constraining Bureaucracy Beyond Judicial Review", *Daedalus*, 3 (150)2021, pp.155-171.

行政协议无效裁判准用《民法典》规范及其修正

——基于行政征收协议类案的考察*

徐　钝**

摘　要:行政协议无效裁判准用《民法典》规范,需要从主体权限瑕疵、意思表示瑕疵、违反强制性规定和违背公序良俗等不同维度进行具体分析,在行政性与协议性之间进行修正性司法认定。就主体权限瑕疵而言,行政协议无效认定需要适应《民法典》相关条款的变化,裁判理由、裁判结果不同可能会影响适用模式的选择;就意思表示瑕疵而言,《民法典》实施后,以欺诈、胁迫、重大误解导致的意思表示瑕疵因素认定行政协议无效将不复存在。对"虚假的意思表示"和"恶意串通"条款准用频率相对较低;就违反强制性规定而言,行政协议无效认定不再囿于法律规范的层级,但行政强制性规定的效力区分之"二分法"仍然需要考量,对违反强制性规定是否需要满足"重大且明显违法"条件需要进行双阶区分;就违背公序良俗而言,行政协议无效认定需要正确处理"公序良俗"条款与"强制性规定"条款的准用序位关系,需要注重类案归纳基础上的类型化与司法"不成文规则"生成。在类案考察基础上的微观进路分析之后,未来行政协议裁判准用《民法典》规范之发展趋势清晰可见。

关键词:行政协议无效;《民法典》规范;准用;修正;类案考察

　　在契约治理与合作行政的浪潮下,政府特许经营协议、土地房屋征收协议等行政协议蓬勃发展,协议纠纷也不断增多,而行政协议效力评价是定分止争

* 本文曾发表于《行政法学研究》2022 年第 5 期。
　基金项目:2020 年度江苏省社会科学基金一般项目"行政协议裁判准用《民法典》规范的原理与方法研究"(项目编号:20FXB008)阶段性成果。
** 徐钝,男,安徽桐城人,法学博士,江南大学法学院副教授,硕士生导师,主要从事行政法、司法原理研究。

的前置性问题,行政协议无效①与否也是裁判实践中双方争议的焦点。行政协议无效裁判准用民事法律规范已获得最高人民法院《行政协议规定》)确认②,但《行政协议规定》并未针对如何准用民事法律规范制定具体规则与操作方法,理论界对这一跨部门法难题缺乏深度研究,实务界也缺乏基本共识,以致行政协议无效审判实务常陷入"同案异判"困境。

随着《民法典》的不断深入实施,行政协议无效裁判准用《民法典》规范必将日益增多,如何准用? 如何厘清其与行政行为无效标准之间的关系? 民商事合同的无效与否主要从主体权限瑕疵、意思表示瑕疵、违反强制性规定和违背公序良俗四大维度予以判断,行政协议裁判准用《民法典》规范亦然,本文也将从这四个维度检索行政征收协议③无效裁判案例(见图1)作为类案分析的基础。

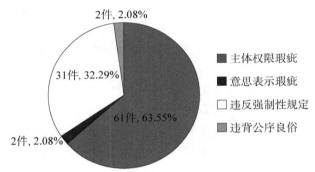

2件, 2.08%

31件, 32.29%

2件, 2.08%

61件, 63.55%

■ 主体权限瑕疵
■ 意思表示瑕疵
□ 违反强制性规定
■ 违背公序良俗

图1　2019年1月—2022年5月行政征收协议裁判适用
民事法律规范认定无效与否的案件统计

① 行政协议无效,是指行政协议不具有法律约束力和履行效力。参见梁凤云:《行政协议司法解释讲义》,人民法院出版社,2020年,第152页。

② 2020年1月1日实施的《行政协议规定》第12条第2款规定:"人民法院可以适用民事法律规范确认行政协议无效。"第27条第2款规定:"人民法院审理行政协议案件,可以参照适用民事法律规范关于民事合同的相关规定。"

③ 土地、房屋等行政征收协议是最典型的行政协议,司法实践中其纠纷案件占90%以上,故行政征收协议裁判案例具有较强代表性。为了更多地增加分析案例,笔者一并使用了"北大法宝"和"中国裁判文书网"两大数据资源库检索2019年1月至2022年5月间相关案例。"北大法宝"检索关键词如下。案由:①行政合同;②行政征收。案例标题:无效。文书类型:判决书。审结日期:20190101—20220506。"中国裁判文书网"检索关键词如下。案由:①行政合同;②行政征收。理由:协议无效。文书类型:判决书。裁判日期:20190101—20220506。检索到符合条件的案例154个,剔除共同诉讼中的重复案件,共检索到从主体权限瑕疵、意思表示瑕疵、强制性规定、公序良俗四维度认定行政征收协议无效与否的案例96个,作为本文类案分析样本。

一、主体权限瑕疵维度的《民法典》规范准用及其修正

就行政主体而言,其资格及其权限主要在于是否享有行政协议领域的行政权限和管理职能,以行政主体资格为由认定行政协议无效,主要依据《行政诉讼法》第75条等行政法律规范,不必准用《民法典》规范,而应限制于行政协议相对人权限瑕疵维度进行探讨。

(一)因行政协议相对人权限瑕疵认定协议无效与否的类案分析

1. 总体考察

笔者检索2019年1月—2022年5月,以行政征收相对人一方主体权限为由认定行政协议无效与否的案件,共检索到61个案件,主要涉及无权处分和无权代理导致的协议无效的争议。其中,裁判结果为"认定协议无效"判决的有23个案件,占比37.8%;裁判结果为"协议无效理由不成立"判决的有38个案件,占比62.2%。由此可见,在司法实践中以相对人权限瑕疵认定协议无效的判决较为谨慎。

2. "认定协议无效"类案考察

就"认定协议无效"类案法律适用而言,有援引《合同法》第48条、第51条、第52条以及《物权法》第95条、第97条等民事法律规范认定协议无效;有援引《行政诉讼法》第75条、《最高人民法院关于适用〈中华人民共和国行政诉讼法〉的解释》第99条①、《行政协议规定》第12条第1款②等行政法律规范认定协议无效。其类案法律适用存在单独援引民事法律规范、综合援引民事和行政法律规范、单独援引行政法律规范三种模式,三种模式案件数占比分别为34.8%、43.5%和21.7%。相关统计事例如表1、表2所示。

---

① 《最高人民法院关于适用〈中华人民共和国行政诉讼法〉的解释》第99条规定:"有下列情形之一的,属于行政诉讼法第七十五条规定的'重大且明显违法':(一)行政行为实施主体不具有行政主体资格;(二)减损权利或者增加义务的行政行为没有法律规范依据;(三)行政行为的内容客观上不可能实施;(四)其他重大且明显违法的情形。"

② 《行政协议规定》第12条第1款规定:"行政协议存在行政诉讼法第七十五条规定的重大且明显违法情形的,人民法院应当确认行政协议无效。"

表1   2019 年 1 月—2022 年 5 月年行政征收协议相对人主体权限瑕疵案件
单独准用民事法律规范"认定无效"结果统计

（案由:行政征收   裁判结果:认定协议无效）

序号	案号	适用法律规范	主要裁判理由摘要
1	（2019）辽 05 行终 95 号	《合同法》第 52 条	被告与第三人签订的协议损害了原告基于对涉案房屋的租赁经营权所取得的相关补偿权益
2	（2019）京 0107 行初 99 号	《合同法》第 48 条	被告并未委托第三人签订征补协议,该协议对原告不发生法律效力
...	……	……	……
8	（2020）内 22 行终 29 号	《合同法》第 48 条第 1 款、第 51 条	乙方并非房屋的被征收人,乙方也未提交相应的合法权属证明,且房屋被征收人在事后明确表示对被诉协议不予认可

表2   2019 年 1 月—2022 年 5 月年行政征收协议相对人主体瑕疵案件
综合适用民事和行政法律规范"认定无效"结果统计

（案由:行政征收   裁判结果:认定协议无效）

序号	案号	适用法律规范	主要裁判理由摘要
1	（2019）赣 1021 行初 122 号	《合同法》第 9 条第 2 款、第 51 条;《行政诉讼法》第 75 条	原告不认可其委托了他人签订协议,亦不对该协议进行追认,协议签订行为侵害了原告的合法权益,属重大且明显违法
2	（2019）皖 0621 行初 7 号	《合同法》第 48 条第 1 款;《行政诉讼法》第 75 条、《最高人民法院关于适用〈中华人民共和国行政诉讼法〉的解释》第 99 条第（四）项》	被告未提交充分证据证明第三人代签涉案协议已得到原告委托授权或追认,且案涉项目征收公告已经被人民法院确认违法,故协议属重大且明显违法
...	……	……	……
10	（2020）甘 05 行终 1 号	《合同法》第 48 条;《行政诉讼法》第 75 条	本案所征收房屋的所有权人为被上诉人,但征收部门将上诉人列为被征收人并与其签订协议,其认定的被征收人主体错误,所签协议无事实和法律依据,属重大且明显违法的情形

3. "协议无效理由不成立"类案考察

在"协议无效理由不成立"判决中,以不符合《行政诉讼法》第 75 条,《合同法》第 52 条,《民法总则》第 144 条、第 146 条、第 153 条,《民法典》第 146 条、第 153 条等法律无效情形为裁判理由的占多数,有 22 个案件,所占比例为 57.9%;以《合同法》第 49 条①、《民法总则》第 172 条②规定的"表见代理"为裁判理由的案件有 5 个,所占比例为 13.2%;其他难以类型化的裁判理由案件有 11 个,所占比例为 28.9%(见图 2)。

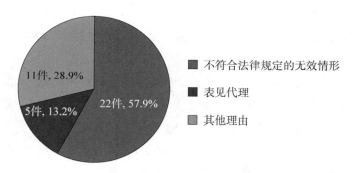

图 2　2019 年 1 月—2022 年 5 月行政征收协议相对人主体权限案件
"协议无效理由不成立"结果不同裁判理由统计

(二)行政协议相对人主体权限瑕疵案件准用《民法典》规范认定协议无效与否的理论前瞻

因行政协议相对人一方主体权限瑕疵因素准用《民法典》规范,主要涉及民事法律行为的行为能力、无权处分、无权代理、无权代表等条款。

第一,关于无民事行为能力人、限制行为能力人签订的行政协议效力问题③。《民法典》第 144 条规定"无民事行为能力人实施的民事法律行为无效"。考虑到行政协议行为较之一般民事法律行为往往涉及更大的利害关系,因此,无民事行为能力人签订的行政协议自然无效,在此可以单独准用《民法典》规范

---

① 《合同法》第 49 条规定:"行为人没有代理权、超越代理权或者代理权终止后以被代理人名义订立合同,相对人有理由相信行为人有代理权的,该代理行为有效。"

② 《民法总则》第 172 条规定:"行为人没有代理权、超越代理权或者代理权终止后,仍然实施代理行为,相对人有理由相信行为人有代理权的,代理行为有效。"

③ 目前行政协议司法实践中,尚未发现行政主体与无行为能力人或限制行为能力人签订行政协议的案例情形,但不排除将来会出现。

而认定行政协议无效,无须选择综合适用模式。《民法典》第 145 条①对于限制行为能力人实施民事法律行为效力作出了规定,其准用于行政协议需要修正:一方面,行政协议基本上都是双务合同而不存在"纯获利益"的情形,考虑到签订、履行行政协议所需的认知与行为能力,一般难以与限制行为能力人的"年龄、智力、精神健康状况相适应",因此,限制行为能力人签订的行政协议不应被直接认定有效;另一方面,当行政主体与限制行为能力人签订行政协议时,若证明其未尽到谨慎审查的义务而违法,对其效力的认定应更为严格。一般情况下,应根据其违法程度撤销协议或认定其无效。"经法定代理人同意或者追认后有效"需要比民事合同认定附加更多适用条件,予以更加严格的司法审查。

第二,关于行政相对人无权处分行为的行政协议效力问题。《民法典·合同法通则》未保留《合同法》第 51 条内容,而在《民法典·买卖合同》第 597 条规定了"因出卖人未取得处分权致使标的物所有权不能转移的,买受人可以解除合同并请求出卖人承担违约责任"。再参照《民法典》第 646 条"法律对其他有偿合同有规定的,依照其规定;没有规定的,参照适用买卖合同的有关规定"之规定,可见出卖人无权处分的买卖合同效力及后果规定适用于其他有偿合同。这基本上是否定了《合同法》第 51 条"效力待定"的性质,而是赋予了买受人合同解除权和出卖人承担违约责任的权利,其立法立场明显采纳了"有效说"。如果行政协议相对人无权处分,经权利人追认或者无处分权的人订立合同后取得处分权,行政协议自然有效;然而,未经权利人追认或者无处分权的人订立合同后未取得处分权的,行政主体则有权根据公共利益的需要选择解除协议或继续履行协议。如果行政主体的行为涉及违法,可根据违法程度撤销或认定其无效。因此,《民法典》实施后,对于认定行政协议因无权处分而无效②,司法实践

---

① 《民法典》第 145 条规定:"限制民事行为能力人实施的纯获利益的民事法律行为或者与其年龄、智力、精神健康状况相适应的民事法律行为有效;实施的其他民事法律行为经法定代理人同意或者追认后有效。"

② 司法实践中不乏基于无权处分而认定行政协议无效的案例,如 2016 年江苏省南通市港闸区人民法院在"耿某泉与南通市崇川区住房和城乡建设局一审行政判决书"中认为,第三人"不具有单独处分该房产的权利,依法应认定为无处分权人","现被告崇川住建局与第三人耿某林签订的《补偿安置协议》未得到原告耿某泉的追认,故《补偿安置协议》依法应属无效协议。"参见江苏省南通市港闸区人民法院(2016)苏 0611 行初 107 号行政判决书。后来,一审判决得到二审判决的支持,参见江苏省南通市中级人民法院(2017)苏 06 行终 101 号行政判决书。

不宜选择单独准用《民法典》规范模式，而应当选择综合适用模式，并以"重大明显违法"为由认定其无效。

第三，关于行政相对人无权代理行为的行政协议效力问题。根据《民法典》第171条的规定，行为人没有代理权、超越代理权或者代理权终止后仍然实施代理行为，"未经代理人追认，对被代理人不发生效力"。行政协议相对人代理人如果存在无权代理情形，经被代理人追认而协议有效，未经被代理人追认情形下司法实践中存在认定协议无效案例且单独准用民事法律规范①。值得一提的是，"对被代理人不发生效力"与"无效"之间存在较大差别，不宜直接转换为"无效"，应当运用综合适用模式，结合《行政诉讼法》第75条，以"重大明显违法"为由认定其无效。若以"不符合法律规定的无效情形"为裁判理由、"协议无效理由不成立"为裁判结果，则应选择综合适用模式；若以"表见代理"为裁判理由、"协议无效理由不成立"为裁判结果，则可以选择单独准用《民法典》规范模式，而无需适用行政法律规范。

此外，关于行政协议相对人无权代表行为②的协议效力问题，可以参照无权代理相关认定规则。

二、意思表示瑕疵维度的《民法典》规范准用及其修正

意思自治是合同法的基本原则，交易对象的选择，合同的签订、履行、终止等方面都需要当事人自主协商、合意而为。尽管行政协议中的意思自治受到协议目的、协议方式、协议程序等诸多约束，但毕竟"协商性"是其与单向行政行为区别之要点，"当事人的意思表示的真实性成为判断协议效力的标准"③，行政协议中存在欺诈、胁迫、重大误解等导致的意思表示瑕疵因素，将会影响协议效力。从《民法典》的修改来看，《民法通则》第58条中的因欺诈、胁迫导致"民事

---

① 如2017年广东省清远市中级人民法院在"英德市东华镇东水村委会再角山村民小组与英德市人民政府一审行政判决书"中认为，"乙方两个村民小组代表一栏仅有邱××、蔡××签名，既没有加盖岭头、再角山村民小组的公章，也没附有村民会议决议或授权委托书确认授权邱××、蔡××作为岭头、再角山村民小组的村民代表签订协议书"，"以原告村民名义代为签订协议书的行为属于无效的代理，应予确认该行政协议无效"。参见广东省清远市中级人民法院(2017)粤18行初189号行政判决书。
② 在行政协议实践中，尚未发现无权代表导致行政协议效力争议的案件。
③ 王敬波：《司法认定无效行政协议的标准》，《中国法学》2019年第3期，第79页。

行为无效"条款①和《合同法》第 52 条中的因欺诈、胁迫损害国家利益的"合同无效"条款均已被废止。基于重大误解、欺诈、胁迫等实施的民事法律行为均被归为可撤销民事法律行为，不再直接导致合同无效。再结合《行政协议若干规定》第 14 条②对于存在胁迫、欺诈、重大误解、显失公平等情形的行政协议，原告被赋予了撤销权。因此，存在胁迫、欺诈等意思表示瑕疵的行政协议仅具备被撤销的可能性。尽管个别行政协议裁判适用《合同法》第 52 条第一项以"欺诈损害国家利益"为由认定协议无效③，但《民法典》实施后司法实践不应再作出"行政协议因存在重大误解、欺诈、胁迫等意思表示瑕疵因素而无效"之判决。

《民法典》中关于"虚假的意思表示"和"恶意串通"导致民事法律行为无效规定应准用于行政协议无效。《民法典》第 146 条第 1 款④规定了"虚假的意思表示"实施的民事法律行为无效。所谓"虚假的意思表示"，是指行为双方都知道自己所表示的意思并非真实意思表示，而通谋作出与真实意思表示不一致的意思表示⑤。《民法典》第 154 条⑥规定了"恶意串通"实施的民事法律行为无效。所谓"恶意串通"，是指行为人之间互相勾结，为谋取私利而实施的损害国家、集体或第三人利益的民事法律行为。司法实践中，行政主体与相对人之间可能存在"虚假的意思表示"或者"恶意串通"订立行政协议，同时相对人之间也有可能恶意骗取行政机关签订行政协议。这些行为一般都会危害公共利益或第三人利益。与欺诈、胁迫、重大误解等一般意思表示瑕疵相比，其违法性更为明显，因此应当给予否定性评价而认定为无效。在"罗某诉赣州市南康区东山

---

① 《民法通则》第 58 条第 1 款第 3 项规定："一方以欺诈、胁迫的手段或者乘人之危，使对方在违背真实意思的情况下所为的民事行为无效。"

② 《行政协议规定》第 14 条规定："原告认为行政协议存在胁迫、欺诈、重大误解、显失公平等情形而请求撤销，人民法院经审理认为符合法律规定可撤销情形的，可以依法判决撤销该协议。"

③ 参见内蒙古自治区鄂尔多斯市康巴什区人民法院(2020)内 0603 行初 122 号行政判决书。

④ 《民法典》第 146 条第 1 款规定："行为人与相对人以虚假的意思表示实施的民事法律行为无效。"这一条基本可以取代原《合同法》第 52 条"以合法形式掩盖非法目的"合同无效条款的功能。

⑤ 如果仅仅一方进行虚伪意思表示，另一方不知情，则该意思表示并非无效。参见最高人民法院民法典贯彻实施工作领导小组主编《中华人民共和国民法典总则编理解与适用》(下)，人民法院出版社 2020 年版，第 729 页。

⑥ 《民法典》第 154 条："行为人与相对人恶意串通，损害他人合法权益的民事法律行为无效。"这一条基本保留了《合同法》第 52 条"恶意串通，损害国家、集体或者第三人利益"合同无效条款，他人合法权益应当包括国家、集体或第三人合法权益。

街道办事处"一案①中,法院认为:行政机关与相对人恶意串通、签订拆迁补偿安置协议而骗取补偿款,损害了国家利益,协议无效;在"王某诉三亚市吉阳区政府"一案②中,原告与该村外来户口王某串通,将本属于王某的房屋以原告名义作为被征收人,签订房屋征收补偿协议从而多获得补偿款,此举被法院认定为恶意串通从而判定协议无效。从行政协议司法实践来看,因"虚假的意思表示""恶意串通"认定行政协议无效在现实中十分罕见,相关案例近3年只有一案③,盖因"虚假的意思表示""恶意串通"之事实难以举证和认证,将《民法典》第146条第1款和《民法典》第154条准用于行政协议无效的案例也不多。

三、违反强制性规定维度的《民法典》规范准用及其修正

强制性规定对民商事合同的效力影响经历了动态性的制度变迁过程。《合同法》第52条第5项规定,"违反法律、行政法规的强制性规定"的合同无效④。鉴于强制性规定范围过宽可能扩大合同无效的范围从而带来负面效应,《最高人民法院关于适用〈中华人民共和国合同法〉若干问题的解释(一)》第4条明确指出:"合同法实施以后,人民法院确认合同无效,应当以全国人大及其常委会制定的法律和国务院制定的行政法规为依据,不得以地方性法规、行政规章为依据"。接着《最高人民法院关于适用〈中华人民共和国合同法〉若干问题的解释(二)》第14条限缩其为效力性强制性规定⑤,但对"效力性强制性规定"这一概念并未作具体解释。《民法典》第153条第1款规定:"违反法律、行政法规的强制性规定的民事法律行为无效,但是该强制性规定不导致该民事法律行为无效的除外。"虽然表达形式不同,但在内容上与《合同法》及其相关司法解释文件基本一致,其中"前一个强制性规定指的就是效力性强制性规定,后一个强制性规定是管理性强制性规定。……区分效力性强制性规定与管理性强制性规定

---

① 参见江西省赣州市中级人民法院(2019)赣07行终466号行政判决书
② 参见海南省三亚市中级人民法院(2018)琼02行初119号行政判决书。
③ 该案主要裁判理由摘要如下:第三人丁某与被告阜阳市颍泉区中市街道办事处以隐藏行为签订虚假意思表示的房屋征收协议,侵害他人的合法权益,其签订的房屋征收协议没有依据,应认定为无效的协议。参见安徽省阜阳市颍泉区人民法院(2019)皖1204行初5号行政判决书。
④ 《合同法》第52条规定:"合同无效的法定情形有下列情形之一的,合同无效:……(五)违反法律、行政法规的强制性规定。"
⑤ 《最高人民法院关于适用〈中华人民共和国合同法〉若干问题的解释(二)》第14条规定:"合同法第52条第(五)项规定的'强制性规定',是指效力性强制性规定。"

仍然有其积极意义。"①

概而言之,民事合同无效标准判断侧重于法律规范的层级和性质,而行政行为无效标准判断则注重违反法律规范的严重程度而以"重大且明显违法"为依据,兼具行政性与协议性特质的行政协议无效标准需要结合两者进行综合性考量。

第一,准用于行政协议无效与否的法律规范层级不必固守法律和行政法规。目前我国行政协议立法尚处于初期探索阶段,特别是涉及土地、房屋征收协议效力的判断涉及《土地管理法》及其实施条例、《城市房地产管理法》《国有土地上房屋征收与补偿条例》等法律和行政法规的强制性规定②。然而,多数行政协议规定的法律位阶较低,如政府特许经营协议主要由国务院部门规章③来加以规范,政府和社会资本合作协议主要由国家发改委和财政部的规范性文件来加以规范,如果仅依据法律、行政法规来判断其效力,可能会出现判断依据的缺位。因此,行政协议可以将地方性法规作为效力认定的法规依据。对于那些法律、法规缺位但构成行政协议重要条件的事项,可以适用相应的规章。当规范性文件是法律、行政法规规定的具体化时,可以根据规范性文件作出无效认定④,这一点也为行政协议司法实践所验证,如在"浙江润地置业有限公司诉平阳县自然资源和规划局行政合同案"⑤中法官的论证如下:平阳县规划管理技术规定并非法律、行政法规,但系县人民政府为了贯彻实施城乡规划法和省规划条例,就具体规划条件等事宜作出的详细规定,根据"转介条款"学理,违反该技术规定实质上构成违反法律的强制性规定。

第二,准用于行政协议无效与否的法律规范性质"二分法"的质疑与采纳。区分"效力性强制性规定"和"管理性强制性规定"并进而认定合同效力,也受到学者的批评和诟病。仅从法律条文很难判断和识别两者的区分标准,提出"二

---

① 最高人民法院民法典贯彻实施工作领导小组主编《中华人民共和国民法典总则编理解与适用》(下),人民法院出版社,2020年,第755页。

② 涉及土地、房屋征收协议的《土地管理法》《城市房地产管理法》系法律,《土地管理法实施条例》《国有土地上房屋征收与补偿条例》系行政法规。

③ 2004年建设部颁布《市政公用事业特许经营管理办法》(简称《办法》),2015年住房和城乡建设部对其予以修订,该《办法》系部门规章;2015年国家发展和改革委员会、财政部、住房和城乡建设部、交通运输部、水利部、中国人民银行联合颁布《基础设施和公用事业特许经营管理办法》,该《办法》系部门规章。

④ 王敬波:《司法认定无效行政协议的标准》,《中国法学》2019年第3期,第75页。

⑤ 参见浙江省温州市中级人民法院(2020)浙03行终85号行政判决书。

分法"的学者对两者区分的形式或实质特征一直未加确定,"顶多是用某种空洞公式去作以问答问的推论"①,解释结果在此变成了推理前提。"效力性强制性规定""管理性强制性规定"之"二分法"虽然在民商学界受到质疑,但并非理论界主流观点。在司法实践中"二分法"的观点也得到了采纳,其对慎重认定合同无效、稳定交易关系无疑具有意义。行政协议涉及公共利益,较之民商事合同更注重协议关系的稳定性,而且一般都涉及强制性规定,动辄以强制性规定否定协议效力往往违背公共利益。"二分法"能够避免过多的行政协议被认定无效,其在行政协议司法实践中也得到了运用(见表3)。因此,我们主张在行政协议效力判断时考虑采用该"二分法"。如何区分效力性强制性规定和管理性强制性规定? 如果法律、法规中的禁止性条款明确表达了违反即无效的意思,即可视为效力性强制性规定。当然此类直接指明效力的条款在我国法律规范制度中十分少见②。对于效力性强制性规定性质的认定,需要结合交易安全、强制性规定所保护的法益类型、违反规定的法律后果等因素综合衡量。一般来说,协议内容涉及公共安全、市场秩序、国家宏观政策以及涉及交易标的③、交易方式④等交易较大事项的强制性规定应认定为效力性强制性规定,而关于经营范围、交易时间、交易数量等的强制性规定一般应认定为管理性强制性规定⑤。

表3 2019 年 1 月—2022 年 5 月行政征收协议因违反"效力性强制性规定"
认定"协议无效"结果统计

(案由:行政征收 裁判结果:认定协议无效)

序号	案号	适用法律规范	主要裁判理由摘要
1	(2019)浙 06 行终 483 号	《合同法》第 52 条、《最高人民法院关于适用〈中华人民共和国合同法〉若干问题的解释(二)》第 14 条	未批先征不属于违反**效力性强制性规定**的情形,有权机关的征地批准文件是否作出并不影响王某兴对协议内容的认知,而王某兴以"未批先征"为由主张被诉安置补偿协议无效,本院不予支持

---

① 苏永钦:《寻找新民法》,北京大学出版社,2012 年,第 298 页。

② 王敬波:《司法认定无效行政协议的标准》,《中国法学》2019 年第 3 期,第 76 页。

③ 如人体器官、毒品、枪支等被禁止成为交易标的。

④ 如涉及招投标等竞争性缔约方式的强制性规定。

⑤ 最高人民法院民法典贯彻实施工作领导小组主编《中华人民共和国民法典总则编理解与适用》(下),人民法院出版社,2020 年,第 774 页。

（续表）

序号	案号	适用法律规范	主要裁判理由摘要
2	（2020）浙 03 行终 85 号	《城市房地产管理法》第 10 条、《城乡规划法》第 9 条、《浙江省城乡规划条例》第 8 条第 3 款、第 33 条；《合同法》第 52 条第（五）项、《全国法院民商事审判工作会议纪要》第 30 条、《最高人民法院关于当前形势下审理民商事合同纠纷案件若干问题的指导意见》第 16 条	涉案土地若按照 4.7 容积率开发，将直接与平阳县规划管理技术规定相抵触，损害社会公共利益，该技术规定应认定为**效力性强制性规定**
3	（2020）鄂行终 506 号	《行政诉讼法》第 75 条、《合同法》第 52 条	一般认为，在区分效力性规范和管理性规范的情况下，违反**效力性规范**的，合同无效。由于《土地管理法》及其实施条例并没有明确规定在未经批准的情况下签订协议无效，而只是就包括签订补偿协议在内的征地程序作出规定，认定本案协议行为违反**效力性规范**依据并不充分，不宜否定其效力

第三，强制性规定是否需要满足"重大且明显违法"条件的双阶区分。按照行政行为双阶理论，行政协议行为可以区分为行政协议决定阶段和行政协议签署、履行阶段。在行政协议决定阶段，协议是否签署往往由行政主体"独断式"进行，在此阶段，行政协议行为的行政属性比较明显，主要涉及行政协议行为的程序、批准手续、履行等外部条件方面的强制性规定，需要考量"重大且明显违法"标准方能判断是否无效①，仅在关系行政协议质量和效率的重要程序被违背时，方可认定无效，如未经物有所值论证、财政承受能力论证、招投标程序等重要程序便签订政府与社会资本合作协议等。在行政征收司法实践中，法院并未因政府方未履行征地手续、"未批先征"而认定征收协议无效，但却因政府方

---

① 如行政协议违背招投标等重要程序应认定为无效，违背一般程序情况下不宜认定无效；未履行审批手续的行政协议，根据最高人民法院《合同法解释（一）》第 9 条、《行政协议规定》第 13 条第 1 款，只能确定未生效而非无效。

未作出征收决定直接签订征收补偿协议而认定协议无效，因为后者更符合"重大且明显"的条件①。而在行政协议签署、履行阶段，"协议性"才凸显出来，行政协议无效主要着眼于行政协议内容是否无效②。只要协议内容违背强制性规定，就有可能依据《民法典》第 153 条第 1 款而认定无效。当然此时结合行政法中的"重大且明显"的标准进行判断、取舍更为稳妥。例如，在自然保护区内采矿许可合同无效③；公安机关与特定公司签订治安承包协议由特定公司完成罚款额度，这明显属于按照事项性质不能签订行政协议的情形④，此类协议应属无效。因此，行政协议无效裁判准用《民法典》第 153 条第 1 款"强制性规定"，应限缩为针对行政协议内容的效力判断，针对行政协议的决定程序、批准手续等效力判断应当依据行政行为效力制度予以判断。

四、违背公序良俗维度的《民法典》规范准用及其修正

《民法典》除了在总则编第一章"基本规定"部分规定"公序良俗"原则⑤之外，还在总则编第六章"民事法律行为"部分规定"违背公序良俗的民事法律行为无效"⑥。据此，《民法典》合同篇未再规定原《合同法》第 52 条第（四）项规定的"损害社会公共利益"导致合同无效情形，合同无效可以适用该总则编条款，"公序良俗"替代"社会公共利益"成为判断合同无效与否的新准则。"公序"即国家政治、财政、金融、治安等公共秩序，不仅包括法秩序，还包括基于公共政策而形成的秩序。"良俗"即善良风俗，它并不意味着接受某种崇高的伦理标准⑦，而是指一定社会群体普遍认同的、具有底线性的一般道德和风俗习惯⑧。"公序良俗"旨在强调民事主体维护社会生活的基本秩序与公共利益，遵循社会

---

① 招投标等重大程序安排涉及市场主体的公平竞争权和经济秩序，其效应已远远超出协议双方利益范围，如果只产生撤销效果，不足以对重大违法行为产生威慑和遏制效果，应当认定无效为宜。
② 主体权限瑕疵、意思表示瑕疵等是否导致行政协议无效在前几部分已作分析。
③ 《自然保护区条例》第 26 条规定："禁止在自然保护区内进行砍伐、狩猎、捕捞、开垦、开矿等活动。"
④ 在治安管理等干预行政领域，行政机关不得对自身的核心权力以行政协议的方式进行处分，参见梁凤云：《行政协议司法解释讲义》，人民法院出版社，2020 年，第 166 页。
⑤ 《民法典》第 8 条规定："民事主体从事民事活动，不得违反法律，不得违背公序良俗。"
⑥ 参见《民法典》第 153 条第 2 款规定。
⑦ ［德］迪特尔·梅迪库斯：《德国民法总论》，邵建东译，法律出版社，2000 年，第 511 页。
⑧ "社会公共利益"不足以涵盖"国家利益"、善良风俗，"公序良俗"涵盖面更广。

普遍认同的道德规范,具有维护民事主体行为底线的功能①。

以意思自治为基础的民事法律行为可以因违背"公序良俗"而否定其效力,而以公共秩序、公共利益为旨归的行政协议准用《民法典》"公序良俗"条款自然具有不可辩驳的价值正当性。例如,当行政协议违背重大公共政策,违背少数民族最基本的民族习惯,使得相对方获取暴利等情形出现时,可认定无效。鉴于"公序良俗"之抽象性和原则性,为了防止陷入"向一般条款逃逸"之适用困境,行政协议裁判准用《民法典》"公序良俗"条款时应当在准用序位、准用方法等方面予以防范。第一,以《民法典》"强制性规定"条款为优先准用序位。一般而言,公序良俗的范围大于强制性规定的范围,违反强制性规定的通常也违反公序良俗,反之则不必然②。从《民法典》的立法安排来看,立法者将两者分两款列在《民法典》第 153 条同一条文中,"公序良俗"条款位置居于"强制性规定"条款之后,此外,"强制性规定"条款也更具有安全性和可操作性。从行政征收协议"认定协议无效与否"案件统计来看,2019 年 1 月—2022 年 5 月期间,行政征收协议无效裁判准用《合同法》第 52 条第(五)项"强制性规定"条款共 31 个案件,而准用《合同法》第 52 条第(四)项"公共利益"条款仅 2 个案件③。故而"公序良俗"条款可视为"强制性规定"条款的补充,"而强行法又苦无强制或禁止之规定可用时,公序良俗之规定,方使发生补充之功能"④。因此,在准用序位上应优先准用《民法典》"强制性规定"条款。只有在穷尽强制性规定或强制性规定不符合准用条件时才应考虑准用"公序良俗"条款。例如,在没有通过法律或法规明确规定公共政策的情况下,必要时可以考虑引入"公序"来进行准用。第二,注重类案归纳基础上的类型化与司法"不成文规则"的生成。随着行政协议裁判准用"公序良俗"案件的不断累积,我们需汇集具有相同特征的案例,并对其"公序良俗"准用的构成要件、判断标准等进行归纳总结,对违反"公序良俗"的行为进行类型化界定,如可细分为基本权利之维护、弱者利益之保

① 王利明:《论公序良俗原则与诚实信用原则的界分》,《江汉论坛》2019 年第 3 期,第 133 页。
② 崔文星:《民法典视野下强制性规范和公序良俗条款的适用规则》,《法学杂志》2022 年第 2 期,第 124 页。
③ 参见辽宁省葫芦岛市中级人民法院(2019)辽 14 行初 175 号行政判决书和广西壮族自治区南宁铁路运输中级法院(2020)桂 71 行初 21 号行政判决书。
④ 曾世雄:《民法总则之现在与未来》,中国政法大学出版社,2001 年,第 28 页。

护、经济社会管理秩序之维护、婚姻家庭秩序之维护和伦理道德之维护等类型①。在类型化的基础上，归纳不同类型案件的争议焦点、裁判要点和裁判理由，形成一系列具有足够确定性的"代替性构成要件特征"。在此基础上利用法内外各种法律渊源，提炼生成类案意义上的"不成文规则"，为法官审判类案提供相对普遍的具有初显约束力的规则②。

五、结语

综上所述，未来行政协议裁判准用《民法典》规范可能存在三种发展趋势：第一，从准用条款看，准用"主体权限瑕疵"条款和"强制性规定"条款的相对比例较高，而准用"意思表示瑕疵维度"条款和"公序良俗"条款比例相对较低。第二，从准用模式看，学界有关行政法规范优先模式、《民法典》规范优先模式等模式之争不免片面，因此需要结合裁判维度、裁判理由、裁判结果等因素进行判定。一般来说，较之单独准用《民法典》规范的模式，运用综合适用模式更为稳妥，也更少引发争议，在主体权限瑕疵、意思表示瑕疵、违反强制性规定和违背公序良俗四种维度下，都可以成为主导模式。第三，从准用结果来看，维持行政协议法律关系的稳定性依然是司法重要考量因素③，不管基于哪种维度进行无效与否的判断，法官依然会谨慎地认定"协议无效"，"协议无效理由不成立"之裁判结果比例将继续走高。

从主体权限瑕疵、意思表示瑕疵、违反强制性规定和违背公序良俗等多维度实现行政协议裁判与《民法典》规范的勾连，这种微观而细致的认定进路或许更有助于相关司法实践难题的化解。

---

① 最高人民法院民法典贯彻实施工作领导小组主编《中华人民共和国民法典总则编理解与适用》（下），人民法院出版社，2020年，第763页。
② 初显约束力也就意味着随着类案的不断积累，该"不成文规则"尚有进一步修订和完善的空间。
③ 从2019年1月—2022年5月行政征收协议案件援引民事法律规范裁判结果统计看，裁判结果"认定协议无效"判决的33个案件，占比34.4%；裁判结果"协议无效理由不成立"判决的63个案件，占比65.6%。

公用事业民营化政府责任分析

郭春淏*

■

摘　要:公用事业民营化的进程中,落实政府责任对于顺利推进公用事业民营化,实现政府职能至关重要。政府授权私主体履行部分行政职能的同时,在公用事业的各个阶段也承担着不尽相同的监督与保障职责。在准入阶段,政府有责任维护公正公开、确保公众参与以及选择合适的承接主体等;在实施阶段,政府要对价格、质量、竞争、环保等方面实施监督;在退出阶段,政府承担接管义务、补偿与赔偿义务,甚至可能承担相应的行政责任与刑事责任。在公私合作领域,政府实现了由主导性"提供者"向协助性"监督者"角色的转变。

关键词:公用事业;政府责任;民营主体

　　自改革开放以来,我国经济水平持续攀升,民众需求也随之变化,传统的政府职能和行政任务也面临相应挑战。政府垄断公共管理事务的传统模式早已积弊丛生,因此寻求减少行政负担、应对风险挑战的方案开始成为政府的行动指南。萨瓦斯曾说过,当政府的活动成本和公众对高税收的抵制同时上升的时候,政府官员就开始寻找任何能够缓解财政压力的办法①。在"转变政府职能"的政法话语引领下,一种政府借助私人力量履行行政任务的合作治理模式在我国逐渐兴起。与"创造性做账"、削减服务和借贷等方式相比,引入私主体经营公用事业的方式更易被民众接受。承接主体具有法人地位和自主经营权,通过自由签约和借贷的方式,能够实现技术与管理方式的革新,从而提高公共产品的供应效率,使承接主体、政府和消费者三方成为共益主体,共同获利。

　　政府参与公用事业民营化的全过程,从准入许可到实施监督,直至退出阶

---

*　郭春淏,女,江南大学法学院硕士研究生。
①　萨瓦斯:《民营化与公私部门的伙伴关系》,周至忍等译,中国人民大学出版社,2002年,第5页。

段乃至对后续责任的承担,各个环节都有政府的监督与参与。如果政府责任悬而未决、未落实到位,将会对民营化的整体过程产生致命的破坏性作用。厘清公用事业民营化进程中的政府责任将更有利于规避行政合作风险,降低权力滥用的可能性,助力政府职能的高效实现,并最终达到惠及社会民众的目的。

一、公用事业民营化与政府责任基本理论

(一)公用事业及其民营化解析

公用事业是指邮政、电信、供电、供水、供气、供热、污水处理、垃圾处理和公共交通等,能够为公众提供产品、服务或由公众使用的业务或行业①。

公共事业民营化是 20 世纪 70 年代末以来,西方国家在改革过程中所衍生出的一种新式做法,其根本寄意是"更多依托于民间机构,更少依靠政府来满足民众的需要",是指政府按照有关法律和法规规定,通过市场竞争机制将原本专属于政府的产品、服务的供给职能委托给公用事业的投资者或经营者,授权其在一定期限和范围内全部或部分经营某项公用事业。政府采用与私人企业开展合作的形式将公用事业的经营权转移给私人企业,相当于将原本专属于政府的部分职能一并转移给私主体。在这种合作模式下,私主体根据授权面向社会履行政府职能,提供公共产品与服务。然而,这并不意味着政府从公用事业中全身而退,而是基于一种特殊的合作模式,使政府与社会资本之间形成了新型法律关系,重新调整了彼此之间权利义务的分担比例②。

(二)公用事业民营化政府责任的内容与演变

20 世纪 80 年代以前,中国在基础设施和公用事业领域实行政府主导的投资体制。政府主导的投资是公用事业建设和发展的主要资金来源。然而,这种供给机制不仅运行成本高,服务质量和服务效率也不甚理想。随着社会的进步与发展,原有的供给模式愈发无法满足公众对于公共产品和服务所提出的新型需求③。20 世纪 80 年代,在国内财政和全球化冲击的双重压力下,中国开始从计划经济体制向市场经济体制转变,公用事业领域的市场化改革由此展开。

在国家垄断行政事务的体制下,行政机关依照内部的组织安排,依据法律

---

① 高秦伟:《论公用事业民营化及其行政规制》,《江苏行政学院学报》2005 年第 2 期,第 91 页。
② 李寒玉:《公用事业民营化的法律问题研究》,东北大学 2014 年硕士学位论文,第 8 页。
③ Junjie, Gao. "The Government's Regulatory Obligations to Public Utilities Franchise", *Frontiers of Law in China*, 3(14)2019, p.335.

法规和相关国家政策对社会公共事务实行自上而下的单向式管理。在此过程中,供给与保障是政府的主要职责。在行政系统内部,呈现出自上而下的领导与服从的运行机制,传达和落实上级指示是下级行政机关的工作使命;在行政系统外部,配合和服从行政机关的管理则成为行政相对人的天然义务。这种封闭式的权力运行方式产生了传统的"行政主体—行政相对人"的单项法律关系。公私对立的基础使得行政主体与行政相对人之间等级分明,政府主导公共产品的供给,承担相应的供给责任。即便后来程序正当、公众参与等原则成为行政法的基本原则,参与型行政也被广泛推行,也依然没能动摇行政主体在行政关系中的主导地位。随着合作行政模式的兴起,行政关系的内容和主体均发生了较大变化。一方面,国家机关开始试图重新界定自己的角色,倡导一种"灵活、辅助的政府观念",即政府开始扮演监督者、执行者、合作伙伴等多重角色;另一方面,私人力量不再仅仅作为纯粹服从权力的客体,而是以辅助者、缔约者、供给者、交易者、受托者等多重角色参与,与行政机关通过协商达成合意的方式一同分担公共治理任务。在公私合作的背景下,更多类似于"行政主体—承担行政任务履行的私人部门—行政相对人"的三角关系不断涌现,传统的行政一体化构造被打破,多层级的新构造由此产生,政府责任也随之转变成了过程性监督与保障①。

(三)公用事业民营化政府责任的理论基础

1. 合作行政理论

合作行政是指,公共部门与私人部门为履行公共行政任务,经由特定的制度设计进行合作并由公共部门承担最终保障责任的制度安排。首先我们应跳出传统的公私对立观念,不再局限于公共事业必须由政府完成的狭隘观念。在合作行政模式运行背景之下,公私关系由对立转向合作,以合作和服务为基础,注重构建"平权型"行政法律关系,强调公私之间的对话与合作。传统的行政法理论是"行政行为论",注重构建以命令和服从为特征的"高权行政关系",其运作的基本路径为"管理—服从",行政任务运作的两端天然地存在着"行政机关—行政相对人"②。私人主体从公共服务接受者开始转为提供者和承担者。行政模式由"行政机关—行政相对人"二元关系转变为"行政机关—承担行

---

① 章志远:《迈向公私合作型行政法》,《法学研究》2019 年第 2 期,第 137-153 页。

② 赵宝:《合作行政视阈下行政程序的革新》,《政法学刊》2021 年第 5 期,第 53-59 页。

任务的私人部门—行政相对人"三角结构关系。行政程序也出现从"线性模式"向"网状模式"的转变。尽管私人主体具有天然的逐利本性,但在合作行政模式下,承担公共行政职能的私主体也被纳入行政程序法的规制范围。私主体需要接受"公益原则"的约束,采取符合行政规范的方式来促成行政任务的完成。

事实上,在我国已有的行政立法、行政执法、行政司法领域的实践中,早已涌现出大量行政合作的事例。在行政立法领域,委托专家起草法案、参与立法论证等,都是第三方参与立法程序与国家机关开展立法合作的重要体现;在行政执法领域,行政担保、行政强制执行阶段的执行和解、有奖举报等公私合作的具体实践形式对于提高行政执法效率大有裨益①。在公私合作逐步覆盖给付行政领域的同时,传统的秩序行政领域也日益出现公私合作的模式。例如,授权私人履行警察任务的行为是对传统执法观念和行为模式的一种挑战。传统行政法理论认为公安的治安管理职能属于公主体的专属职能,只能也必须由行政执法机关亲自实施,私主体作为被管制的对象,当然地被排除在实施主体的范围之外②。

2. 担保责任理论

在公私合作背景下,行政任务可通过私人或者公共部门与私人的合作来完成,私人力量的引入提高了行政任务的履行效率。然而,这也对公共福祉的实现和民众权利的保护构成了新的威胁③。为防止政府责任的转嫁和逃逸,政府应当承担相应的"担保责任"。政府担保责任是指,特定任务虽由国家或其他公法人以外的私人与社会执行,但国家或其他公法人必须担保私人执行行政任务的合法性,尤其是积极促成一定公益与公共福祉的实现。基于上述任务的需要,政府的角色与以往相比发生了较大变化。政府从原先的行政任务履行者转变为了确保行政任务履行的监督者。政府担保责任意味着政府与私人各负其责,国家通过设定大致的条件以及相关的结构性要求来影响私人,促使与公益相关的目标能够充分实现④。具体包括对由私人提供的产品和服务负有给付物的品质符合要求、持续性给付以及合理价格的担保义务,主要通过建构法制

---

① 章志远:《迈向公私合作型行政法》,《法学研究》2019 年第 2 期,第 137 - 153 页。
② 赵宝:《合作行政视阈下行政程序的革新》,《政法学刊》2021 年第 5 期,第 53 - 59 页。
③ 章志远:《迈向公私合作型行政法》,《法学研究》2019 年第 2 期,第 137 - 153 页。
④ 陈军:《变化与回应:公私合作的行政法研究》,苏州大学 2010 年博士学位论文。

框架、提供经济诱因等方式履行义务①。我国台湾学者许宗力曾经归纳出行政任务民营化阶段的担保责任②。在担保责任下,政府虽不承担直接履行行政任务的责任,但应承担担保该私人以符合公益且合法的方式完成行政任务的责任。也就是说,国家以担保人的身份,担保实现私人行政任务执行所追求的行政目的③。与私法上的瑕疵担保责任相比,行政法上的政府担保责任的目的不仅在于排除和确保无瑕疵,以及在瑕疵出现后承担一定责任,更应扩展到预防瑕疵的出现。

(四) 公用事业民营化与政府责任的二元分立

1. 公用事业承接主体的自利性与供给主体的公益性

公用事业的承接主体是天然具有营利性质的私主体,其难免会将利润和效率放置在经营目标的首位,而政府作为为社会提供公共服务的国家机关,其开展行动的目的则是为了惠利整个社会,具有社会公益性。两者的行为目的刚好相反,但这并不意味着它们之间只能存在"收益与损失永远相加为零"的零和博弈关系,在有效的监管体制下二者也能够实现合作共赢。不同于私主体享有对自身权利任意处分的自由,国家机关的权力来源于人民的授权,因此不得随意行使或滥用权力,权力的行使应基于保护人民利益的目的,严格遵守法律程序。同理,政府也应当依照法律履行公共服务与产品的给付职能。即使政府创新行政管理模式,将行政职能部分委托给私主体代为行使,也仍需承担监督私主体实现行政职能的责任。对于私主体未能履行的部分,政府还应当采用接管的方式以保证产品的稳定供应。

2. 运营机制的市场化与政府供给的公共化

私人企业大多根据市场需求制订经营计划,随时调整产品的经营策略和价格区间,而公共产品的提供以满足公民基本需求为主旨,因此不能根据市场需求调整供应的数量和质量。即使在某些情况下,可能存在成本与价格并不对等的现象,提供者一方也不得因此拒绝提供或减损产品和服务的质量,必须确保

---

① 李东颖:《行政任务委托民间的宪法界限——以警察机关危害防止任务作为观察对象》,台北大学 2003 年硕士学位论文,第 19 页。

② 行政任务后民营化阶段担保责任五项内容:"给付不中断的担保义务""维持与促进竞争的担保义务""持续性的合理价格与给付品质的担保义务""既有员工的安置担保义务"和"人权保障义务与国家赔偿责任之承担"。

③ 李霞:《行政合同研究:以公私合作为背景》,社会科学文献出版社,2015,第 435 页。

所提供的产品和服务符合质量要求。正因为公正统一、公开公平是政府的首要价值追求，公共产品的提供也应符合非歧视性、一致性的原则。相反，市场主体则以提高效益为追求目标，二者的行为目的背道而驰，这也印证了市场以效益中心论作为其运作基础，而政府以公平中心论作为其行动理念。

二、国内外研究综述

（一）国外研究现状

1. 公用事业民营化与政府监管

萨瓦斯认为，在特许制下，政府向某一私人组织授予一种权利——直接向公众出售其服务或产品。民营部门通常为此向政府付费①。乔治·华盛顿大学的法学教授查尔斯·科利尔（Charles Collier）在其论文《特许契约与公用事业监管》（*Franchise Contracts and Utility Regulation*）中阐明了特许契约在公用事业监管中的必要性。他认为，特许契约的监管方式可以更深入地监管公共事业，并为投资者提供更为稳定和持久的投资基础②。芝加哥大学德姆塞茨（Demsetz）在其论文《为什么监管公用事业》（*Why Regulate Utilities*）中提出了特许投标理论。他认为，在自然垄断领域，如果缺乏监管，最终获得特许经营权的企业将基于其最大利润设置垄断价格。为了应对这一问题，应当引入竞争机制，通过招标等形式在某产业领域内允许多家企业竞争特许经营权③。

2. 监管内容及目标

魏伯乐、奥兰·扬、马塞厄斯·芬格在对全球范围内私有化案例进行分析后，撰写了一份报告，其中归纳了五个管制方面：①对竞争的管制，包括刺激竞争的出现；②确保系统完整，避免自由化导致的分拆；③确保系统能够适应变革的要求和技术；④确保为市民提供的普遍服务能够持续，尤其是在让穷人得到基本服务方面；⑤对稀缺公共资源的使用权进行管制，该类管制仅限于涉及稀

---

① 萨瓦斯：《民营化与公私部门的伙伴关系》，周至忍等译，中国人民大学出版社，2002年，第129-130页。

② Charles S. Collier, "*Franchise Contracts and Utility Regulation*", *George Washington Law Review*, (1923-1933), pp. 172-196.

③ Harold Demsetz, "Why Regulate Utilities?", *Journal of Law and Ecnomics*, 1(11)1968, p. 56.

缺资源的部门。日本经济学家植草益归纳了四大目标：①达到资源有效配置；②确保企业内部效率；③避免收入再分配；④企业财务的稳定化①。而福斯特（Foster）认为，应当以效率最大化为经济性监管的优先目标。这种标准相对于社会性目标更为明确且便于操作，能够有效地限制监管机构的专断恣意②。理查德·斯图尔特（Richard Stewart）也认为，"如果监管者偏离经济标准，他们将迷失在主观价值的泥潭中"③。

3. 监管主体

美国的联邦到州都有设立独立的公用事业管制委员会，由立法机构批准并规定其行使职权的范围。委员会可以自行决定收集证据，并使用其认为应当使用的规则来起诉和处罚违规的企业④。管制机构的人员配置符合多层次、多元化的特点，其中包括法律人员、经济学者和行业专家等。这解决了行政人员只具备单一性的学科知识，而不足以应对复杂管制过程的问题的困境。这种多元化的配置不仅提高了工作效率，也使得管制更具灵活性和专业性。英国政府对每一个涉及民营化的公用事业都设立了独立于其他政府部门的监管机构。为了保证其监管的独立性，各监管机构由议会直接批准成立，并由议会提供经费，监管权限由法律明确界定。英国学者安东奥格斯认为，对于监管机构应当在何种程度上独立于政府，虽然基于各国政治和法律制度的不同，有各种不同的答案，但是它们至少应当独立于受监管者的利益。虽然选择何种监管主体没有固定的普遍模式，但良好的监管制度必然存在可以评判的标准⑤。魏伯乐等人列举了"全面性、一致性、监管压力、绩效"四项标准⑥。英国学者保罗·L.乔斯科将"独立性、透明性、责任性、专业性和可信性"作为建立监管制度的重

---

① ［德］魏伯乐、［美］奥兰·扬、［瑞士］马塞厄斯·芬格：《私有化的局限》，王小卫、周缨译，刘昶审订，上海三联书店、上海人民出版社，2006 年，第 448－449 页。

② C.D. Foster, *Privatization, Public Ownership, and the Regulation of Natural Monopoly*, Blackwell Publisher, 1992, p.9.

③ Richard B. Stewart, "Regulation in a Liberal State: The Role of Non-Community Values", 92 *Yale Law Journal*, 1537, 1983.

④ 邢鸿飞等：《公用事业特许经营法律问题研究》，法律出版社，2018 年，第 72 页。

⑤ ［英］安东·奥格斯：《规制：法律形式与经济学理论》，骆梅英译，中国人民大学出版社，2008 年，第 282 页。

⑥ ［德］魏伯乐、［美］奥兰·扬、［瑞士］马塞厄斯·芬格：《私有化的局限》，王小卫、周缨译，刘昶审订，上海三联书店、上海人民出版社，2006 年，第 452－453 页。

要原则①。因此,我们应立足于中国特殊的行政生态,以开放的思想对待国外经验,有选择地吸收,发展中国自己的公共行政和公共管理理论,探索具有中国特色的公共行政和公共管理模式。

（二）国内研究现状

1. 监管主体

马英娟认为,针对我国监管机构设置和权力配置过程中出现的权力分散问题,应当采取隶属于行政部门的模式,分别为监管机构隶属于国务院组成部门或隶属于国务院②。国务院参事室参事仇保兴对公用事业民营化有着丰富的经验,他曾指出,设立监管机构应当保证其相对独立性、职责专业性和监管内容综合性,使富有监管能力的监管机构超脱于地方行政部门,对准入、价格、质量和服务等各方面进行综合监管③。张昕竹认为,规制是政府实施产业监控的主要方式,政府是民营化的监管主体④。在传统体制中,由于被监管者通常是监管机关的直接下属,双方基于"同一系统内部"的固定纽带和长期形成的信任关系,容易把监管仅仅视作履行内部手续的一项程序,无法发挥监管的实质性作用。对此,尝试设立一种独立的监管机构来行使民营化中的政府监管职能俨然成为了一种新思路。刘飞则认为,设立独立的监管机构固然有一定的道理。但是,在民营化进程中所"拷问"的仍然是整个行政组织能否坚持公开、透明、照章依法办事。如果这一基础性问题未能解决,在此土壤之上仍难以培植出能够独善其身的监管机构。相反,如果政府在行政过程中能够将依法行政落到实处,则现有的各主管机构足以担负监管之职,也不必再单独设立新的机构⑤。

2. 监管目标及内容

骆梅英认为,以英国公用事业规制改革从效率导向转为权利导向为主线,确立我国公用事业应当以保护消费者利益为监管的统领性义务,并重点关注弱

---

① [英]保罗·L.乔斯科:《发展中国家基础设施部门改革的监管重点》,载吴敬琏、江平主编《洪范评论》(第2卷第3辑),中国政法大学出版社,2006年,第72页。

② 马英娟:《政府监管机构研究》,北京大学出版社,2007年,第244-247页。

③ 仇保兴:《市政公用事业改革的理论和实践进展综述》,《城市发展研究》2007年第1期,第8-11页。

④ 张昕竹:《中国规制与竞争:理论和政策》,社会科学文献出版社,2000年。

⑤ 刘飞:《试论民营化对中国行政法制之挑战:民营化浪潮下的行政法思考》,《中国法学》2009年第2期,第12-21页。

势群体和低收入群体的利益,以此来衡量规制政策是否正当①。章志远也明确表示"维护并增进公共利益"是政府监管的首要目标,同时政府也应当关注"促进有效竞争"②。在研究水务民营化的实践中,宋华琳提出了包括价格规制、质量规制、普遍服务义务、公众参与和知情权保障共四个方面的水务规制体制③。章志远认为政府责任革新是摆脱民营化困境的根本之道,应当依据公交特许经营的发展流程,依次解决好以下五个环节的政府监管问题:市场准入规制、特许合同规制、价格规制、质量规制和市场退出规制④。李嘉娜认为应当以权利保障为核心监管目标,并且细致地列举了监管机构享有的具体监管手段,包括标准制定权、许可授权变更终止权、价格控制权、强制惩戒权、临时接管权、纠纷裁决权、信息调查权⑤。

3. 民营化正当性

正当性的问题一直是民营化理论和实践的关键,邢鸿飞等认为公有私营是一种新兴的公用事业提供模式,既解决了政府财政不足的问题,又最大限度地保证了公共利益的实现,在制度层面上弥补了两者的缺陷⑥。敖双红认为解决民营化正当性问题的关键,在于法律的适用性以及允许性,同时需要结合法律优先和法律保留原则来分析⑦。陈振明认为,民营化有时被用作市场化的同义语,因为民营化是指将原先由政府控制或者拥有的职能交由私人企业或私人,通过市场的作用,依靠市场的力量来提高生产力⑧。章志远、杨阳从理论基础和社会实践两个方面分析了民营化的正当性。理论基础包括公共选择理论和新公共管理运动。社会正当性包括民营化符合当前行政法民主化的发展方向,

---

① 骆梅英:《基于权利保障的公用事业规制》,浙江大学 2006 年博士学位论文,第 131 页。
② 章志远:《公用事业特许经营及其政府规制:兼论公私合作背景下行政法学研究之转变》,《法商研究》2007 年第 2 期,第 3 - 10 页。
③ 宋华琳:《公用事业特许与政府规制:中国水务民营化实践的初步观察》,《政法论坛》第 24 卷第 1 期,第 126 - 133 页。
④ 章志远:《民营化、规制改革与新行政法的兴起:从公交民营化的受挫切入》,《中国法学》2009 第 2 期,第 22 - 35 页。
⑤ 李嘉娜:《市政公用事业监管的行政法研究:以公私合作制为背景》,中国政法大学出版社,第 180 - 188 页。
⑥ 邢鸿飞等:《公用事业特许经营法律问题研究》,法律出版社,2018 年,第 19 页。
⑦ 敖双红:《公共行政民营化的正当性基础》,《河北法学》2008 年第 8 期,第 68 - 74 页。
⑧ 陈振明:《当代西方政府改革与治理中常用的市场化工具》,《福建行政学院·福建经济管理干部学院学报》2005 年第 2 期,第 5 - 12,79 页。

打破了政府部门对于公共事务的承包,提升了行政效能,符合行政法的发展需求①。

三、公用事业民营化过程中第一性政府责任

托尼-普罗瑟认为,政府对公用事业的监管可以分解为对垄断的监管、对竞争的监管以及以普遍服务提供和某些环境领域为代表的社会监管②。在传统类行业中,政府主要扮演监管者的角色,采用事前许可,事中、事后监督检查的方式进行行业监管。与之有所不同,在公用事业民营化过程中,行政机关不仅扮演着管理者、监督者的角色,在与社会资本展开合作的同时,也会化身平等主体,作为协议一方当事人参与合同的订立和履行,并以此作为追究行政主体违约责任,要求其承担继续履行义务的基础。

(一)公用事业民营化准入阶段政府责任

公用事业民营化的第一阶段为准入阶段,是私主体进入公用事业领域的必经程序。首先,政府在此阶段的主要责任在于及时公开准入信息,以便于符合条件的潜在合作者能够及时表明合作意向,参加政府组织的招标、投标项目。及时公开准入信息有利于社会公众监督行政行为的合理性和合法性,确保公众参与原则的落实。其次,政府采用特定方式招募承接主体。传统的方式主要包括招标、竞争性谈判、有偿转让、拍卖和委托等。其中,有偿转让和委托通常被定义为政府的单方性行为,由于缺乏竞争性,不宜作为招募公用事业承接主体的方式;而具有竞争性特点的拍卖,因其以出价高低作为能否胜出的主要依据,但承接主体的考核标准并不仅限于财力这一单一要素,还包括专业化水平、经验、信用状况等多重要素。这并不符合公用事业以民营化方式进行运营的初衷,因此也不宜作为公用事业民营化承接主体的选择方式。由此可知,在我国公用事业民营化过程中,采用招标和竞争性谈判的方式来选择承接主体的做法较为合理。最后,政府在审核私主体资质和实力的基础上,选取最佳承接主体与其达成合作。

在准入阶段,政府要注重程序公正原则的落实,将各阶段信息及时向社会

---

① 章志远、杨阳:《行政法视阈中的民营化:现状述评与研究展望》,《河南司法警官职业学院学报》2009年第3期,第37-42页。

② 〔英〕托尼·普罗瑟:政府监管的新视野:英国监管机构十大样本考察[M].马英娟、张浩译,译林出版社,2020年,第437-443页。

公开发布,并积极听取社会公众的建议,接受其监督。行政听证是指在行政机关做出行政决定之前,采用听证会等方式听取行政相对人、利害关系人以及社会公众意见的制度①。根据《行政许可法》第46条,法律、法规、规章规定实施行政许可应当听证的事项,或者行政机关认为需要听证的其他涉及公共利益的重大行政许可事项,行政机关应当向社会公告,并组织相关听证程序。《行政许可法》第47条规定,当行政许可直接涉及申请人与他人之间的重大利益关系时,行政机关在作出行政许可决定前,有责任告知申请人及利害关系人。他们有权要求进行听证。公用事业民营化所涉领域集中于供水、供电、供气、基础设施等与民众利益具有紧密联系的基本生活领域,采用召开听证会或依职权告知利害关系人享有听证权利的做法,不仅合理合法,有助于行政机关把握民意,做出正确的行政决策,还有利于公民维护自身合法权益。

(二) 公用事业民营化实施阶段政府责任

行政机关与社会资本达成合作共识,以行政协议或其他方式明确双方的权利和义务,随后双方当事人正式迈入公用事业的经营阶段。相较于普通营利性行业,公益事业具有利润较高、回报周期长、对民众利益影响较大的特点。在此阶段,政府不仅要允许企业追求利润,还要确保公共利益不被侵蚀。如何平衡两者之间的关系则成为一项难题。倘若缺乏合理的行政监管模式,企业与公众之间必定有一方将面临利益受损的风险。

1. 防止垄断的监管职责

良性竞争是推动产品和服务不断更新迭代,促进社会持续发展进步的助推剂。诚然,并非所有领域都适于引入竞争机制,在公用事业领域,由于政府所购买的大宗物品和服务通常具有特定要求,在多数情况下,普通市场没有符合要求的商品供应,即不存在相应市场,更无法依赖市场的调节作用来配置资源、形成竞争②。公用事业产品和服务所形成的市场是由政府创造和搭建的。此时政府成为定义产品、确定合理价格、设定质量标准的主体,由政府对产品进行操控评估的行为不同于传统意义上的市场行为。无论是已经存在的市场,还是正在形成的市场,要实现进步与改良都必须引入竞争。然而,由政府主导的公用事业领域,由于市场先天性发育不足,较难引入竞争机制。举例而言,如果存在

① 陈锦波:《公用事业民营化中政府责任问题研究》,辽宁大学2016年硕士学位论文,第16页。
② 邢鸿飞等:《公用事业特许经营法律问题研究》,法律出版社,2018年,第387页。

多家供应商能够提供政府所需要的产品或服务,此时政府会面临两种选择:①只与一家供应商缔结合同,政府将面临受制于这一个供应商,甚至面临垄断经营局面形成的风险;②政府将产品分成数份,将出价低、能力较弱的经营者与出价高、能力较强的经营者一同引入供应市场,政府可能因此面临供应商相互推诿,进而降低产品供给率的风险。不仅如此,公用事业大多为大型民生事业,具有较高的积淀成本,以铺设管道、架设电网为例,引入多家经营者建设基础设施,会造成不必要的资源浪费,于政府而言,也会产生不必要的支出浪费。在多数情况下,面临上述选择的政府甘愿冒着垄断经营局面形成的风险,也不愿意引入多方经营主体使市场竞争混乱和效率降低,或因管控多家供应商而增加行政责任,相比之下,只引入一方经营主体所带来的监管与规制的负担较小,也更高效率和可行性。

以电力行业为例,电网是实现电力运输的必备基础设施,由于架设电网涉及面广、前期投资巨大,由行政机关承担电力供应服务将会产生财政负担加重的后果。鉴于此,吸引私人投资该项公用事业不失为一种惠利双方的良策。电力行业中不适于引入多方经营主体参与竞争,因为在特定地区建设多个电网会产生不必要的支出浪费,还有可能出现供应质量下降等弊端。以长沙市公交民营化为例,政府把长沙市公交领域的经营权分别授予了9家民营公交企业,导致多家企业之间发生恶性竞争,公交服务能力及水平与市民的要求相差甚远。不仅如此,由于电力是人们的日常基本需求之一,电力行业的利润应当保持适度,以保障社会民众能够普遍享受到这一公共服务。由于公用产品和服务的覆盖范围具有广泛性,公用事业的投资与获利注定不具有对等性,因此,如果不采用授予长期性特许经营权的方式,将难以吸引私人投资者参与经营此类公用事业①。

授权私人投资者特许经营权并不意味着排除竞争,也不意味着默许私人投资者进行行业垄断。相反,这意味着将竞争机制提前至经营主体的准入阶段,以此选拔最优秀的私人投资者。通过后续的行业监管,例如制定价格调整的审批制度,不定期抽查产品质量,签署行政协议明确双方的责任与权利,以及行使行政优益权等途径,实现对公用事业的有效监管,尽可能杜绝行业垄断现象的

---

① Junjie, Gao. "The Government's Regulatory Obligations to Public Utilities Franchise", *Frontiers of Law in China*, 3(14)2019, p.345.

发生。

2. 确保公用事业的连续性

公用事业必须符合满足共同福祉的要求,随意暂停或终止公用事业的供应都会对公共利益造成损害,不利于维护社会秩序的稳定。为了确保公用事业供应的连续性和稳定性,私人投资者不能未经行政主管部门事先批准,私自终止服务或处置特许经营权。反之,当私人投资者受到公共突发事件或不可抗力事件影响,无法继续提供服务时,或者私主体出现信用危机,公众拒绝他们继续提供公共服务时,行政部门可以行使行政优益权,迫使私人投资者终止公共服务的提供,并采取接管措施,以避免因中断提供而造成秩序混乱。

3. 确保无歧视地提供公用事业服务

公用事业产品和服务的非歧视性决定了私人投资者有义务平等地为所有希望获得服务的人和所有愿意支付合理价格的人提供服务[①]。具体来说,私人投资者有以下责任:①有义务向同一地区的所有用户提供完全相同的服务;②需要根据用户数量的增加以及服务需求的提高不断更新服务供应水平和质量。私人投资者还应当具备相应能力,能够有效满足高峰需求。政府可以采取行政补贴的方式以确保低收入群体能够获得基本公共服务。例如,英国的《公共事业法》规定为一些特定人群提供基本公共事业补贴,包括残疾人、慢性病患者、养老金领取者以及低收入者和农村居民。

4. 确保公共事业服务质量

不用于其他行业,政府对公用事业的经营具有天然的监管职责,其中要尤为注重对质量的监管。公用事业大多涉及民生基本领域,受众群体广泛,若公用事业产品存在质量问题,将导致大面积群体遭受利益损害,增加社会不稳定因素。公用事业关乎民众的基本需求,进而间接影响民众更高层级需求的实现。长沙市公交民营化后,企业采用员工的奖金福利与运营收入直接挂钩的"激励"策略,导致在实际运营过程中频繁出现交通违章、拒载老人等现象。企业过于片面地追求利润最大化,漠视了公用事业的公益属性,对公共安全和公共利益均构成直接性威胁。南京市公交民营化后,所设置的运营路线大多集中于需求量较大的热门线路,对于偏僻地区的运营线路则较少设置,给部分市民

---

① Junjie, Gao, "The Government's Regulatory Obligations to Public Utilities Franchise.", *Frontiers of Law in China*, 3(14)2019, pp. 335 - 359.

的正常出行带来较多不便。重庆、合肥等城市的公交民营化后，由于安全监管措施未落实到位，安全事故频发，成为市民望而生畏的"街头老虎"。以上案例均凸显了政府在公交企业的运行安全与服务质量方面存在监管缺位的问题，严重影响了公共利益的实现，体现出政府对于民营化介入监管的必要性[1]。

在质量监管方面，英国的"公民宪章"运动值得借鉴。1991年在英国掀起的"公民宪章"运动，要求政府通过制定"宪章"的方式向公众做出"服务承诺"，其中明确规定了公共服务的内容、标准、程序和时限，以及公共服务的提供者在违背提供优质服务和产品的承诺时所应承担的责任[2]。公众可以据此对公用事业的提供实施有效的监督，确保政府部门和企业所提供的公用事业服务的质量符合要求。这一标准为英国的公用事业改革提供了明确的方向——以提高公用事业的服务质量为目标，而过去更加注重提高公用事业服务的提供效率。例如，在自来水行业，自来水管理办公室颁布了一项"服务标准保证计划"，根据该计划，如果供水企业所供应的自来水没有达到计划规定的质量标准，用户有权获得赔偿[3]。

政府在必要时，也可以通过行政补贴的方式确保公用服务与产品的供给质量，保障企业供给与日常维护的连续性和稳定性。行政补贴的对象主要针对不具有可观收入的企业，以及前期投入巨大而回报周期过于漫长的行业。

5. 确保公共事业服务的收费合理

价格监管是平衡公用事业普遍服务与私人投资者合理利润需求的重要手段。价格监管的本质在于运用监管者的判断力取代商业市场的判断力。对公共产品和服务的定价进行监管，可以通过事前批准与事后备案相结合的方式，以管控价格在合理的区间范围内。同时，政府应在适当范围内准予私主体进行价格调整，并且在社会出现突发事件时提供必要措施以维护价格的稳定，例如自然资源的价格出现大幅波动、自然资源的利用程度受到国家政策的干预影响时，相关职能部门应当及时开展对价格的调控措施或者启动相应资源的替代方案，以防因价格波动过大导致公益目的难以实现的情形出现。价格监管的目的就是要将公用事业的产品或服务价格控制在一个"公平合理"的范围内。美国

---

[1] 余晖、秦虹：《公私合作制的中国试验》，上海人民出版社，2005年，第27页。

[2] 程军、王彬彬、王海滨：《基于"公民宪章"运动的英国公共服务标准化建设与启示》，《大众标准化》2014年第6期，第50-52页。

[3] 王俊豪：《英国政府管制体制改革研究》，上海三联书店，1998年，第279页。

对公用事业价格实行"最低回报率"的定价制度。通常是被监管的企业先向监管机构申请提价。然后,监管机构会研究影响价格变化的因素,并根据研究结果以及与利益相关者进行充分公开辩论所得出的意见,对价格进行必要的调整。最后确定企业的投资回报率,以此作为在一定时期内定价的依据。监管机构所确定的企业投资收益率有利于防止企业任意扩大投资①。

6. 在公用事业服务中确保节能和环保

1989 年 5 月,联合国环境规划署理事会第十五届会议通过了《可持续发展宣言》②,呼吁人与自然和谐相处。随着公用事业体制的市场化改革,私人主体成为公用事业服务的提供者。由于私人投资者具有天然的逐利本性,可能会为追求利润最大化而不惜损害社会环境。出于代际关系利益均衡的考量,需要对民营化的过程实施环境监管。毋庸置疑,设立考核标准进行环境监管会增加私人投资者的生产成本,从而最终影响公用事业产品和服务的价格。由此需要国家介入进行调控,以平衡各方利益。以英国自来水行业的环境规制为例,根据行政部门水管理办公室的计算,如果达到环境规制的相关标准,1995 年至 2000 年间水价的平均涨幅将达到 5%,高于当时的通货膨胀率,而价格构成中的很大一部分来自污水的处理成本。为确保公用事业的环境安全性和价格的可接受性,政府可以提供适当的经济补贴,以鼓励民间投资主体使用资源利用率高、环境损害小的先进生产技术和经营管理模式③。

(三)公用事业承接主体退出时政府责任

公用事业承接主体退出机制与政府接管责任对于确保公共服务的普遍不间断提供具有重要意义。公用事业承接主体的退出分为正常退出与非正常退出,正常退出即经营期限届满,合同自动终止。根据《基础设施和公用事业特许经营管理办法》的规定,特许经营期限届满后确有必要延长的,按照相关规定经论证评估和批准后可以延长。经营者正常退出后,政府将接管经营并决定自行经营或寻求下一个合作主体。

---

① Junjie, Gao. "The Government's Regulatory Obligations to Public Utilities Franchise", *Frontiers of Law in China*, 3(14)2019, p.348.

② 《可持续发展宣言》:使人类的各种需要得到满足,实现个人的充分发展;保护资源和生态环境,不对子孙后代的生存和发展构成威胁。

③ Junjie, Gao. "The Government's Regulatory Obligations to Public Utilities Franchise", *Frontiers of Law in China*, 3(14)2019, p.349.

公用事业承接主体的非正常退出是指承接主体因各种原因被迫提前与政府终止合同关系，从而退出公用事业的经营①。这些主要原因包含：①因承接主体过错，政府行使单方解除权解除合同关系；②因政府过错导致合同无法继续履行，承接主体被迫退出；③基于公共利益的需要，政府将经营权收回；④受客观情况变动的影响，行政合同无法继续履行。

面对公用事业承接主体非正常退出的情形，除承接主体过错导致政府行使单方解除权解除合同的情形下政府需要承担临时接管责任，承接主体则需承担违约责任。在其他三种情况下，政府需要对承接主体承担赔偿或补偿责任，以及对公用事业实行临时接管的责任。临时接管即为了保障公共利益，国家在法定情形下对特定对象所采取的临时性强制接受与管理的措施。目前，我国仅有《双鸭山市市区供热特许经营项目临时接管应急预案》《江苏省城市市政公用事业特许经营权临时接管制度》这两个地方工作文件对临时接管制度进行了明确规定，其余的地方性法规、规章以及《基础设施和公用事业特许经营管理办法》对于临时接管情形仅有初步涉及，缺乏对临时接管的程序、权限等问题的具体规定。由于缺乏配套的立法，我国曾不止一次出现过"暴力接管"的现象，严重损害了政府部门的公信力。例如，2009年，黑龙江省方正县政府因与供热公司发生合同纠纷而对其进行强制接管；2010年，内蒙古西乌旗政府以网管改造为由强制接管了民营热电企业，政府在未与民营供热公司协商达成一致意见时强行派警力接管，取走档案资料以及保险柜，接管过程也没有听证等公众参与环节，接管消息也未向社会及时公开发布②。由于我国对于临时接管制度的相关立法存在内容模糊、位阶较低等问题，制定一部统一的包含临时接管制度的《公用事业法》，会使临时接管的实施行为和事后追责行为均有法可依，有利于维护承接主体的利益和政府公信力。

四、公用事业民营化过程中第二性政府责任

在公用事业民营化过程中，政府还可能承担第二性法律责任。第二性政府责任是指在违反原有权利义务即第一性政府责任的情况下所需要承担的不利后果。

---

① 陈锦波：《公用事业民营化中政府责任问题研究》，辽宁大学2016年硕士学位论文，第25页。
② 谢佶利：《公用事业民营化中的政府责任》，吉林大学2017年硕士学位论文，第36页。

（一）政府怠于履行职责的责任

政府怠于履行职责,简称"不作为",是指政府负有积极实施行政行为的职责和义务,应该履行而未履行或拖延履行其法定职责的状态。政府怠于履行职责对外所需要承担的责任有以下三种情形:①原行政机关继续履行所怠于履行的职责;②给行政相对人造成损害且已无继续履行必要的情况下,行政机关承担赔偿责任;③在行政机关内部,《基础设施和公用事业特许经营管理办法》第55条①规定了行政机关不履行管理义务所需要承担的行政责任和刑事责任。怠于履行职责涉及以下三个要素:①政府负有履行职责的义务。第一,政府负有法律规定的义务。如我国《政府信息公开条例》第9条规定涉及公众重大利益的事项,政府应当依职权进行公开。在公用事业领域,如供水、供电、公共交通等涉及广大公众的切身利益,政府需要及时公开相关信息,接受公众监督。第二,政府因自身先行行为所产生的作为义务,如政府为维护公共利益将经营权收回,需要履行补偿义务。第三,合同约定的义务。政府与私主体所签订的行政协议中约定了双方的权利义务,政府作为违约方时有义务承担相应的违约责任。②政府有能力履行法定职责而未履行。政府在具备履行职责的客观条件下不履行才构成怠于履行职责,若不具有及时履行职责的客观条件,政府不构成怠于履行职责。③因政府未履行法定职责产生了损害后果。是否产生损害后果并不影响政府是否承担责任,但会影响政府承担责任的大小。无论是否造成了损害后果,政府不履行法定职责都要因此受到责任追究。

在特许经营制度下,如果私人投资者所提供的公用事业服务质量存在缺陷,给用户造成损害,受害人可以通过私法寻求救济。负有管理职责的行政部门没有履行相应的监管义务,例如行政机关应及时督促私主体在合理期限内消除危险,私主体未积极或无法自行消除危险的情况下,行政机关没有及时代替私人采取相关措施以消除危险,此时行政机关理应承担不真正连带责任,受害人可以选择公共服务提供者或者行政机关承担侵权责任。行政机关可以在承担相应责任后向公共服务提供者进行追偿。

（二）政府违反法定程序的责任

在公共事业民营化过程中,政府若违反法定程序实施行政行为,将会产生

---

① 《基础设施和公用事业特许经营管理办法》第55条:"实施机构、有关行政主管部门及其工作人员不履行法定职责、干预特许经营者正常经营活动、徇私舞弊、滥用职权、玩忽职守的,依法给予行政处分;构成犯罪的,依法追究刑事责任。"

影响行政相对人利益实现或增加相对人负担的法律效果。违反法定程序主要体现在：在市场准入过程中，违反法定程序进行招投标、竞争性谈判而确定公用事业的承接主体；在市场监管过程中对行政主体所采取的行政处罚等规制措施违反法律规定，例如未告知相对人有申请听证的权利；违反法律规定行使单方变更、解除权。对于上述违反法定程序而产生的不利后果包括：①经过行政复议违反法定程序的行政行为可能会被复议机关撤销或部分撤销，复议机关有权责令被申请人在一定期限内重新作出符合法定程序的行政行为；②行政诉讼中，法院经审理认为被诉行政行为违反法定程序，将判决撤销或者部分撤销行政行为，并可以判决被告重新作出行政行为。对于程序轻微违法，且未对原告权利产生实际影响的行为，法院可能判决确认违法，但不予撤销行政行为。③依据《基础设施和公用事业特许经营管理办法》第55条的规定，可以对相关责任人员追究内部行政责任和刑事责任。

美国的《联邦行政程序法》规定，对于违反法定程序的行政行为一般采取确认无效或撤销的处理方式。相反，在德国，由于其行政程序法典更推崇行政效率的价值，德国的整体态度更倾向于允许政府尽量对违反行政程序的行政行为进行补正，以确保行政活动的连续性和稳定性①。

五、结语

公用事业民营化是政府创新社会治理模式的重要举措。从实践来看，此种经营模式对于提升公共服务的效率和质量，以及缓解政府财政负担都产生了显著成效。然而，私主体的营利目的与公用事业的公益目的存在天然的对立性，因此需要政府作为"中间人"在此过程中进行监管与协调，以平衡各方的利益冲突。厘清政府责任，对于督促政府履行职责，顺利实现政府职能，避免权力的恣意与滥用，促进公用事业健康发展具有重要意义。

---

① 章志远：《行政法学总论》，北京大学出版社，2014年，第330－331页。

行政协议中行政主体的先合同义务

张心如*

摘　要:行政协议凭借其在行政治理中的优势和魅力,不仅为各国行政法理论所接受,而且在实践中已成为推行国家政策和实施行政管理的常用手段。我国近些年对行政协议的研究逐渐深入,相关的理论研究也硕果累累,但是涉及行政协议尚未成立的缔约阶段的研究仍然比较粗浅,仍处于起步阶段。尤其是缔约阶段涉及的先合同义务问题,学者谈及更少,常常被理论界忽视。行政立法上也未明确这一概念,仅在部分法律的零散条文中对先合同义务有所体现。因此,本文通过归纳行政主体先合同义务面临的现实困境与挑战,以明确未来的完善路径。在了解先合同义务发展源起和理论依据的基础上,首先对先合同义务进行界定,阐述其特有的二元属性和性质。其次,基于行政协议的二元属性,分别论述契约性先合同义务和行政性先合同义务下的具体义务类型,以构建行政主体先合同义务的内容体系。再次,结合发展现状,指出行政协议先合同义务在立法层面未成体系、司法层面法律适用混乱的现实困境。最后,针对以上问题,提出立法进行系统规制、探索非诉解决机制、加强司法的最终保障等措施,以期完善公法领域的先合同义务理论研究,为构建系统完备的行政协议先合同义务制度贡献微薄之力。

关键词:行政协议;行政主体;先合同义务;缔约过失责任

　　随着民主法治思想的兴起和盛行,现代公共行政悄然出现并快速发展,打造服务型政府成为创新践行依法行政的关键。

一、绪论

(一)研究价值

　　行政协议建立在双方达成合意、平等磋商的基础上,但是由于行政主体的

---

* 张心如,女,江南大学法学院硕士研究生。

特殊身份,为方便行政管理和实现社会公共利益,法律规定了行政主体的优益地位。行政法领域一向缺乏对义务规范的设置,使得行政主体在行政协议的缔结和履行中拥有很大的自由裁量权,却缺乏相应的控制手段,由此导致缔约双方权利义务失衡,推动行政协议逐渐向行政命令倾斜,尤其是在行政协议缔结阶段,义务规范的缺失更容易助长行政优益权的滥用,有学者曾指出,权利常常被使用得过于宽泛和模糊,而对其作出准确限定的唯一线索就是义务①。因此,为了控制行政权力,促使行政协议的顺利缔结,必须明确行政主体的先合同义务。针对行政协议特有的属性,并结合司法实践现状,构建行政法领域特有的先合同义务理论是首要之举。且优益权的存在使得行政主体应该承担相较缔约相对方更为严格的先合同义务,以此平衡双方的权利与义务,实现公平正义的价值目标。

(二)研究综述

耶林的缔约过失论是先合同义务理论最早的理论研究,相关学者在该理论基础上的研究主要集中在私法领域,其中德国逐渐形成了较为完善的缔约过失责任体系,并以诚实信用原则为理论基础明确定义了先合同义务,包括保护他人财产免遭损害义务。此后,其他大陆法系国家也相继制定了民法典,对违反先合同义务的缔约过失责任制度进行了构建。先合同义务理论发展到公法领域是从 20 世纪 60 年代德国学者沃尔夫提出"行政私法"这一概念开始的,部分国家在这一时期开始在行政程序法典中专门规制行政协议。在公私法不分的英美法系国家一般以"允诺禁反言"原则来对缔约阶段信赖利益进行保护,虽与先合同义务理论有所区别,但本质类似。

聚焦国内的研究现状,截至 2023 年 10 月 5 日,以"先合同义务"为主题在中国知网检索,共检索到相关文献 658 篇,其中,民商法领域即占 559 篇,行政法领域有 25 篇,而以行政协议先合同义务为研究对象的文献仅有 5 篇。有关先合同义务理论的研究大多集中在私法契约领域,行政法领域的研究相对较少,在仅有的 5 篇文献中,徐肖东在《行政合同的先合同义务研究》中提出,行政协议先合同义务概念是基于行政协议的行政性和契约性而产生的,构建的逻辑起点分别是正当程序原则和诚实信用原则,并以两大原则为界分别论述了两类

---

① Wesley Newcomb Hohfeld, *Fundamental legal conceptions*, New Haven: Yale University Press, 1919, p.38.

不同的先合同义务,且创造性地提出了"隐形"主体的概念①。刘赫喆在其博士论文《行政合同中行政主体先合同义务研究》中,从合理约束行政主体协议优益权的角度切入,深入系统地研究了先合同义务。他认为先合同义务既有不依附协议存在的法定性,又有区别于附随义务的独立性,既是主观义务,也是客观义务;既有实体义务,也有程序义务,是一种积极义务和特殊的给付义务,并以三类主体,缔约相对人、准缔约人、社会公众为分类标准论述了行政主体先合同义务的构成②。此后刘赫喆又以《先合同义务引入行政合同的必要性》一文着重论述了先合同义务对实现行政主体的自我约束和促使权力控制"化被动为主动"的重要意义③。除此之外,也有部分研究对先合同义务有所提及。施建辉的《行政契约缔结论》将违反先契约义务作为行政契约缔约过失责任成立的要件,并阐述了几种义务内容④。胡宝岭在《行政合同争议司法审查研究》中认为先合同义务是在合同义务准备阶段承担的义务,并将其概括为四点,分别是维护公共利益的义务、确保潜在缔约人公平竞争的义务、提供合法行政合同格式文本的义务、依法定权限和程序缔结合同的义务⑤。刘莘的《诚信政府研究》将先合同义务定义为法律强制规定的义务⑥。余凌云的《行政契约论》则强调了构建先契约阶段救济制度的重要性⑦。

先合同义务理论在行政法领域虽未获得足够重视,但已有学者就相关理论展开了研究,并就不能在私法领域中解决行政主体的先合同义务以及承认先合同义务在行政协议的价值这一问题达成了共识。通过查阅和统计相关文献发现,对"行政主体先合同义务"这一概念进行系统论述的文章和著作非常少,尚未形成完整的理论体系。但随着行政协议在行政管理中的应用愈加广泛,相关研究不能仅停留在概念、性质等基础研究层面,有必要对行政协议中行政主体的先合同义务进行系统的理论研究和完备的制度构建。

---

① 徐肖东:《行政合同的先合同义务研究》,华东政法大学 2014 年硕士学位论文,第 5 页。
② 刘赫喆:《行政合同中行政主体先合同义务研究》,山东大学 2019 年博士学位论文,第 1 - 301 页。
③ 刘赫喆:《先合同义务引入行政合同的必要性》,《理论学刊》2022 年第 3 期,第 150 - 158 页。
④ 施建辉:《行政契约缔结论》,法律出版社,2011 年,第 136 - 137 页。
⑤ 胡宝岭:《行政合同争议司法审查研究》,中国政法大学出版社,2015 年,第 126 - 276 页。
⑥ 刘莘主编《诚信政府研究》,北京大学出版社,2007 年,第 159 页。
⑦ 余凌云:《行政契约论》(第 2 版),中国人民大学出版社,2006 年,第 249 页。

二、行政主体先合同义务的理论源起

先合同义务肇始于民商事领域,源自缔约过失论。1861 年德国法学家耶林首次提出了关于"缔约上过失"的理论,强调缔约时必要的注意义务这一"积极义务范畴"①,双方由此产生了对彼此的信赖关系,结束了缔约人信赖利益保护的无序状态②,协议关系的缔结阶段也就此纳入法律保护范围。之后,这一理论进一步发展完善,要求缔约参与方遵守保护交易诚信与安全的原则,不得侵害他人财产并确保保护他人财产免遭损害,否则将承担相应的缔约过失责任,由此确定了先合同义务的基本内涵和产生逻辑③,此后,先合同义务的内容随着缔约过失责任理论的发展逐渐丰富。

行政协议的先合同义务是从私法中引入的,而私法中的先合同义务理论则是在诚实信用原则的基础上发展而来的,行政领域同样如此。虽说诚实信用原则是私法的基本原则,在行政法领域并无明确规定,但盐野宏曾提出,诚实信用原则并不限于规范私人关系,也是当然适用的一般法原理④。诚实信用原则在行政法领域则体现为信赖保护原则,但前者范围更大,可以使得先合同义务的规制范围更为广泛,更适合作为行政协议先合同义务的逻辑起点。行政效率是政府管理的高位目标,而行政协议作为一种行政管理方式,也必须注重效率问题。同时,作为现代行政法核心的正当程序原则,在提高行政效率等方面具有关键作用。该原则不仅可以保障公众参与、促进行政主体依法行使职权(这些都与行政协议先合同义务的构建意义相契合),同样也为行政协议的先合同义务提供了理论补充。

三、行政主体先合同义务的界定

(一) 行政协议的二元属性

行政协议在行政领域的出现和应用,既打破了传统行政行为单方强制的特

---

① [德]鲁道夫·冯·耶林:《论缔约过失》,沈建峰译,商务印书馆,2016 年,第 58 页.

② 王莹莹:《论诚信作为商事外观合理信赖的判断标准》,《法律科学(西北政法大学学报)》2023 年第 3 期,第 1-11 页.

③ [德]汉斯·J.沃尔夫、奥托·巴霍夫、罗尔夫·施托贝尔:《行政法》(第 1 卷),高家伟译,商务印书馆,2002 年,第 176-178 页。

④ [日]盐野宏:《行政法》,杨建顺译,法律出版社,1999 年,第 58 页。

点,体现了对相对人自由意志的尊重,又作为一种行政手段具有独立存在的价值①,从而使其呈现出行政性和契约性、公法性和私法性兼顾的特点,表现为"游离于公法上行为(权力性行为)与普通契约之间的特殊形态"②,从而造就了行政协议二元属性的基本特征。

行政协议所具有的契约性是行政协议不同于传统行政行为的根本所在,而所具有的行政性则是行政协议区别于一般合同的关键。契约性决定了缔约相对人在协议过程中拥有一定的自由选择权,而行政性在保障行政主体特权的同时也对其提出了更高的要求,即行政主体应承担更为严格的先合同义务。尽管这两者的二元属性有着明显不同,但它们并非相互分立的,而是相互重叠、相互融合,共同造就了行政协议的特殊属性。行政协议的二元属性是深入探究行政主体先合同义务的前提和基础。

(二)行政主体先合同义务的性质

在依法行政原则的约束下,行政主体先合同义务首先是一种法定义务,履行时必须有明确的法律依据。除此之外,对该义务其他特殊性质的研究也有助于内涵的界定。

1. 先合同义务兼具实体性与程序性

权利与义务皆是明显的实体规范内容,因此行政协议先合同义务的实体性无须赘述。程序性则是源于行政法律规范对行政主体权力的规范控制。行政权在行政管理中极易被滥用,而程序的完善是规范权力行使的前提和关键。因此,在行政法领域尤其重视对行政执法的程序性立法,具体到行政协议部分也不例外。作为规范行政主体优益权的有力武器,先合同义务同样也具有程序性特征。例如,先合同义务中的告知义务、组织公众参与义务等都是典型的程序义务,并且存在信息公开、听证等相应的程序性制度作为保障。不论是实体性还是程序性规范,关于权利义务的设置均应满足天然的公正感受,即力求考虑达到实质、形式和程序相互平衡③,这也是明确行政协议中行政主体先合同义务的目的之一。

---

① 施建辉、步兵:《政府合同研究》,人民出版社,2008年,第20-23页。
② 余凌云:《行政契约论》(第2版),中国人民大学出版社,2006年,第30页。
③ [美]斯蒂芬·L.埃尔金、卡罗尔·爱德华·索乌坦:《新宪政论:为美好的社会设计政治制度》,周叶谦译,生活·读书·新知三联书店,1997年,第107页。

2. 先合同义务是一种特殊且独立的给付义务

在私法领域,许多学者会将先合同义务纳入广义的附随义务范畴,抑或认定为协助主给付义务完善实现的从给付义务。也有学者主张,缔约过失责任的发生不依赖缔约双方的协议关系。他们认为,过错导致缔约相对方产生损失的行为实质是一种致人损害的侵权行为。因此,将违反先合同义务导致的缔约过失责任纳入侵权责任体系,认为先合同义务具有独立地位①。众所周知,先合同义务因缔约双方之间形成的信赖利益而存在,尤其在行政协议领域,缔约相对人会基于对国家机关的信任而对行政主体萌生更为强烈且坚定的信赖。由此设定的先合同义务行政色彩浓厚,不仅具有一般合同中的给付义务的性质,还能体现国家之给付义务,是行政主体代表国家以积极作为的方式,为社会公众提供利益的义务②,这时候的给付内容往往不限于物质给付,更多的是行政主体依据法律规定履行一些程序性义务,如信息公开、公平竞争保护等服务行为,这已经超越了传统合同约定的给付范围,因而在行政法领域,先合同义务具有特殊的含义和价值,已不能再从给付义务角度来看待,而应赋予其独立地位。

综上所述,行政协议先合同义务在内涵上表现为两个方面。一是行政性所体现的对公共利益的维护,二是契约性所指向的对缔约相对人以及利益相关人信赖利益的保护,换言之,先合同义务是基于对相关利益的保护而直接规定的由双方共同承担的法定义务③。鉴于行政协议缔约相对人的先合同义务与一般合同并无明显差异,本文的论述主要聚焦于行政主体的先合同义务。

四、行政主体先合同义务的内容构建

行政主体的先合同义务可以依据行政协议的契约性和行政性进行大致分类。契约性先合同义务和一般合同相似,而行政性先合同义务则是行政协议特有的义务类型。但这种分类并非绝对明确,因为行政协议的二元属性本就相互融合、相互作用,由此产生的先合同义务自然存在本质相似的部分,具体到某一义务内容时也可能存在两属性的重叠部分。

---

① 张民安:《过错侵权责任制度研究》,中国政法大学出版社,2002年,第300-305页。
② 张翔:《基本权利的规范建构》,高等教育出版社,2008年,第99页。
③ 刘赫喆:《行政合同中行政主体先合同义务研究》,山东大学2019年博士学位论文,第54-55页。

（一）契约性先合同义务

1. 告知义务

告知的重要性在契约缔结中不言而喻。在一般的民商事合同中，缔约双方要遵循诚实信用原则，将涉及合同订立与履行的有关事项以及涉及当事人权利、义务和责任等方面的信息如实告知，不得欺诈、隐瞒或者作虚假陈述[①]。基于行政主体的特殊性，行政协议中的告知义务相较一般合同会更为严格和广泛，这是行政优益权相对的高标准义务的体现。具体内容如下：

首先，行政主体要如实告知缔约资格和缔约能力。缔约资格即行政主体要向相对方明示自己符合缔结行政协议的主体资格、权限资格且程序合法等等，以确保自己的缔结合法且正当，这直接关系到协议的成立与生效。缔约能力包含两部分内容：一是行政主体要保证协议成立并生效，以及能够支付后续协议价款与可能产生的赔偿金；二是行政主体要告知缔约相对方行政优益权及其具体内容，最好将该特权的行使条件在纸面上清晰呈现。其次，行政主体要充分、及时地告知与行政协议相关的所有信息和注意事项，以便缔约人判断是否缔结协议。这种告知内容会因缔约人的不同而有所区别，现实中可能存在大量的告知对象，而全部充分告知的成本极大也不现实，告知的方式能够推定相关人了解即可。例如《政府采购法》第11条的规定[②]。

2. 充分协商义务

有学者曾言，协商的实质是自由合意，是保证行政协议这种特殊行政行为符合契约根本属性的重要制度和措施[③]。行政协议与其他行政行为最根本的区别即具有协商性，是缔约双方经过协商共同达成的合意，本质上是协议平等性的体现。具体而言，双方应就协议内容，尤其是权利义务条款、优益权行使后的损失补偿、纠纷解决渠道、违约责任承担、风险责任承担等所有与协议有关事项进行充分协商，各抒己见，最终达成意思一致。

行政主体在缔结过程中居于主导地位，在协商阶段更具话语权，若最后因协商不充分导致行政协议被撤销，无疑会损害行政机关的公信力，不利于行政管理的进行。虽然最高人民法院《行政协议规定》第14条规定了若协商不充分

---

① 黎新：《行政协议中行政主体先合同义务研究》，江西财经大学2022年硕士学位论文，第26页。
② 《政府采购法》第11条："政府采购的信息应当在政府采购监督管理部门指定的媒体上及时向社会公开发布，但涉及商业秘密的除外。"
③ 余凌云：《行政契约论》（第2版），中国人民大学出版社，2006年，第107页。

导致对方产生重大误解行政协议可以撤销①,但行政协议事关公共事务,一般工程量很大,协议一旦生效履行就需要付出大量人力财力。若最后被撤销,会对缔约相对方造成巨大损失。虽说有事后的行政补偿,但行政主体在缔结阶段不重视协商程序,难免会有忽视缔约人利益的嫌疑。例如,在"吴某辉诉株洲市人民政府、株洲市客运处案"②中,株洲市人民政府及客运处就没有重视特许经营中的合同关系,未与相对人进行充分协商,进而引发了经营期限的争议。

3. 保密义务

保密义务是诚实信用原则衍生下的内容,《民法典》第 501 条中也有明确规定,主要是指缔约双方对于在合同订立或履行过程中知悉的相对方秘密,应当严格保密,禁止以任何形式随意公开、披露或擅自使用,具体包括个人身份信息、经营情况、商业秘密、技术秘密等③。前文提及行政优益权的存在使得行政主体需要承担比缔约相对方更为严格的先合同义务,具体到保密义务也是如此。行政协议中行政主体的保密义务相较私法的单项守约更为复杂,在保守私法领域规定的保密范围基础上,还需考虑行政管理的特殊性,解决多方信息权的冲突与平衡问题。

首先,行政主体要平衡公众知情权与个人信息保护之间的矛盾。大多数行政行为都明确要求行政主体信息公开,以保障相对人知情权的实现,方便公众参与和实施社会监督。行政协议在缔约过程中无疑也要遵守这一程序,负有公示公开的义务。其次,要平衡个人信息保护和公共利益之间的矛盾。行政协议的缔结围绕公共利益的实现而展开,当商业秘密与公共利益发生冲突时,行政主体的保密义务即需为公共利益作出让步。正如学者所言,缔约人如若不接受行政主体对信息的强制性披露,便没有资格要求获得平等对待并最终缔结协议④,当然这种让渡并不是无底线的,行政主体必须严格依照《政府信息公开条例》等相关法律规定,把握好公开与保密的界限。对保密和公开的界限作明确划分是政府信息公开的必修课程,这点在行政协议的保密义务履行中体现得尤

---

① 《行政协议规定》第 14 条:"原告认为行政协议存在胁迫、欺诈、重大误解、显失公平等情形而请求撤销,人民法院经审理认为符合法律规定可撤销情形的,可以依法判决撤销该协议。"

② 参见湖南省株洲市中级人民法院行政判决书,(2000)株行终字第 40 号。

③ 《民法典》第 501 条:"当事人在订立合同过程中知悉的商业秘密或者其他应当保密的信息,无论合同是否成立,不得泄露或者不正当使用;泄露、不正当使用该商业秘密或者信息,造成对方损失的,应当承担赔偿责任。"

④ 陈国栋:《行政合同行政性新论:兼与崔建远教授商榷》,《学术界》2018 年第 9 期,第 114 页。

为明显。

（二）行政性先合同义务

1. 公示公开义务

有法官曾说，"公正不仅应当实现，并且应使人没有质疑地看见其实现过程"①，这一观点强调了实现公正的前提，即行政主体对执法过程进行充分的公示公开。公示公开义务源于正当程序原则，针对潜在缔约人和社会公众。公开的过程是连续的，公开的范围是除国家秘密、商业秘密和个人隐私外的所有信息，相较于告知义务，公示公开的告知范围和义务对象更为广泛。

首先，行政主体要公开缔结协议的原因，表明缔结的主体、权限、内容等合法正当，是依法而行，是实现公共利益的需要，以此使得行政相对人对该行政协议有初步的了解和信任。其次，行政主体必须明确公开缔约相对人的选择标准，包括所需的资格和条件，标准的合理性直接影响选择结果的正当性。由此，行政相对人可以对自身情况进行判断并决定是否参与协议缔结的竞争。同时，社会公众以及其他潜在缔约人也能据此进行监督。行政主体在协议的缔结上有很大的自由裁量权，如果选择标准无法透明化，极易出现滥权和不公的情况。最后，行政主体应将确定的准缔约人以及相关的选拔程序及时公示，以保障其他竞争者的公平竞争权和公众的知情权得到实现。阳光是最好的防腐剂，行政主体的公开公示有利于潜在缔约者的公平竞争，更是社会公众行使权利、实施监督的前提保障，进而促使行政协议的缔结合理且正当。

2. 保障公平竞争义务

行政协议不仅要考虑行政目的之实现和相对人的履行能力，还要体现平等和公平竞争的原则。在一个平等开放的社会中，与政府活动有关的所有的机会都应该平等地向社会公众开放②。行政协议的缔结方式，如招标、拍卖、竞争性谈判等，都具有浓厚的竞争色彩。诚然一定程度的竞争便于寻求最佳价格，降低成本，防止权力寻租，提高行政效率③，但与此同时，营造一个公平的竞争环境对相对人来说也尤为重要。

首先，行政主体要依法公开、公平、公正地组织行政协议的缔结，相关程序和制度的适用要符合公平原则，例如回避制度和不单方接触制度等。其次，行

---

① 张越：《英国行政法》，中国政法大学出版社，2004年，第494页。
② 马怀德：《行政程序立法研究》，法律出版社，2005年，第423页。
③ 施建辉：《行政契约缔结论》，法律出版社，2011年，第50页。

政主体对各潜在缔约人要一视同仁,以同等的缔约条件筛选缔约相对人,禁止区别对待,例如不得为保护地方产业而为外地的潜在缔约者另设条件等,《招标投标法》中即有规定不得对潜在投标人实行歧视待遇①。有效保障各潜在缔约人公平竞争权,进而维护当事人利益和公共利益,也有利于提升提高政府的公信力,促使行政协议的顺利缔结。

3. 严格审查义务

严格审查义务是指在行政协议生效前,行政主体对准行政协议相对方的资格等条件,以及行政协议内容所涵盖之事项等所进行的审查②。行政协议事关公共利益,对其的审查相较一般合同要更为严格慎重,尤其是涉及公共事业的特许经营协议。

具体审查内容如下。一要审查缔约相对人是否契合选择标准,是否具备缔约资格、缔约能力,这是顺利履行协议的前提。例如,浙江省《关于规范行政机关合同管理工作的意见》中提到,行政机关应当在缔约前充分考虑当事人的履约能力③。二要审查协议内容是否合法合理,是否违反法律的强制性规定等,这是协议缔结的关键。三要审查行政主体是否具有缔约权限、是否存在滥用职权情况。一方面行政主体可以自我审查;另一方面,上级行政机关也可以进行二次审查,例如一些行政协议涉及行政许可、审批事项时会上报上级行政机关批准或备案。

严格审查是协议生效履行前的最为正式的一次"把关",忽视严格审查的重要性导致协议无法履行或被撤销时,对缔约双方都会造成巨大损失,进而可能造成公共利益损害的严重后果。

五、行政主体先合同义务的发展困境

(一)立法层面:未成体系

自 2014 年《行政诉讼法》将行政协议纳入行政诉讼受案范围后,行政协议制度迎来了发展的黄金期。2020 年施行的《若干规定》是行政协议制度的第一

---

① 《招标投标法》第 6 条:"依法必须进行招标的项目,其招标投标活动不受地区或者部门的限制。任何单位和个人不得违法限制或者排斥本地区、本系统以外的法人或者其他组织参加投标,不得以任何方式非法干涉招标投标活动。"

② 徐肖东:《行政合同的先合同义务研究》,华东政法大学 2014 年硕士学位论文,第 22 页。

③ 参见《关于规范行政机关合同管理工作的意见》,浙政办发〔2013〕37 号。

部专门司法解释,但仍未明确先合同义务的概念,仅在部分条款对先合同义务有所涉及。不同行政机关的采购法、招标投标法,抑或政府采购条例、房屋征收补偿条例等也只是对某一领域、某一方面的先合同义务进行规制,且规定之间表述也各不相同。除此之外,地方立法的零散条文也仅是对部分程序性先合同义务有所体现,如公开公示、公众参与、保障公平竞争等。

先合同义务起源于缔约过失理论,有关缔约过失责任制度的立法无疑是先合同义务制度的关键内容。但是该制度的立法相较于先合同义务更为空白。《若干规定》的第 13 条、第 15 条规定了两类先合同义务下政府的缔约过失责任[1],但其立法目的更倾向于督促政府履行批准程序以及保证行政协议效力,并不是专门针对先合同义务而设置的缔约过失责任制度,这些规定多为框架性规定,很难适应实践需求和指导司法实务。部分单行法如《招标投标法》中也能发现缔约过失责任的影子,但适用的行政协议缔结领域有限,且分散不成体系。其他法律规范如地方立法,部分与单行法的立法设计相似,部分仅规定了一些先合同义务,并未明确违反后果,缺乏相应的缔约过失责任规制。例如《江苏省行政程序规定》在行政合同一章中,针对缔约的公开、订立方式等前置环节,对行政主体设置了义务规范,但没有设置违反的后果。可以说,纵观整个行政协议立法,普遍存在着责任设置缺乏的问题,法律规定不完善将直接影响司法实践。

(二)司法层面:法律适用混乱

行政性和契约性杂糅的属性决定了有关行政协议的司法纠纷相较其他行政行为审理起来更为复杂,远不是《若干规定》的 29 个条款可以解决。诚然,《若干规定》也考虑到了立法空白的情况,其中第 12 条、第 18 条以及第 25 条都明确规定了可以适用民事法律规范的情形,在第 27 条也直接兜底规定:"行政诉讼法没有规定的,参照适用民事诉讼法的规定。"[2]但这些都是总则性质的规定,过于抽象和宏观。对此理论界也有争议,有学者认为应当寻求行政协议相

---

[1] 《行政协议规定》第 13 条第 2 款:"行政协议约定被告负有履行批准程序等义务而被告未履行,原告要求被告承担赔偿责任的,人民法院应予支持。"第 15 条第 2 款:"因被告的原因导致行政协议被确认无效或者被撤销,可以同时判决责令被告采取补救措施;给原告造成损失的,人民法院应当判决被告予以赔偿。"

[2] 《行政协议规定》第 27 条:"人民法院审理行政协议案件,应当适用行政诉讼法的规定;行政诉讼法没有规定的,参照适用民事诉讼法的规定。人民法院审理行政协议案件,可以参照适用民事法律规范关于民事合同的相关规定。"

关学说的支持①；有学者则主张必须适用公法规范②；也有学者持和立法逻辑相同的观点，即允许私法规范的补充适用，支持公私法的混合适用③。

有关行政协议的立法和理论研究本就起步较晚，立法虽有进步但并不完善。有关法律适用的规定过于宏观，理论层面也并未形成统一观点，这些问题的存在导致司法实践极易出现法律适用混乱的现象。例如，在"阳江市海陵岛经济开发试验区管理委员会与阳江市新科实业投资有限公司合同纠纷上诉案"④中，法官认为行政行为具有单方强制性，而案件中行政主体无法强制相对人签订招商引资合同，据此将招商引资合同判定为民事合同，适用民事法律规范。此案中法官明显忽略了行政协议的契约性，固守行政行为的传统判断思维，造成了法律适用的错误。而在"东营市国土资源局开发区分局与山东华林纸业有限责任公司土地行政合同案"⑤中，判决认为国有土地使用权的出让中双方形成的是行政关系，被告解除合同收回土地使用权的行为是可诉的行政行为，但也有法官持相反观点，认为签订土地使用权出让合同的管理部门，具有土地所有者及管理者双重身份，而缔约目的是确立土地用益物权，因此调整的是民事关系，适用民事诉讼程序⑥。

法律适用混乱，进而衍生出缔约双方举证责任分配以及行政机关法律责任难以确定等问题。如今的司法困境，有行政协议性质界定模糊的因素，也有规定过于宏观不易操作的原因，但究其根本仍是立法的不完善。

六、行政主体先合同义务的完善路径

（一）立法进行系统规制

1. 制定专门的《行政协议法》

无论是行政主体对行政协议先合同义务的认识不足，还是司法审理中的法律适用混乱，究其根本，仍是立法不完善导致的。完善立法，抑或达到系统规制行政协议先合同义务的状态，最优的解决方式是出台一部专门的法律规定，即

---

① 叶必丰：《行政合同的司法探索及其态度》，《法学评论》2014 年第 1 期，第 68 页。
② 江必新：《中国行政合同法律制度：体系、内容及其构建》，《中外法学》2012 年第 6 期，第 1164 - 1165 页。
③ 刘旺洪主编《行政法学》，南京师范大学出版社，2005 年，第 220 页。
④ 参见广东省高级人民法院民事判决书，〔2010〕粤高法民二终字第 43 号。
⑤ 参见山东省东营市中级人民法院行政判决书，〔2005〕东行终字第 7 号。
⑥ 王林清：《国有建设用地使用权出让合同性质辨析》，《现代法学》2018 年第 3 期，第 44 页。

《行政协议法》。

首先，出台专门单行法的方式是行政法领域的立法传统，具有可行性。《行政处罚法》《行政强制法》等都是以单行法的方式存在，实际践行中也取得了比较理想的效果，相关的立法思路和立法经验都可为《行政协议法》提供借鉴。其次，司法中的法律适用混乱，有立法对行政协议性质和法律适用规定模糊的原因，也有民法对合同规范更为全面完备的原因。若在公法领域也制定一部专门针对行政协议的系统法律规范，将有助于消除司法中公私法混用的现象。最后，一部实体法和程序法兼具的单行法可以为行政协议提供最为完备、系统的法律规制。《行政协议法》的针对性使得法律规定能够细化至每一个协议环节，包括本文论述的协议缔结阶段，进而可以对行政协议的先合同义务进行规制，包括程序内容和实体内容的系统规定。在行政协议不断发展的过程中，立法的时效性至关重要。《行政协议法》为随时对法规进行修改提供了最为便利的操作空间，这都是其他途径的立法所不能比拟的优势。

虽说专门立法的优势明显，但是实际操作仍有很大难度。《行政协议法》作为一部统领性的法律规范，是针对所有的行政协议进行的宏观规制，无法做到对每一类行政协议的细化规定，难免会有忽视各类行政协议特殊性的局限性。此外，目前各国鲜有对行政协议进行专门立法的国家，可提供的域外经验尚有不足①。即便如此，专门立法仍是最优选择，毕竟任何一部法律的出台都不是毫无阻碍，都会历经重重考验和挑战。鉴于当前的立法现状，直接制定《行政协议法》的可能性不大，或许可由国务院先行制定行政协议相关的条例，待时机成熟再制定更为全面的法律。

2. 《行政程序法》以专章规制

在应松年教授主持起草的《行政程序法》（专家试拟稿）中，已将行政合同设为专门章节进行规定，这意味着在《行政程序法》中对行政协议进行系统规定更具现实性和可操作性。不仅如此，以《行政程序法》对行政协议进行规定是目前各国比较普遍的立法模式，例如我国澳门地区的《行政程序法》也设有专章规定了行政协议的订立、履行、纠纷解决机制等内容②，这些都可以为立法提供借

---

① 刘赫喆：《行政合同中行政主体先合同义务研究》，山东大学 2019 年博士学位论文，第 249 页。
② 《澳门行政程序法》第 157 条："一、行政合同为合意，基于此合意而设定、变更或消灭行政法律关系。二、尤属行政合同者如下：（A）公共工程承揽合同；（B）公共工程特许合同；（C）公共事业特许合同；（D）博彩经营特许合同；（E）继续供给合同；（F）为直接公益提供劳务合同。"

鉴。采用此种方式立法，必须明确行政主体的先合同义务类型，以程序手段约束行政主体的优益权，对缔约相对人给予完善的程序性保障。同时要注重对协议缔结行为有效性的程序保障，以保证协议的成立有效。此外，还需辅之以相关的实体性法律规范，才能达到系统规制行政协议先合同义务的立法目的。

无论是出台专门的《行政协议法》还是以《行政程序法》进行专章规制，其目的都是为行政协议先合同义务提供全面系统的法律依据，以保障执法、司法时的有法可依。行政协议归根究底仍是行政行为的一种，虽说鉴于其契约性可以适用私法中的共通规则，但行政行为理应受行政法律规范规制，专门的公法规范才是行政协议的最终归宿。

（二）探索非诉解决机制

1. 引入仲裁解决机制

《仲裁法》第 2 条明确规定了仲裁适用于平等主体间的纠纷[①]，因此行政纠纷出于对公权力权威性的考虑，一般排除仲裁的适用。《若干规定》第 26 条也以不支持仲裁为原则[②]，但该条规定无疑忽略了行政协议的特殊性，行政协议因其不同于一般行政行为的契约性致使缔约双方在理论上处于平等的法律地位，具有民事合同的平等属性。因此，在行政协议的先合同义务的纠纷中，仲裁并不会导致民间机构的权力凌驾于公权力之上，加之司法审查的最终原则予以保障，将仲裁引入行政协议是合理且正确的[③]。行政协议作为一种新型的管理手段，对其纠纷的救济途径选择不应拘泥于传统的行政行为，也应当有所创新和突破。若一味排除仲裁的适用，只会让缔约相对人认为即使在行政协议中自己仍是弱势一方，也更易助长行政主体优益权的滥用趋势，不利于相对人的权益保障。

仲裁制度具有灵活性和自愿性，不同于诉讼程序，它充分尊重当事人的意思自治，有助于缓解双方的矛盾冲突，能够极大提高纠纷解决效率，降低司法资源的浪费，减轻法院的诉讼压力。

---

① 《仲裁法》第 2 条："平等主体的公民、法人和其他组织之间发生的合同纠纷和其他财产权益纠纷，可以仲裁。"

② 《行政协议规定》第 26 条："行政协议约定仲裁条款的，人民法院应当确认该条款无效，但法律、行政法规或者我国缔结、参加的国际条约另有规定的除外。"

③ 李慧敏、唐伟然：《行政协议纠纷适用仲裁解决机制研究》，《河北法学》2023 年第 1 期，第 64 - 66 页。

2. 设立行政机关专家调解制度

仲裁、协商等纠纷解决方式固然可以充分尊重缔约双方意愿,缓解矛盾冲突,但是作为主要处理民商事纠纷的仲裁机构,在解决行政纠纷方面必定不如行政机构专业和权威,在行政程序中化解行政纠纷,既能起到警示作用,也易于彻底解决矛盾。提到行政救济一般都会想到行政复议,但是行政复议对于行政协议的受理范围至今仍然非常有限,特别是在涉及行政协议先合同义务纠纷的情况下,是否能提起行政复议存在很大争议。鉴于《行政复议法》刚刚进行了修改,再次修正的可能性较小,可以考虑在行政机关内部设置一个专门处理纠纷的专家调解机构,作为争议解决的第三方居中调解。相较行政复议,其在受理纠纷上更加灵活;相较行政诉讼,其在专业性上更有优势。具体而言,即由调节机构主导,在缔约双方自愿的情况下依法通过说服、教育等方式协助当事人达成合意,可以看作当事人自行协商无果情况下的一种补充手段。但相较于自行协商,第三方因其客观地位更易被当事人信任,处理结果也更加公平,利于纠纷的解决。这种机构一般级别要高于缔约的行政主体,或者具有独立性,以尽可能地避免从属关系的命令或"人情包庇"。

在进入司法审判前,行政机关率先与矛盾双方进行协商和沟通,通过溯源治理更好地发现事实并解决潜在问题,将纠纷化解在诉讼前[①]。先合同义务一般发生于协议成立前的协商缔结阶段,此时若诉诸法庭,不但耗时长、投入大,而且诉讼后也很难继续合作。而非诉救济的合意性特点,使得双方不至于在纠纷阶段剑拔弩张,更能促使矛盾之后协议的成立和顺利履行,也有利于提高救济效率并控制救济成本,对国家来说也节省了司法资源。因此,非诉救济在行政协议先合同义务纠纷中的价值和意义非比寻常。但是应当注意,非诉救济的优势不足以使其成为强制性的前置程序,过度的强制反而可能造成行政效率下降,致使双方矛盾一直无法解决。支持非诉救济的优先适用,但绝不是必须适用,当双方矛盾不足以通过协商解决时,应当及时提起诉讼,借助国家强制力及时作出审判,以解决矛盾纠纷。

(三)保障司法的最终救济

非诉救济途径的价值不言而喻,但也不能忽视其存在的缺陷。仲裁机制终

---

① 梁凤云、陈默:《行政争议诉前调解的功能定位和制度设想》,《中国应用法学》2022年第2期,第112-113页。

究缺乏专业性和强制性,行政机关专家调解制度也毕竟属于行政系统的内部救济,难免在公正性上存在不足。此时,绝对中立的专业司法裁判即可弥补上述漏洞,这也是诉讼制度存在的意义所在。在某些情况下,行政诉讼虽然不是纠纷解决的最优选择,但以行政诉讼作为行政协议先合同义务纠纷的最后救济手段,无疑是保障当事人权益的最佳方式。

行政诉讼在理论上具有许多非诉救济手段所没有的优点,例如可以保证权利救济全面且彻底、可以保证监管的独立性与公正性、可以保证法律适用的一致性等。但从前文的论述可知,行政诉讼在解决行政协议先合同义务纠纷中存在法律适用混乱、裁判不一等诸多问题,这些问题的解决都有待于立法的完善。除此之外,法官也应当改变行政协议纠纷的审理思路,行政协议毕竟不同于传统的单方行政行为,不能仅仅沿用一般行政诉讼的合法性审查原则,在坚持合法性审查的基础上,还要注重民事规则的融合适用,对行政协议的契约性进行审查,坚持"双审查原则"①。

总而言之,行政协议"意思自治"的特征决定了其从缔结到审判都会异于一般行政行为。因此,立法需要有针对性地完善以起到准确指引的作用。同时,司法也需创造性地改变传统审理思路,由此推动行政主体改变固有认知。行政协议先合同义务制度的确立和完善绝不是某一层面、某一主体的改变可以完成的,必定是多方参与的系统工程。

七、结语

我国对行政协议制度的研究起步较晚但发展迅速,尤其近些年在行政协议履行和行政优益权等方面的研究成果斐然。然而,作为行政法中的新兴领域,发展时间毕竟有限。严格来说仍处于起步阶段。与民事合同相较,无论是在理论研究层面还是立法层面,都存在很多缺陷和不足。尤其是协议缔结阶段涉及的先合同义务理论,在私法领域已发展得相对成熟,但在公法中却鲜有提及。实践中因行政主体违反先合同义务导致的纠纷也多被其他争议掩盖。随着各类行政协议的出现,其价值在行政管理中愈加凸显。由此可见,在行政法领域确定先合同义务概念并形成系统制度的重要性不言而喻。诚然,行政协议在本质上仍属于契约,私法中成熟的先合同义务理论和缔约过失理论无疑可以为行

---

① 刘彩虹:《行政协议中行政主体的先合同义务》,烟台大学2023年硕士学位论文,第35页。

政协议提供启发和借鉴,然而,行政协议特有的二元属性决定了政主体的先合同义务与私法的先合同义务存在较大差异,在适用私法理论时会存在一定局限性,无法满足行政协议的行政性要求。正如于安教授所述:"民事合同为我们提供了基本框架,行政契约的很多东西就是从那里学起来的,问题是行政法没有足够的理论支持行政契约。"[1]

若想行政协议的先合同义务拥有完备的理论体系和系统的制度构建,首要之务在于立法的完善。只有立法真正发挥行为引导和司法依据的作用时,执法层面和司法层面才能作出相应的改变。如果法院对行政协议的认识并非立法的体现,而是寻求理论的结果,那么司法实务中的先合同义务很难得到发展。总的来说,行政主体先合同义务的完善和发展必定是一项长期而系统的工程,必将经历理论、实践促使立法完善、立法推动理论、实践发展的这一过程,任务艰巨但未来可期!

---

[1] 余凌云:《行政契约论》(第2版),中国人民大学出版社,2006年,第300页。

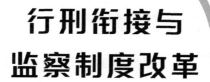

行刑衔接与
监察制度改革

行刑程序衔接

——基于新《行政处罚法》第 27 条第 2 款规定之展开

谢小青[*]

摘　要：为了彻底处理行刑衔接问题，我们需要更深入地理解和阐释新《行政处罚法》中"行刑衔接条款"的规定含义，并优化行刑程序衔接的运作模式。在案件移送制度方面，应当区分先"刑"后"行"和先"行"后"刑"两种情形，分别构建相应的案件移送制度；在证据材料移交、接受衔接方面，应当明确证据移送的种类、条件及衔接模式，规范行政执法机关的取证与移送手段，规范刑事司法机关的证据审查程序，明确两法衔接的证据取证主体与审查标准，健全检察监督体系建设；在案件处理信息通报机制方面，应当健全联席会议制度、案件双向咨询制度、两法衔接信息共享机制，并完善行为人的程序权利保障机制。

关键词：行刑程序衔接；新《行政处罚法》；案件移送；证据材料移送；案件处理信息通报机制

　　行刑衔接是行政法学界关注的热点问题，同时也是法律实务界老生常谈的一个实务话题。近年来，行刑衔接的学术研究成果斐然，相关的法律规范性文件亦纷至沓来。然而，令法律工作者感到遗憾的是，行刑衔接程序机制的运行效果却不尽如人意，似乎已陷入"内卷化"困境①。经过调查发现，政府和司法部门对于刑法衔接的问题并未实现有效的协作配合。具体的表现包括：案件转移流程不够健全，证据资料传递及接受环节存在脱节，案件信息的交流途径也

---

* 谢小青，男，江南大学法学院硕士研究生。

① 所谓"内卷化"，是指经济与社会领域一种虚假增长与停滞不前的发展状态。参见［美］杜赞奇：《文化、权力与国家：1900—1942 年的华北农村》，王福明译，江苏人民出版社，2008 年，第 54 - 55 页。

不够顺畅。针对这些情况,2021 年最新修改的《行政处罚法》对这个问题作出了积极响应,并把建立刑法对接系统作为其重要改革点之一。新《行政处罚法》的"行刑衔接条款"主要涉及第 8 条、第 27 条、第 35 条、第 57 条、第 82 条共 5 个条文。其中,第 8 条第 2 款为行刑衔接的基础性规范;第 27 条则是调整行政执法与刑事司法衔接关系的核心条款,第 27 条第 1 款旨在构建行政执法与刑事司法双向衔接机制,第 27 条第 2 款旨在完善行刑衔接的运行机制;第 35 条首次将行政处罚与刑事处罚的折抵上升为法律规范,明确了人身罚、财产罚的折抵规则。尽管新《行政处罚法》已经开始着手改善行刑衔接系统的运作状况,但这并没有解决这个问题的根本。本文的研究主题主要是探讨新《行政处罚法》第 27 条第 2 款的规定含义,以进一步改进行政执法和刑事司法过程中的接洽方法,从而确保"行刑衔接条款"能够得到更好的实行。需要强调的一点是,尽管新《行政处罚法》提倡建立行政执法和刑事司法的双边对接系统,然而,从行政机构到司法部门的案件移送仍然是关键的问题所在。本文的主要关注点集中在对行政执法向刑事司法的案件移送衔接问题进行研究。

一、建立健全案件移送制度

所谓案件移送制度,指的是规范行政执法机关与司法机关之间案件移送行为的一系列规范性文件。新《行政处罚法》在这方面的规定相对有限,仅于第 27 条第 1 款中原则性规定"行政机关应当及时将案件移送司法机关"和"司法机关应当及时将案件移送有关行政机关"。行刑衔接案件移送制度主要由《刑事诉讼法》《行政执法机关移送涉嫌犯罪案件的规定》(以下简称《移送规定》)加以规定。

行刑衔接的本质问题在于行政责任和刑事责任的衔接,而刑事责任优先是行政刑事责任衔接的适用原则。通常情况下,行刑衔接过程中应当遵从"刑事优先处理"的原则。依据《行政处罚法》第 8 条和第 27 条的相关规定,刑事审判流程应该优于行政惩罚流程,即首先需要通过司法机构按照刑事审理的方式来确定违法行为是否构成犯罪,然后才能由政府部门依照行政方式确定该行为承担相应的法律责任。此外,实践过程中也有可能遇到新《行政处罚法》第 35 条规定的行政处罚程序领先于刑事诉讼程序的情况。因此,行刑衔接的过程也需要考虑这两种情况,以确保法律程序的条理性和协调性。

（一）先"刑"后"行"的案件移送制度

首先，政府部门必须先期提交可能涉及犯罪行为的案件。依据《行政处罚法》第 27 条和《移送规定》第 3 条的内容，当行政执行机构在合法处理违规事件的过程中，发现了疑似触犯法律的行为时，应立即将这些信息传递给公安部门。此外，依照《刑事诉讼法》及《移送规定》中的相关条款，接受转交的公安部门有责任按照法定流程迅速开展相应的刑事司法活动。

其次，政府部门必须在执行惩罚措施前提交证据。依照《行政处罚法》第 57 条的要求，有关部门需迅速核实违规行为并对其进行审核。若发现违反法规的行为可能涉及犯罪，他们需要立即将其转交给法律机构。遵循"先刑后民"的原则，一旦案子被移交给司法部门，应立刻暂停行政惩罚流程，不能提前做出任何惩罚决策，而是要等候司法部门的结果来确定。简而言之，一般情况下，将疑似犯罪事件上报给司法部门往往发生在实施行政惩罚行动之前。此外，政府部门也须按照两个步骤向司法部门提供资料。参照《移送规定》第 6 条的内容，有关部门在递交案例时，需要附上相关的文件，如涉嫌犯罪案件移送书、涉嫌犯罪案件状况的调研报告、涉案物件列表、关于测试或鉴定的报告或是其他和涉嫌犯罪有关的文件，这就构成了第一阶段的传递。然后，根据《移送规定》第 12 条的规定，有关部门在收到接收单位的立案决定后，就进入了第二个阶段的传输，即将所有涉案物件及与此案有关的所有文件都一并送给接受单位。

最后，在特殊情况下，行政机关可以在案件转交后进行行政惩罚。一般情况下，行政机关将涉嫌犯罪案件移交司法机关后应停止行政惩罚程序，这符合"刑事优先"原则的应有之义。然而，在特殊情况下，行政机关仍然可以做出行政惩罚。在"枣庄永帮公司诉山东省枣庄市国家税务局税务行政处罚案"审理过程中，最高人民法院批复指出："税务机关在发现涉嫌犯罪并移交公安机关进行刑事侦查后，不再对同一违法行为做出除行为罚和申诫罚以外的行政惩罚。"[①]由此可见，在税务机关将案件转交公安司法机关后，仍可以实施行政惩罚，但处罚种类仅限于行为罚和申诫罚。此外，根据《环境保护行政执法与刑事司法衔接工作办法》(环环监〔2017〕17 号)第 16 条第 2 款的规定，在司法机关作出生效裁判之前，环保部门应当对违法行为人进行暂扣或者吊销许可证、责

---

① 参见《最高人民法院关于在司法机关对当事人虚开增值税专用发票罪立案侦查之后刑事判决之前，税务机关又以同一事实以偷税为由对同一当事人能否作出行政处罚问题的答复》(〔2008〕行他字第 1 号)。

令停产停业等行政惩罚。可见,这种特殊情况需要同时满足两个条件:一是违法事实明确、证据确凿,依法应予惩罚而不及时惩罚难以有效制止违法和消除危害后果;二是行政机关实施的行政惩罚种类仅限于申诫罚和行为罚。

(二)先"行"后"刑"的案件移送制度

《行政处罚法》第35条规定,进行抵扣的前提是行政处罚在刑事处罚之前实施,即行政处罚程序在刑事诉讼程序之前进行。在实践中,行政执法人员的法律素养、认知能力和主观心态等因素可能影响行政机关对行政相对人违法行为的刑事定性,导致将行政犯罪案件当作一般行政违法行为先行处理,使得行政处罚程序先于刑事诉讼程序。在这种情况下,需要妥善处理行政机关案件移送和刑事司法机关案件处理之间的衔接关系。

首先,假如行政机构把违法行径视为普通法律问题而先执行惩罚措施,然后发觉这种行为可能涉及犯罪活动的话,其应立即主动向警方提交调查并启动程序。迅速将疑似非法活动的案例移交给司法部门是其主要义务之一。其次,倘若执法者误判了这些违法行为未将其纳入违法犯罪范畴并且已经进行了初始制裁处理,那么这种情况下一般就不会采取任何进一步的行动来推动这个过程的发展。当法院意识到某些违反规则的活动可能需要承担刑责时,法院可以强制性地要求相关部门提供相关的材料供其参考使用。最终的情况可能会演变成即使知道某个特定事件存在触及刑法的可能,但仍然拖延时间不去上报的情形,此时由上级行政机关责令限期移送或责令改正,并对相关责任人给予行政处分;构成犯罪的,依法追究刑事责任。如此规定旨在监督行政机关严格履行案件移送职责。最后,如果行政机关明知违法行为涉嫌构成犯罪却逾期不移送,根据《移送规定》第16条的规定,由上级行政机关责令限期移送或责令改正,并对相关责任人给予行政处分;构成犯罪的,依法追究刑事责任。如此规定旨在监督行政机关严格履行案件移送职责。

二、加强证据材料移交、接收衔接

(一)明确证据移送的种类、条件及衔接模式

行刑证据衔接中产生的诸多问题很大程度上是由于立法仅限于原则性规定,各法律实务部门只能基于自己的立场进行处理。因此,首先应当从立法层面入手,实现对行刑证据衔接问题的明确规制,使得行刑证据衔接真正有法可依。

一是明确证据的准入种类。根据我国行刑证据衔接的实践现状以及现有研究，应当对证据类别进行明确规范，力求行刑衔接之间证据种类的统一①。如前文所述，行政执法证据与刑事证据在收集证据的主体与程序上存在差异，因此应当秉持类型化思维，针对不同类型的证据构建相应的衔接规则。首先，对于实物类证据，经形式审查合格后，可以在行刑证据衔接中直接适用②。因为实物证据的客观真实性较强，且再次取证难度大，容易导致浪费司法资源，因此在经过程序上的审查合格后，可以直接用作刑事证据。其次，对于言词类证据应当按照不同种类分别进行相应规制。对于鉴定意见，虽然其在属性上属于言词类证据，但由于其大部分是由专业的第三方鉴定机构或者行政执法机关制作的，相比于证人证言的客观真实性更强，所以应当在甄别后进行适用。考察收集该类证据的程序是否合法的同时，也要偏重于检验证据是否符合三性，若两种条件同时满足，才允许在刑事诉讼中适用该类证据。对于证人证言，其主观推测性强，并且再次取证难度较小，所以可以将其作为案件的线索而不是直接作为证据使用。这样既可以避免出现证据遗漏的情形，也可以避免过度推测的言论进入刑事领域影响最终的司法判断。终究，只要笔录类证据经过检察院或公安机关的审查后满足法律规定，就可以直接应用于刑事诉讼。

二是明确证据的准入条件。笔者认为进入刑事诉讼领域的行政执法证据必须符合以下条件，①证据的取证程序合法。行政机关在进行取证过程中，要符合法定的对于行政执法证据的取证要求，保证取证手段与程序的合法性。②再次取证难度较大，具有不可替代性。行政执法证据鉴于其当场取证的属性，往往是对证明案件事实最有利的材料。同时，为了避免证据的灭失、难以再次取证，此类证据仍应当进行衔接适用。在明确符合上述两类条件的情况下，再对证据进行衔接适用，能够更好地发挥行刑证据衔接制度的积极作用。

三是明确证据衔接的模式。在行刑证据衔接过程中，目前存在以下三种模式：其一，完全不能够用作刑事证据的，即违反基本证据规则的证据。行刑证据衔接制度本质上虽然是为了提高司法效率，保障刑事案件的侦查与审判，但一定要谨记不能越过"刑事证据规则"这条红线。对于恶意架空"非法证据排除规

---

① Boris Zykin, Elena Zykina, "The Concept and Features of a Physical Person as a Subject of an Administrative Offence", *Pskov Russia*, (90)2019, pp.579-581.

② 吴彬彬：《行刑衔接程序中证据转移问题研究：以刑事侦查为中心的分析》，《湖南师范大学社会科学学报》2017年第1期，第90-96页。

则"以行政手段代替刑事侦查手段取证的行为应当明令禁止,通过此种方式取得的证据即便具有相关性,法院也应当对其进行合理排除。同时,本身具有极大主观性、预测性,没有其他证据能够与其相互印证的证人证言,也应当归属于这类衔接模式,不应允许其直接进入刑事诉讼领域进行适用①。其二,需经过法定程序转化后才可以用作刑事证据的,但证据本身不违反证据规则。这种衔接模式最难把控,比如:行政执法机关收集的能直接反映案件现场的现场笔录,这种证据在刑事诉讼中是不存在的,对其进行审查转换是必要的。关于这类证据的使用问题,需要由法院对其是否明确具有可采性进行最终把控,以避免冤假错案的发生。其三,可以直接用作刑事证据的,该证据本身不违反证据规则。此种模式适用于现行刑诉法明确规定的四类实物证据,在不违背基本证据规则的前提下,该四类实物证据可以直接在两法证据衔接中适用。

(二)规范行政执法机关的取证与移送手段

为避免行政执法机关和刑事司法机关之间取证方式的不同而导致"非法证据排除规则"的架空,加强行刑衔接的可操作性,应当对行政执法机关的取证手段进行有效规制。确保合法的证据收集方式是推动两个法律证据连接的有力手段,我们必须严格遵守行政取证流程,保障证据的来源、形态和取证过程都符合法律规定,以满足刑事司法判决的需求。

其一,加强对取证手段与程序的立法规范。基于合法行政的行政法基本原则,行政执法机关应当合法取证。具体来说,行政执法机关应当严格遵守有关证据取证行政法律法规的要求,主要包括手段合法和程序合法两个方面②。首先,在行政主体适格方面,取证的行政执法机关应当具有法律或其他机关所赋予的行政主体资格;其次,取证时应佩戴执法记录仪,现场的调查人员数量与从业资格符合法律规定,取证的程序也符合相关规定;最后,依照合法的程序将证据移送至刑事司法机关。手段是取证的具体模式,程序是取证的合法保障,只有做到手段程序均合法才能保证证据来源的真实性和合法性。

其二,加强对行政执法工作人员的培训。行政执法机关收集的证据往往有当场性、效率性等特征,所以取证的关键就在于现场的执法工作人员是否以合

① 李宁:《公安机关在行政执法中收集的证人证言刑事证据资格:以冯某介绍、容留卖淫案为视角》,《中国检察官》2017年第20期,第41-44页。
② 程龙:《新刑事诉讼法行政证据使用条款论析》,《云南师范大学学报(哲学社会科学版)》2015年第1期,第101-109页。

法形式获得证据。根据近年来司法改革的导向,行政执法工作人员必须拥有法律资格证书等资质。从政策来看,对于行政执法机关工作人员的综合素质,尤其是法律专业性的需求越来越高。所以,应当注重对其开展专项交流培训,优化案件参与人的取证手段与综合素质。一方面,定期进行跨区域、多领域交叉交流,加强行政执法业务培训,提高执法人员的执法水平,提升执法队伍专业素质,以此提高行政执法机关的社会公信力。另一方面,也要重视专项业务培训。区分不同行政执法机关的不同职能,尤其是部分行政机关职能与刑事司法职能相互交叉,要定期对其进行重点工作的梳理,进行专业化点对点的业务培训。同时建立健全衔接工作交流会谈机制,加强各机关之间学习探讨,总结现实中的困难问题与重点难题,在实践中吸取宝贵经验,共同进步。

其三,规范行政执法机关案件移送的行为。很多时候,案件由行政机关调查后,没有及时移送到刑事机关导致证据灭失等情况。因此,应当细化行政机关与刑事司法机关的权力边界。对于行政执法机关的权力应当实行"权力清单制度",对行政机关的权力进行有效限制。同时,严格限制各机关在权力的范围内行使职权,防止其模糊权力边界以行政手段代替刑事手段收集证据,或故意以罚代刑不对案件进行移送。笔者认为,应当建议行政执法机关建立案件证据线索移送的清单模式,将案件线索以及取得的所有证据以清单的形式有序向刑事司法机关进行移送,将行政责任的承担落实到个人,更好地推进两法间的证据衔接。

(三)规范刑事司法机关的证据审查程序

刑事司法机关在两法证据衔接过程中的证据审查判断往往具有举足轻重的作用,对于刑事案件最终证据是否能够被采纳至关重要。因此,在整个证据衔接的审查程序中,对其行为进行有效规制,是当前立法与司法层面需要共同考虑的问题。

一方面,刑事司法机关应当区分不同类型的证据,进而决定采用"实质审查""形式审查"或是将两种审查相结合,尤其注重对证据能力的审查①。如笔者在前文所述,不同的证据类型因其特征和取证主体与取证手段的不同,对于不同类型的证据进行衔接时的审查也不应相同。刑事司法机关应当分门别类

---

① 高通:《行政执法与刑事司法衔接中的证据转化:对〈刑事诉讼法〉(2012年)第52条第2款的分析》,《证据科学》2012年第6期,第647-656页。

地进行审查,匹配不同的标准才能更好地预防非法证据的流入。同时,要注意形式审查和实质审查并重。对于实物类证据,当行政机关所提供的四类实物证据符合证据属性时,刑事司法机关就可以依据案件情况对其适用进行考量。而对于言词类证据,则要更加注重对其进行实质审查,把握证据内容和取证程序,用更加严谨的态度和手段对其进行审查。在对证据采取单一的"形式审查"或"实质审查"的基础上,笔者认为也可以将两种审查方式相结合,注重对实物证据的内容以及言词类证据的形式进行审查,充分审查证据能力及其证明力,做到融会贯通,具体情况具体分析,方能更好地发挥司法机关的审查职能,保障证据的可采性。

另一方面则在于规范刑事司法机关在具体程序上的行为[①]。首先,在接受程序上,刑事司法机关应当接纳行政机关移送的有关案件线索及相关材料,不得以线索不足为由将案件反复推诿或送回原机关。行政执法机关将案件线索直接移送,是为了将可能涉及刑事的案件及时送达到司法机关手中,便于其更好地审查案件,提高办案效率,避免漏案漏罪情况的出现。此时刑事司法机关不应当借机推拒,而是应当接收并按照程序进行审查。其次,加强对证据衔接的审查,注重证据移送前环节。实务中,行政执法机关由于其本身的职能所限,很多时候难以直接判断案件是否涉及刑事犯罪。此时向司法机关进行移送前的咨询变得尤为重要,其目的在于明确案件属性,提高执法效率。为此,刑事司法机关应当设立"咨询—答疑"机制,建设及时有效的回复平台,以保障两机关之间对于案件信息的沟通交流和问题解决。最后,对于刑事司法机关接收证据的规范要求要更加严格。当前的立法对于刑事司法机关在接受案件线索后的行为并没有进行明确规制。因此,司法机关应当在接收相关材料后及时审查,若案件线索符合刑事立案标准,则应当移送至有立案管辖权的机关督促立案;若不符合,则应当出具不符合的具体理由与说明,并将案件退回移送的行政执法机关,监督其以行政执法程序继续办理案件。

（四）明确两法衔接的证据取证主体与审查标准

由于现有的两法证据衔接机制混乱,可操作性不强,为更好地发挥其制度优势,应当建立健全证据衔接制度体系,增强证据衔接制度的实操性,注意明确

---

① 孙戈:《批判与建构:刑事证据转化为行政证据探析》,《西安石油大学学报(社会科学版)》2022年第2期,第83-91页。

各方取证主体责任与审查标准,才能更好地保障制度的实施。

一是要明确证据的取证主体。在两法证据衔接过程中,取证主体即证据移送的主体,在整个制度衔接中起着非常重要的决定作用。目前有效的取证主体包括三种:①行政机关。行政机关的取证主体资格是由法律直接赋予的。当案件由行政案件转变为刑事案件时,行政机关已经对案件的相应证据进行了调查收集,且行刑两案件的证明对象具有高度重合性,此时行政执法机关因其天然属性,自然取得了在两法证据衔接过程中的取证主体资格,承担起证据移送的职责。②法律法规授权的组织。这类主体的特征在于,其在性质上并不属于行政执法机关,但因为相关法律法规的授权而享有了主体权利资格。在这种情况下,这类组织在两法衔接过程中就应承担起审查与移送行政执法证据的责任,在授权的范围内发挥其取证主体的作用①。③受行政机关委托的组织。这类组织的权力直接来源于行政机关的授权。因为其自身并不具有行政属性,也没有被法律法规的授权,而是直接接受了来自其他行政执法机关的委托,所做出的所有行为均只能以委托其的行政机关的名义进行。所以,在两法证据的衔接过程中,该类组织不具有两法证据衔接的取证主体资格,只能以受委托机关的名义对案件证据进行移交。

二是要明确证据的审查标准。由于立法缺失,对于两法衔接中证据的审查标准始终没有明确的规制。笔者认为,对于同种类的证据审查应当建立统一的标准,例如:四类实物证据可以采用同一套审查标准,以此来厘清两法证据衔接中存在的问题。一方面,要注意审查证据内容是否符合有关证据规则。证据具备内在关联性是可以对其衔接适用的前提条件,也能直接影响证据证明力的大小。同时,证据具备合法性则是能否迈入衔接这道大门槛儿的先决条件,只有证据本身合法才能够在刑事诉讼中适用。所以"关联性法则"与"合法性法则"作为不可或缺的两种证据法则,应当作为证据衔接制度审查的核心标准。同时,为了保证言词类证据的可采性,也可以适当引入"直接言词原则"作为审查标准。传闻证据是否具有证明力、证据有没有在法庭上当场做出、当事人的表述是否完全出自自然状态下的完全自愿,这些都需要在证据的衔接过程中进行相应的审查判断。另一方面,审查主体也应当遵照不同种类证据所对应的标准

---

① 郭泰和:《行政证据与刑事证据的程序衔接问题研究:〈刑事诉讼法〉(2012 年)第 52 条第 2 款的思考》,《证据科学》2012 年第 6 期,第 665－673 页。

对该类证据进行审查。审查标准的统一能够直接为证据衔接框定架构,各机关只需在框架内进行审查即可。首先,我们需要对证据进行初步的审查和分类,包括物品证明、书面记录、视听信息、电子资料、勘察记录、检验报告以及证人的陈述。然后,按照前文所述不同种类证据的准入条件、范围以及是否符合相应证据规则等逐条逐项依次进行审查判断,最终,得到符合标准的证据可以适用。这样的做法既能保证证据采纳更加公平合理,也能更好地发挥衔接制度的作用。

(五)健全检察监督体系建设

为保障两法证据衔接工作的有效运转,加强各机关间的沟通交流与合作,同时预防徇私、借机架空证据规则等行为的出现,笔者认为有必要引入专门的机关来对整个机制的运行进行强有力的监督,所以应当完善检察监督体系,同时构建案件线索共享制度。

一方面,我们需要完善两法衔接过程中的检察监管制度。为了更好地完善证据衔接配套的监督体系,保障检察院切实行使检察监督职能,加强其对于行政机关在证据收集、移送等行为的监督[1]。这种监督应包含事前监督与事后监督两种样态。对于事前监督,检察机关可以对行政执法机关所作出的"应当立案而不立案"或"应当移交而不移交"等行为直接进行介入,提出检察建议、督促移送等,以此保障证据移送的效率[2]。而对于事后监督,则由检察机关对案件进行托底,在证据移送完成后对其移送的程序与内容是否合法合规进行审查,也能在一定程度上对行政执法机关的移送行为起到制度上的制约作用。但一定要注意的是,检察机关的监督权是有限度的监督,也不能直接干扰行政执法机关的执法权。这样既保障了行政机关执法的独立性,又提高了检察机关的司法效率,使其更好地实现监督职能,更加强化法律的监督作用。

另一方面,应当构建配套的案件线索共享平台。为了实现前述检察机关的监督职能并有效匹配检察监督体系,应当加强检察机关对案件相关情况的"知情权",因为"知情"是"监督"的重要保障。在当前的两法证据衔接机制中,两法间缺少常态化的信息沟通平台,检察机关对于案件信息往往不甚了解。为了改

---

① 周兆进:《环境行政执法与刑事司法衔接的法律省思》,《法学论坛》2020 年第 1 期,第 135 - 142 页。

② 毛淑玲、周好峰:《论行政执法言词证据之刑事证据资格及转化适用》,《辽宁师范大学学报(社会科学版)》2021 年第 3 期,第 94 - 100 页。

善这一司法现状,笔者认为需要加强行政执法机关与司法机关的合作,建立及时沟通的交流机制①。设立案件信息共享平台能够使有关机关第一时间了解到案件的一手信息,及时掌握案件动态,更好地实现其职能。在我国的司法实践中,实际上在知识产权领域已经有了相关的实践经验,建立有效的线索共享平台使得各方能够共享知识产权相关信息,从而更好地规避侵权风险,拓宽维权渠道,其成功的实践意义值得借鉴。所以,在两法衔接制度中积极推进建设案件线索共享平台,既能够加强行政执法机关与司法机关的实时沟通和互通有无,也能更好地推进两法证据衔接制度的建设与发展。这才是该制度建设的应有之义。

从以上两个方面的司法体系建设问题入手,加强对两法证据衔接制度的不断完善,才能更好地在司法实践层面实现对现实案件中对证据衔接需求的帮助,以便更积极地发挥证据衔接制度的积极作用。

三、完善案件处理信息通报机制

行刑程序衔接流程连接了行政管理过程和刑事诉讼阶段,涉及多方参与者如行政机关、公安机关、检察机关、审判机关等。因此,它可能面临"集体行动的困境"②。构建合理且标准化的信息交流系统对于确保法律一致性和有效的衔接至关重要。为了解决一些案例没有被转移、用罚款代替惩罚或难以转移的情况,我们应该依据新《行政处罚法》第27条第2款规定,并参考实际经验来优化联席会议制度、案件咨询机制和信息共享机制,最终达到完善案件处理信息通报机制的效果。

首先,健全联席会议制度。所谓联席会议制度旨在通过各政府部门如警察局、检察院及法庭共同召开并交流有关工作的进展状况来解决新的挑战或疑难杂症;同时探讨如何改进这些问题的解决方案。自从"国家高级人民法院、全社会整治和服务管理市场的领导小组办公处室、公安局就强化公共机构同警方和

---

① 张晗:《行政执法与刑事司法衔接之证据转化制度研究:以〈刑事诉讼法〉第52条第2款为切入点》,《法学杂志》2015年第4期,第119-125页。

② 美国经济学家曼瑟尔·奥尔森研究认为,由很多个体组成的集体在谋求集团利益的过程中,有理性的、寻求自我利益的主体可能并不会采取行动以实现共同利益,这便出现了集团行动的困境。参见[美]曼瑟尔·奥尔森:《集体行动的逻辑》,陈郁等译,上海三联书店、上海人民出版社,1995年,第2页。

国务院监察委的工作联络发表了看法"(高检会〔2004〕1号)中首次提到了"建立联席会议制度"后,各地已先后建立起不同层级形式的联席会议制度。这种方式有助于增强公权力和社会力量之间的合作关系并且有效地解决了一些难题,比如刑事诉讼程序上的困难或阻碍发展的问题等[1]。然而我们也需要意识到这个会议制度还面临着一些困境,比如没有确定谁负责召集这次大会,讨论的内容是否过于宽泛而无法集中于重点,最后决定的结果又能否真正发挥出其效果呢[2]。针对以上提到的情况,我们可以采取以下措施加以改善:其一,会议组织牵头单位宜由检察机关担任。在案件移送、立案侦查、审查起诉、审判执行的衔接工作链条上,检察机关承上启下,具有居中组织、协调和法律监督的先天优势。其二,在会议内容与会期方面,定期会议与不定期会议相结合。定期会议以一般性衔接工作情况通报、共性问题研讨等常规议题为主。而不定期会议则根据实际情况召开,特别是涉及重大、疑难、紧急的案件,可能引发群体性事件的案件,可能引发社会舆论广泛关注的案件等特殊情况,可召开专题性、紧急性会议。其三,在会议决议效力上,务虚与务实相结合。联席会议所形成的会议决议和会议纪要等文件,各相关机关应共同遵守,积极执行。凡涉及特定个案进行的专项协调,各相关机关应当严格执行会议决议[3]。

其次,完善案件双向咨询机制。《中共中央办公厅、国务院办公厅关于加强行政执法与刑事司法衔接工作的意见》(中办发〔2011〕8号)(以下简称《衔接意见》)明确提出要"健全案件咨询制度"。根据该意见规定,案件咨询制度实际上包含了行政机关向司法机关咨询,以及司法机关向行政机关咨询的双向机制。第一,在面对重大疑难复杂或难以确定性质的案件时,行政机关可以向公安机关、检察院咨询有关刑事案件立案追诉标准、证据固定和保全等问题。第二,公安机关、检察院和法院在案件办理过程中,有权向行政执法机关咨询专业性问题。由于案件咨询并非行政机关和司法机关的法定职责,因此主要依赖双方的自发和自觉,尤其是行政机关缺乏案件咨询的内在动力。同时,由于"重大、复杂、疑难"判断标准模糊不清,案件双向咨询机制在实践中也面临着制度空转的

---

① 刘艳红、周佑勇:《行政刑法的一般理论》(第2版),北京大学出版社,2020年,第310页。
② 练育强:《行政执法与刑事司法衔接困境与出路》,《政治与法律》2015年第11期,第135 - 148页。
③ 李煜兴:《行刑衔接的规范阐释及其机制展开:以新＜行政处罚法＞行刑衔接条款为中心》,《中国刑事法杂志》2022年第4期,第64 - 78页。

风险。因此,需要发挥指导性案例的典型示范作用,挖掘该机制对行政执法机关提升办案合法性、防控办案风险的积极意义,并引导行政机关积极主动向司法机关进行案件咨询。

再次,健全两法衔接信息共享机制。根据《衔接意见》的规定,《衔接意见》明确了关于行刑衔接信息共享机制的具体要求:其一,建立专门的行政执法与刑事司法衔接工作信息共享平台;其二,实现执法与司法信息互联互通,行政执法机关应及时将查处、移送的案件信息及时录入信息平台,而公安机关应将立案侦查情况、提请逮捕、起诉等信息录入平台。同时,检察机关也有责任将立案监督、审查逮捕、审查起诉等相关信息录入平台。此种方式的主要目的是消除各种障碍,促进各类资讯流通并能更快速地找到可能涉及违法活动的证据,从而使判断更加准确,也能更好地监控整个办案流程的各个环节。然而,实际操作过程中,地方当局最为困扰的问题之一就是如何制定合适的输入规则来保证这些重要的案情都能顺利进入在线电子档案库。一般来说,只要有足够的理由相信某起事件有可能触犯了国家法律法规,就必须立即将其纳入调查范围,但如果处理过于宽松,就会导致大量的无用文件堆积,使得警方需要花费大量的时间精力从众多冗杂的事件当中筛选出真正值得关注的部分。因此这就给双方带来了很大的麻烦如果提高数据输入的要求,可能会导致案例遗漏、隐瞒甚至放任罪行的情况出现①。因此,笔者提出了一种"确定性质+数量化"的数据输入规则,这意味着在刑事犯罪确认立案的基础上,政府部门及法院应共同处理违规行为,涉及物品、死亡/受伤人员等相关细节,并在此过程中达成一致,以设定合适的数据输入规范和界限。

最后,完善行为人的程序权利保障机制。在行刑衔接的过程中,行为主体是否有权力向行政机构提起质疑? 他们是否可以主张他们的行动应该被豁免于行政惩罚,或者仅仅是一般违法行为而不是犯罪行为? 这些质疑和主张的核心都涉及行为主体的程序权问题。所谓的程序权指的是"为实现、维护或确保实体权利所需实施特定行为的能力"②。虽然新《行政处罚法》中有关"行刑衔接条款"已经详细阐述了行政部门和司法部门之间的对接流程,但对于行为主体的程序权却并未直接说明。笔者认为,尽管"行刑衔接条款"并没有明确定义

---

① 张守良、崔杰:《"两法衔接"机制中行政执法信息准入标准研究》,《中国刑事法杂志》2012 年第 9 期,第 121 - 127 页。

② 王锡锌:《行政过程中相对人程序性权利研究》,《中国法学》2001 年第 4 期,第 75 - 90 页。

行为主体的程序权,这并不妨碍他们在根据公正程序的原则下享有一定的程序权。也就是说,即使新《行政处罚法》中的规定有所欠缺,行政部门也应该按照公正程序的要求来补充相关的步骤①。公正程序的原则主要强调:受到法律约束的人民有平等参与政府决策的过程,并且拥有充足机会发表自己的观点。因此,无论新《行政处罚法》是否有明确规定,行为主体在执行和刑法对接的过程中都应该享有"最起码的"程序权,具体包含以下两点。首先,如果违法者可能面临的不利后果会影响到他的利益,那么这就是使用公正程序原则的基础条件。一旦行政部门把疑似犯罪事件转交给司法部门处理,这就暗示着该个人可能会因触犯刑法而遭到制裁。通常情况下,刑事惩罚被视为一种更为严厉的制裁方式。对于个人而言,一旦案子转交到司法机关,就意味着他们可能面临更加严重的打击和惩罚。其次,依据公正流程的原则,执行与审判之间应保证犯罪嫌疑人有了解情况、表达意见、提出抗议、参加听审、获得公平待遇、保护自身权益、请求解释的机会等②。公正流程的主要目的是确保嫌疑人能充分参与执法过程,以达到最基本的公正程度③。

五、结语

完善行刑程序衔接机制的终极目的在于实现程序正义和刑法层面的两大机能。此项任务重大且复杂,需要我们努力改进并优化刑法与行政法规之间的连接方式,以确保新《行政处罚法》中的"行刑衔接条款"得到有效实施。这意味着对于那些触犯了刑法的行为人应予以刑事惩罚;而对那些没有达到罪行标准的行为则应免受刑事处罚。

此外,公司合规体系这个引入的概念,可能会给行刑衔接机制带来风险。近些年,源于美国的公司合规系统已被引入中国的政府监督领域。尽管在中国,公司的合规监控仍处于理论介绍及实际操作的研究初期,尚未得到国家法律规定的明确认可,但作为一个新的监督刺激模式,已经引起了监管机构在证券、金融、食药安全、反垄断、数据保护、出口管制等领域的重视并正在积极推动实施。基于合规监察理念,行政单位多用执法调解、调解协定等方式激发公司遵守法规的责任感,促进公司自主监管。事实上,行政单位很多时候会以合规

---

① 周佑勇:《司法判决对正当程序原则的发展》,《中国法学》2019 年第 3 期,第 26 - 45 页。
② 王锡锌:《行政过程中相对人程序性权利研究》,《中国法学》2001 年第 4 期,第 75 - 90 页。
③ 周佑勇:《司法判决对正当程序原则的发展》,《中国法学》2019 第 3 期,第 26 - 45 页。

监管代替传统的行政执法，采用调解协定结束行政执法，用合规责任交换较轻或减缓的惩罚，甚至是免除惩罚。在这种环境下，行政单位可能会利用合规监管的名义绕过正常的执法程序，不采取必要的惩罚措施，或者本该转移给司法机关处理的情况却未做处理。因此，合规监管有可能导致应该受到刑事惩罚的行为未接受刑事审判。在这种情况下，行刑衔接机制和合规监管制度如何协调发展，需要更深层次的探讨。

环境行政执法与刑事司法衔接问题研究

徐　婧[*]

■

摘　要：我国经济已从高速发展阶段转向高质量发展阶段，生态环境保护、污染治理、绿色发展是高质量发展的主旋律。在此背景下，生态环境保护需要行政执法机关与刑事司法机关共同协作。本文结合我国环境行政执法与刑事司法（简称"两法"）衔接机制现状，分析现有"两法"衔接机制存在的案件移送机制运转不畅、证据转化机制不全面、监督机制力量不足等问题，分析问题成因，主要包括"两法"保护的法益不协调、采用空白罪状立法模式、"两法"衔接规范性文件自身缺陷等。借鉴德国、俄罗斯、美国关于环境案件"两法"衔接机制经验，从明确环境犯罪案件入罪标准、明晰环境案件双向移送标准两方面完善案件移送机制，从强化环保部门与公安机关联合调查取证工作、确立行政证据向刑事证据转化的使用方式两方面完善证据转化机制，从落实长效运行的环境督察制度、健全检察机关提前介入制度两方面完善监督机制，为我国环境案件"两法"衔接机制的完善提供借鉴。

关键词：环境；行政执法；刑事司法；"两法"衔接机制

一、绪论

（一）研究背景、意义及对象

1. 研究背景

党的十九大认为，我国经济已经进入高质量发展阶段，环境保护、绿色发展成为经济高质量发展的主要课题。目前，我国自然资源总量迅速减少，环境污染现状严峻，环境保护工作面临许多挑战。随着我国环境法治体系的不断完善，国家不断加大对环境违法行为的处罚力度，我国的生态环境保护制度不断

---

* 徐婧，女，江南大学法学院硕士研究生。

完善。与逐渐完善的环境保护制度相对应的是,环境行政处罚案件的数量大幅增加,环境犯罪案件数量也在逐年上升。我国处理环境违法行为以行政处罚为主要方式,处理环境犯罪行为以刑事司法处罚为主要方式,打击环境犯罪活动的顺利进行离不开行政机关和司法机关的合作与配合,需要行政机关为司法机关提供充分的保障。

但是,在具体的实践中,环境犯罪案件的行政执法与刑事司法之间的衔接存在诸多问题,行政机关发现案件涉嫌环境犯罪时移送给司法机关的比例低,行政机关不移案件、以行政处罚代替刑事处罚等情形时有发生,大大降低了司法机关发挥职权保护生态环境的功能。

为了充分发挥行政机关和司法机关保护生态环境的职能,使环境案件行刑衔接机制不断完善,2017年,环境保护部、公安部和最高人民检察院联合制定了《环境保护行政执法与刑事司法衔接工作办法》。2001年,国务院制定的《关于整顿和规范市场经济秩序的决定》,首次提出要加强环境案件行刑衔接机制建设,引起了学界对环境行政执法与刑事司法衔接机制的关注,出现了一系列研究成果。对环境犯罪案件的行刑衔接机制进行研究,能够厘清目前我国行刑衔接机制存在的问题,从而完善衔接机制,提高行政机关移送环境犯罪案件的意识,使司法机关的环境保护职能得到充分发挥。

2. 研究意义

在理论意义方面,笔者从环境刑法行政从属性理论、权力制衡理论等角度考察环境犯罪案件中行政执法与刑事司法的关系,为完善环境犯罪案件行刑衔接机制提供理论依据。环境犯罪案件行刑衔接涉及行政法、刑法、环境法、诉讼法等多学科,研究结果对拓宽研究领域、丰富交叉学科成果具有重要意义。

在实践意义方面,本文基于我国环境刑法和环境行政法的现行法律制度和司法现状,探讨我国环境犯罪行刑衔接机制中存在的具体问题。例如,"两法"衔接机制存在案件移送机制运转不畅、证据转化机制不全面、监督机制力量不足等问题,针对这些问题,笔者提出完善环境案件行刑衔接中的案件移送、证据转化和监督机制,以畅通环境犯罪案件行刑衔接机制,为目前我国环境案件行刑衔接机制中存在的问题提供解决思路,对完善我国行政司法体制改革、推进生态文明建设有重要意义。

3. 研究对象

2000年10月,在国务院发起的一场打击扰乱市场经济秩序的行动中,行政机关发现一例涉及构成生产销售假冒伪劣商品罪的案件,在准备向公安机关移送时,却发现我国法律没有关于行政机关发现涉嫌刑事犯罪案件时如何向司法机关移送的规定。为了弥补这一法律领域的空白,2001年,国务院颁布了《整顿和规范市场经济秩序的决定》,提出设置关于行政执法机关与刑事司法机关之间移送案件衔接的程序,规定行政机关在执法过程中发现案件涉嫌犯罪时,要及时移交公安机关,在行政机关和公安机关之间建立打击经济犯罪信息共享机制。这是我国首次在规范性文件中提出行政执法与刑事司法衔接机制。

行政执法与刑事司法衔接机制是指,行政机关在行政执法过程中认为违法行为超出行政管理范畴,可能涉嫌犯罪时,将案件移送给公安机关,公安机关立案后对案件进行刑事侦查的衔接机制。行政执法机关与刑事司法机关之间因为案件的存在形成衔接关系,最开始由行政执法机关进行处理,行政执法机关认为违法行为超出行政法的管辖范围,涉嫌刑事犯罪时,需要将案件移送公安机关,行政程序因此转变为司法程序。对于进入司法程序的案件,公安机关经过侦查发现没有触犯刑法时,应将案件退回行政执法机关,由行政机关追究相对人的行政责任。

行政执法与刑事司法的衔接机制存在环境犯罪、食品药品安全、生产安全等领域,本文主要讨论环境犯罪领域行政执法与刑事司法衔接的问题。环境行政执法与刑事司法衔接是指,有环境行政执法权的行政机关或者被授权组织在行政执法过程中认为行政违法行为可能涉及环境类犯罪时,将案件移送给有管辖权的刑事司法机关,由刑事司法机关对案件进行调查。与其他领域相比,环境领域行刑衔接机制的特殊性在于环境犯罪具有潜伏性和渐进性。环境犯罪行为不是一蹴而就的,而是长期的污染破坏累积形成,不容易被及时发现,等到被发现时,对环境造成的损害已经十分严重,这种特性给环境领域的行刑衔接带来极大挑战。

（二）国内外研究现状

1. 国内研究现状

20世纪初,学界开始展开针对行政执法与刑事司法衔接机制的研究,2001年,国务院颁布《行政执法机关移送涉嫌犯罪案件的规定》,使该问题得到学术界的广泛关注。2013年以后,随着环境犯罪司法解释的颁布和刑法典的修改,关于环境犯罪领域的行刑衔接问题研究增多,目前学界的研究重点在以下几个方面:

　　第一,关于行政执法与刑事司法衔接原则的研究。自行政处罚与刑事处罚衔接机制被学界关注以来,刑事优先原则被刘艳红等学者广泛认同①,该原则对构建行刑衔接机制产生较大影响。在实际运行过程中,以该原则建立的行刑衔接机制的缺陷逐渐显露,有学者开始对刑事优先原则提出质疑。田弘杰从刑法的保障法地位和行政权的高效优势出发,提出了行政优先原则,以实现行政法效能和刑法效能的科学配置。② 练育强对刑事优先原则的目的和刑事处罚与行政处罚的严厉程度进行分析,认为刑事优先原则不应该具有绝对性,行政执法与刑事司法之间的衔接应当平等协调,对于涉罪案件,行政机关进行移送,但移送不应停止调查和处罚。③

　　第二,关于行政执法与刑事司法衔接机制实际操作层面的研究。首先,从实体方面看,周兆进从立法角度出发,认为环境犯罪在具体罪名的认定和行为人主观方面的认定存在不完善之处,导致衔接机制出现问题。④ 其次,从程序方面看,张毅、孙洪坤从程序规则成本权衡和环保机关遵守程序的责任风险承担等方面对环境行政执法与刑事司法衔接程序失灵的原因进行讨论。⑤ 王树义、冯汝分析出来的结论是,环境犯罪行刑衔接困难的原因是移送程序复杂。⑥ 再次,从证据方面看,多数学者的研究主要在言词证据的转换上,关于言词证据的转换,周佑勇、刘艳红认为司法应当重新提取⑦。最后,在检查监督方面,蒋云飞认为检查监督的启动方式被动、信息渠道不畅通、检查监督刚性不足是检察机关难以开展有效监督的原因,提出应当建立健全检察机关提前介入制度。⑧ 针对环境犯罪案件行刑衔接不畅的原因,董邦俊从行政机关的机构设置

① 周佑勇、刘艳红:《论行政处罚与刑事处罚的适用衔接》,《法律科学》1997年第2期,第88-91、95页。
② 田宏杰:《行政优于刑事:行刑衔接的机制构建》,《人民司法》2010年第1期,第86-89页。
③ 练育强:《行刑衔接中的行政执法边界研究》,《中国法学》2016年第2期,第238-257页。
④ 周兆进:《环境行政执法与刑事司法衔接的法律省思》,《法学论坛》2020年第1期,第135-142页。
⑤ 孙洪坤、张毅:《环境行政执法与刑事司法相衔接的程序失灵研究》,《政法学刊》2017年第3期,第78-85页。
⑥ 王树义、冯汝:《我国环境刑事司法的困境及其对策》,《法学评论》2014年第3期,第122-129页。
⑦ 周佑勇、刘艳红:《行政执法与刑事司法相衔接的程序机制研究》,《东南大学学报(哲学社会科学版)》2008年第1期,第47-52页。
⑧ 蒋云飞:《环境行政执法与刑事司法衔接的检察监督:基于检察机关提前介入视角》,《重庆理工大学学报(社会科学)》2019年第4期,第105-113页。

角度出发,对衔接不畅的原因进行研究①;周兆进从行政属性的角度出发,分析环境案件行政执法与刑事司法衔接不畅的原因。②

2. 国外研究现状

由于中国与大陆法系国家、英美法系国家关于行政体制和司法体制设置不同,国外对环境犯罪行刑衔接机制的关注度不高,关于环境案件行刑衔接机制的研究较少,大多数研究是针对本国的环境犯罪问题提出适合本国国情的管理模式建议。

德国学者米夏埃尔·福雷(Michael Faure)从环境刑法与环境行政法的执行效果出发,探究刑法对环境行政保护的意义,并且论述了将行政处罚制度引入环境犯罪刑事案件的可能性,以保护生态环境价值为根本目标,在刑事制裁和行政处罚之间寻找平衡点。③ 罗马尼亚学者扬·弗勒门泽亚努(Ion Flaminzeanu)没有对违法行为和犯罪行为进行区分,而是对环境犯罪学术趋势进行判断,认为将环境犯罪纳入刑法规制范围会成为学界主流观点,认为世界各国都会不断提高惩治环境污染行为的力度。④ 学者萨斯基亚·胡夫纳格尔(Saskia Hufnage)认为联邦国家由于司法管辖不同,在环境司法辖区之间的行政执法可能会因法律制度差异、互相之间缺乏合作等因素受到影响,认为在追究犯罪时,应当建立信息共享系统,加强部门之间的合作,形成打击环境犯罪行为的合力。⑤ 乔舒亚·P.纽厄尔(Joshua P. Newell),劳拉·A.亨利(Laura A. Henry)对环境领域法律实施的影响因素进行分析,阐述了俄罗斯的环境法治现状和受到的影响,指出尽管俄罗斯成立了专门的环境部门,但环境犯罪案件并没有得到有效监管,俄罗斯的执法现状存在法律执行不一致、行政部门渎职

---

① 董邦俊:《论我国环境行政执法与刑事司法之衔接》,《中国地质大学学报(社会科学版)》2013 年第 6 期,第 1 – 8 页。
② 周兆进:《环境行政执法与刑事司法衔接的法律省思》,《法学论坛》2020 年第 1 期,第 135 – 142 页。
③ Michael G. Faure, Katarina Svatikova, "Criminal or Administrative Law to Protect the Environment-Evidencefrom Western Europe," *Journal of Environmental Law*, 2(24)2012, pp. 253 – 286.
④ Ion Flaminzeanu, "Environment Criminal Law in Today European Union." *AGORAInternational Journal of Juridical Sciences*, 3(2013) 2013, pp. 56 – 59.
⑤ Saskia Hufnagel. "Regulation of cross-border law enforcement: 'locks' and 'dams' to regional and international flows of policing", *Global Crime*, (8)2017, pp. 1 – 19.

等问题,并给出了加强对行政机关的渎职行为监督等建议。①

（三）研究方法

1. 文献研究法

本文在梳理国内外文献的基础上对国内外环境犯罪行刑衔接机制的现状进行了研究,对衔接理论进行了梳理,对现状和原因进行了系统分析。

2. 案例分析法

本文通过分析和归纳司法实践中的案例,总结出目前我国环境犯罪案件行刑衔接机制存在的问题,分析了问题出现的原因并提出针对性对策,增强了论文解决实际问题的能力。

二、我国环境行政执法与刑事司法衔接机制存在的问题及其原因分析

（一）我国环境行政执法与刑事司法衔接机制存在的问题

自 2017 年《环境保护行政执法与刑事司法衔接工作办法》（以下简称《工作办法》）出台以来,我国环境案件行刑衔接机制运行状况明显改善,但现行的法律条文规定仍不够细致,衔接细节难以落实。笔者在总结我国环境案件行刑衔接实践经验的基础上,从案件移送机制、证据转化机制和监督机制三方面探讨我国环境犯罪案件行刑衔接机制存在的问题。

1. 案件移送机制运转不畅

1）环境犯罪的入罪标准难以认定

环境行政执法与刑事司法衔接机制运行的前提是环境违法行为涉嫌刑事犯罪,现有的规范性文件没有给出具体的判断标准。因此,判定环境违法行为是否涉嫌刑事犯罪成为环境案件行刑衔接机制运行过程中面临的首要问题。

第一,《刑法》规定的环境犯罪构成要件通常表现为"后果特别严重""有毒物质、有害物质"等②,较为笼统,实际操作性不强,没有提供细致可行的判断标准。最高法和最高检发布的《关于办理环境污染刑事案件适用法律若干问题的

---

① Joshua P. Newell, Laura A. Henry, "The state of environmental protection in the Russian Federation: a review of the Post-Soviet era", *Eurasian Geography and Economics*, (2)2017, pp.1 - 23.

② 《刑法》第 338 条污染环境罪:"违反国家规定,排放、倾倒或者处置有放射性的废物、含传染病病原体的废物、有毒物质或者其他有害物质,严重污染环境的,处三年以下有期徒刑或者拘役,并处或者单处罚金;后果特别严重的,处三年以上七年以下有期徒刑,并处罚金。"

解释》(以下简称《解释》)中列举了构成环境犯罪的污染行为,提供了具体的环境犯罪入罪标准,但仍不能完全解决实践中出现的问题。如《解释》第3条第5项"致使公私财产损失一百万元以上的",属于后果特别严重,但一百万元以上的损失未必能够使生态环境遭到严重破坏,损失与生态环境破坏之间不具有必然联系。即使将排放各类污染物的行为量化,也缺乏对环境污染复杂性的考量,而这些因素《解释》中并没有涉及。

第二,我国《刑法》对于环境犯罪的规定多采用空白罪状,法律条文中并没有对犯罪构成要件进行规定,需要借助其他法律法规的条文作为环境刑事犯罪构成要件的一部分,环境刑事犯罪成立的前提是违反行政法规,与其他刑事犯罪认定相比,环境刑事犯罪的认定在一定程度上受行政法规约束。环境犯罪的行政从属性模糊了环境犯罪中罪与非罪的界限,司法机关需要行政执法机关提供技术支持,但在实际的执法过程中,环境行政机关难以把握环境违法行为罪与非罪的界限,存在将构成环境犯罪的行为认定为环境违法行为的可能性。

2) 环境案件双向移送标准不明确

环境犯罪"两法"衔接机制中的移送标准是指,环境行政执法机关在办理环境案件过程中,发现行为人的违法行为涉嫌环境犯罪时,应当将案件移交给公安机关的规范标准。移送标准不明确是环境行政案件移送比例低的主要原因之一。2017年《工作办法》中仅规定了涉嫌环境犯罪案件需要移送,但对于移送条件、移送时间节点并没有明确规定,环境行政机关和公安机关对于移送标准难以形成统一意见。在实践中,环境行政机关的调查取证权难以满足环境刑事案件的办案需求,这也使得环境行政违法行为涉嫌刑事犯罪时的案件移送工作有较大随意性。主要包括两种情形:一是环境行政机关认为案件已经达到移送标准进行移送,而公安机关却认为不构成环境犯罪,不予立案;二是环境案件本身没有涉嫌环境犯罪,但迫于舆论压力,环境行政机关不得已将案件移送给公安机关,公安机关予以立案,这导致原本属于行政法范畴的案件进入刑事诉讼法领域。

笔者认为,环境犯罪案件行刑衔接过程是双向的,但理论界和实务界对于司法机关在办案过程中发现环境违法行为不构成环境犯罪时向环境行政机关移送案件,以及司法机关对于行政机关移送的涉嫌犯罪但不需要追究刑事责任案件的回转程序的关注较少。司法机关的反向移送义务仍处于初级阶段,由于缺乏专门人员负责,回转程序难以实际开展。司法机关往往更偏向环境案件的接收工作而不会将工作重心放在案件的程序回转上,这在一定程度上放纵了部分环境违法行为,这些环境违法行为存在演变成环境犯罪行为的可能性。

2. 证据转化机制尚不全面

1) 行政证据难以转化为刑事证据

认定某一环境违法行为构成犯罪需要足够的证据支撑,在环境案件行刑衔接机制中,行政机关收集的证据能够在刑事案件中使用,但由于行政证据和刑事证据认定标准之间存在差异,部分行政证据在进入刑事诉讼程序之前必须进行转化。

相较于行政执法证据的收集规则,《刑事诉讼法》及相关司法解释对于刑事证据做出了严格限定。行政证据和刑事证据均需符合证据的客观性、关联性和合法性,才能成为证明案件事实的载体。但两者之间也存在差异:首先,证据收集主体不同。行政证据是由行政执法机关及其工作人员依照行政程序收集,刑事证据是由公、检、法机关及其工作人员按照刑事司法程序收集。其次,收集方式和程序不同。司法机关具有国家强制力,收集证据的方式较多,程序也更加严格,在刑事侦查中,侦查机关可以采用传唤、逮捕等限制人身自由的强制措施,集中人力物力进行调查取证工作,而行政执法证据的收集方式和程序则没有明确规定,行政机关在行政执法过程中往往以效率为优位,行政执法证据需要当场或者短时间内收集,行政相对人难以及时行使抗辩权,导致行政机关的证据收集行为缺乏中立性。再次,证明对象不同。认定行为属于行政违法行为主要依据客观事实,不关注行为人的主观心理,而认定行为属于刑事犯罪行为既依据客观事实,也依据行为人的主观方面,两者缺一不可。如环境行政执法人员发现企业超标排污,即可对其进行行政处罚,而在判断企业相关人员是否构成环境刑事犯罪时,刑事司法机关还需要搜集证明行为人有主观恶性的证据。除主观方面要求不同之外,行使司法机关还需要搜集行为人是否存在无罪和罪轻的证据,行政机关执法人员则无须收集。最后,证明标准不同。刑事证据的证明标准要比行政证据的证明标准严格。刑事案件证据的证明标准需要达到"证据确实充分,能够排除合理怀疑",而行政证据的证明标准只需要达到"违法事实确凿并有法定依据",由此可知,刑事证据更偏重客观事实,行政证据更偏重法律事实。

鉴于以上差别,环境行政机关在将行政执法过程中收集到的相关证据移送给刑事司法机关时,司法机关难以将证据直接用于认定环境刑事犯罪,提高证据使用效率成为取证工作中亟待解决的问题。

2）证据转化方式不清晰

随着生产力的发展，现代社会分工日益细化，给司法机关办理案件带来挑战。环境犯罪的专业性强，公安机关缺乏专业知识，导致证据收集困难，此时需要依靠环境行政机关的帮助，将行政证据转化为刑事证据。《刑事诉讼法》中规定了行政证据可以转为刑事证据，但由于在法条的表述上，多采用"可以""等证据材料"等不明确表述，使得行政证据在转化为刑事证据过程中存在争议。

第一，转化种类不明确。《刑事诉讼法》第 54 条第 2 款①规定"物证、书证、视听资料、电子数据"四类证据可以互相转化且没有例外，该规定在具体实践中没有争议。而 2017 年《工作办法》第 20 条②规定"监测报告、检验报告、认定意见、鉴定意见、勘验笔录、检查笔录等"行政执法证据可以应用于刑事犯罪案件，该规定扩大了行政证据向刑事证据转化的范围，行政证据的取证方式也由"收集"扩大到"收集制作"。《刑事诉讼法》和 2017 年《工作办法》对证据转化的规定有所不同，这表明部门规章的制定者对证据规则的理解与立法者有所不同。《刑事诉讼法》规定的四类证据客观性较强，证明力不容易受到取证主体和取证方式的影响，只要取证方式符合程序和法律规定，即可获得客观有效的实物证据，客观性是认定行政证据能否应用于刑事诉讼程序的主要因素。而 2017 年《工作办法》第 20 条增加了证据种类，该证据种类存在一定的主观性，多包含行政执法人员自己的主观理解，有学者认为该做法破坏了刑事诉讼证据体系的严谨性，会导致法院在办案过程中采用不同的认定标准，造成同案不同判，有学者则对这种做法表示认同，认为扩大的部分行政证据有较强的专业性，让环境行政执法机关取证更为高效，也在一定程度上减少重复收集证据的行为，减轻证据收集成本。

第二，行政证据的审查标准不明。公安机关和检察机关在对环境行政执法机关提供的行政证据进行审查时需要依据何种法定条件尚没有明确规定。有

---

① 《刑事诉讼法》第 54 条第 2 款："行政机关在行政执法和查办案件过程中收集的物证、书证、视听资料、电子数据等证据材料，在刑事诉讼中可以作为证据使用。"

② 《环境保护行政执法与刑事司法衔接工作办法》第 20 条："环保部门在行政执法和查办案件过程中依法收集制作的物证、书证、视听资料、电子数据、监测报告、检验报告、认定意见、鉴定意见、勘验笔录、检查笔录等证据材料，在刑事诉讼中可以作为证据使用。"

学者认为应当按照刑事证据审查标准对环境行政执法机关移送的证据进行审查,不能通过刑事证据审查标准的行政证据,由环境行政执法机关进行补正或者进行合理解释,若经过补正和合理解释之后仍然不能通过的,可以直接排除。有学者则主张,司法机关对行政执法机关移送的证据进行审查,是建立在环境行政机关取证的基础上的,因此,司法机关应当主要审查该证据是否符合行政法中关于取证方式和流程的规定,之后再考虑该行政证据在刑事诉讼中的适用问题①,笔者赞同后一种观点。

3. 监督机制力量不足

1)行政监督落实不到位

《环境保护法》中突出了人民政府的监管责任,2011 年颁布的《关于加强行政执法与刑事司法衔接工作的意见》中也规定了人民政府是监督的主体。但在实践中,环境犯罪案件的移送会受到地方政府保护主义的影响,一些企业为当地经济发展作出重要贡献,当企业的排污行为损害环境时,地方政府往往会选择以行政处罚代替刑事处罚,或者干脆视而不见,政府的这类行为既能够保护当地企业的发展,带动当地经济,企业缴纳的罚款还能够弥补地方政府资金不足的问题。

行政机关工作人员缺乏正确的理念,没有树立良好的监督意识,怠于行使监督职能,片面认为处理环境犯罪案件不属于自己的职责范围,而属于司法机关的工作。案件行刑衔接意识的缺乏会让行政机关工作人员出于减少自身工作压力和外界压力的考虑,对应当移送的涉嫌环境犯罪的案件在行政处罚阶段止步。在此背景下,如何破除地方保护主义,让行政机关工作人员树立正确的理念,积极履行移送职责显得尤为重要。

2)检察监督缺乏强制力

现行有效的环境案件行刑衔接机制更多注重于环境行政机关、公安机关和检察机关三者之间的协调与配合,检察机关的监督职能对环境领域行刑衔接机制的保障作用没有受到重视。检察机关的监督主要集中在对涉嫌犯罪的案件进行审查起诉和诉讼程序方面,而对涉嫌犯罪案件的移送方面关注不足,导致检察机关对衔接机制的监督职责没有得到充分发挥。

---

① 刘梅:《环境行政执法与刑事司法衔接问题研究》,南京师范大学 2019 年硕士学位论文,第 14 页。

在立法方面,《刑事诉讼法》第113条①规定了检察机关对公安机关的立案监督权,2017年颁布的《工作办法》规定了检察机关相应的职权,但公安机关对于环境行政执法机关移送的案件进行立案、撤案仍具有随意性,公安机关的这种行为使构成刑事犯罪的环境案件无法顺利进入刑事诉讼程序。在具体的实践中,立案监督主要由环境行政机关向检察机关提出建议,公安机关由此可能会产生抵触情绪,检察机关为了缓和公安机关的抵触情绪,会选择放弃履行自己的监督职能。同时,由于公安机关办案过程不完全公开,检察机关难以知悉公安机关办理案件的过程,使得检察机关对公安机关的立案监督工作难以顺利展开。

（二）成因分析

1. "两法"保护法益的不协调

环境违法行为与环境犯罪行为在结果上都表现为对生态环境造成破坏,但在危害程度上有所区别:环境违法行为的危害结果累积到一定程度会转变为环境犯罪行为。环境行政法与环境刑法的制定初衷都是为了维护生态环境,在立法上,环境行政法侧重于保护生态环境法益。如《环境保护法》第1条规定:"为保护和改善环境,防治污染和其他公害,保障公众健康,推进生态文明建设,促进经济社会可持续发展,制定的法律。"《固体废物污染环境防治法》第1条规定:"为了保护和改善生态环境,防治固体废物污染环境,保障公众健康,维护生态安全,推进生态文明建设,促进经济社会可持续发展,制定本法。"但环境刑法不直接以保护生态环境法益为目的,而是以犯罪行为造成的人身和财产损害为判断标准,这种判断标准在某些情形下会使犯罪行为人逃脱刑法制裁。如:当某一行为对生态环境造成严重破坏,但损失的数额无法精确计算是否达到定罪标准时,行为人的行为在刑法上无法定罪。因此,需要对我国环境刑法制度进行反思重构,以解决我国环境刑法在实践中面临的问题。

2. 空白罪状的立法模式

我国《刑法》多以空白罪状的形式规定环境犯罪的罪名,即有关该罪的构成要件在法律条款中未直接列明,而是需要参照其他法律、行政法规规定,通常表现为"违反国家规定"。环境法学理论将上述现象称为行政犯罪,这使我国司法实践

---

① 《刑事诉讼法》第113条:"人民检察院认为公安机关对应当立案侦查的案件而不立案侦查的,或者被害人认为公安机关对应当立案侦查的案件而不立案侦查,向人民检察院提出的,人民检察院应当要求公安机关说明不立案的理由。人民检察院认为公安机关不立案理由不能成立的,应当通知公安机关立案,公安机关接到通知后应当立案。"

中处理该类案件时存在行政前置的特点。我国采用空白罪状的立法模式是借鉴了大陆法系国家代表——德国环境刑法。德国拥有体系完备的环境行政立法，能够与环境刑法形成紧密的环境保护行刑衔接机制。此外，德国国民环保意识较高，与环保相关的法律、行政法规能够被国民认同和遵守，这使得德国环境治理水平位居世界前列。但这种立法模式不能完全适应我国国情，我国环境行政立法体系不够完备，无法与环境刑法形成紧密衔接。此外，我国正处于社会主义初级阶段，是发展中国家，对环境保护理念的宣传不够到位，国民环境保护意识有待提升。

3. "两法"衔接规范性文件自身缺陷

一方面，我国现行法律规定中有关环境保护"两法"衔接的规范性文件位阶低，多数为部门规章，在司法实践中缺乏权威性和强制性；另一方面，虽然规范性文件规定了涉嫌环境犯罪案件移送的相关程序要求，但由于环境犯罪案件专业性强，案件因果关系的认定复杂，不同机关对同一案件中的证据认定和转化标准往往存在不同看法，当公安机关与环境行政机关看法不一，反复要求行政机关补充侦查时，会降低行政机关移送案件的积极性，一旦行政机关或行政执法人员移送案件的积极性降低，环境刑法的作用会大打折扣。虽然检察机关有权对环境行政机关移送案件的情况进行监督，对环境行政机关不主动移送案件的情况进行调查、提出检察意见，但我国检察机关的监督权过于广泛，在实践中难以及时有效落实。再者，缺乏法律层次的依据和标准。有关两法衔接的司法解释只有在案件已经进入司法程序时才能被适用，这使得尚属于环境行政领域的违法行为在向有关司法机关移送时，由于不属于司法行为而不能适用相关司法解释，导致法律适用存在障碍。①

三、我国环境行政执法与刑事司法衔接现有机制

（一）环境行政执法与刑事司法衔接机制的立法现状

2007 年发布的《关于环境保护行政主管部门移送涉嫌环境犯罪案件的若干规定》，首次规定了环境行政机关发现涉嫌环境犯罪案件时应如何处理。2010 年发布的《环境行政处罚办法》，明确要求环境行政执法机关在行政执法过程中发现案件可能涉嫌环境犯罪时要将案件及时移送有管辖权的公安机关，

---

① 王吉春：《行政机关与司法机关的法律衔接问题——以环境法律为切入点》，《重庆传播电视大学学报》2015 年第 1 期，第 60 - 65 页。

禁止出现有案不移、以行政处罚代替刑事制裁的情况。2013年发布的《关于加强环境保护与公安部门执法衔接配合工作的意见》,规定环境行政执法机关和公安机关之间要密切协作,共同打击环境违法犯罪。① 2017年发布的《工作办法》,则对涉嫌环境犯罪的案件的移送期间、移送程序等程序性事项作出了详细规定,是目前环境行政执法机关和司法机关之间进行衔接工作的主要依据。2020年3月发布的《关于构建现代环境治理体系的指导意见》,要求建立环境"两法"衔接多部门间的协调联动,加强机关间的信息沟通,严厉打击有案不移、以罚代刑的情况。

各地区也针对实际情况制定了在本行政区域内施行的规范性文件,这表明我国环境案件"两法"衔接机制的设置与实际运行之间缺乏统一的具体可行的实施细则,"两法"衔接工作不畅问题亟待解决。

(二)环境行政执法与刑事司法衔接的典型案例分析

作者检索了裁判文书网上2015年1月至2023年4月关于环境两法衔接的案例,总结出相关机关在衔接中的三种情形:第一种是关于行政责任与刑事责任的折抵,这是最普遍的情形;第二种是林业执法人员以行政处罚代替将案件移送司法机关;第三种是行政证据在刑事诉讼中的转化应用。针对以上三种情形,筛选出三个典型案例,以分析其中的问题。

1. 以行政处罚替代移送——陆某玩忽职守案②

以行政处罚代替将案件移送给司法机关是环境行政执法机关在对环境违法行为作出行政处罚之后,认为该案件可能涉嫌刑事犯罪,能否通过对相对人进行行政处罚而代替刑事处罚的问题。案件是否能够顺利移送,环境行政执法机关的因素占很大比重,若工作人员对环境案件行刑衔接不够重视,在工作中玩忽职守,将会导致环境犯罪案件以行政处罚的方式处理,不利于打击犯罪。

2011年,行政执法人员陆某发现三家采石场存在侵占林地行为时,依法对该三家采石场进行了行政处罚;但在2012年发现采石场存在更加严重的侵占林地行为时,仅仅是出具了停止侵占林地通知书。2012年三家采石场的行为

---

① 康慧强:《我国环境行政执法与刑事司法衔接的困境与出路》,《郑州大学学报(哲学社会科学版)》2017年第5期,第23-27页。

② 黑龙江省哈尔滨市中级人民法院(2015)哈刑一终字第263号刑事裁定书,中国裁判文书网:https://wenshu.court.gov.cn/website/wenshu/181107ANFZ0BXSK4/index.html? docId = 4cb455bc9e9e47b58623183bb88b934d。

已经涉嫌刑事犯罪,而陆某仅仅对其作出行政处罚,没有将案件及时移交有关司法机关,导致环境遭受极大破坏,给国家财产造成巨大损失,陆某的行为构成玩忽职守罪。由于行刑衔接制度存在的缺陷,环境领域"以罚代刑"现象普遍,完善案件移送机制与监督机制尤为重要。

2. 行政证据的转化使用——安某、郑某污染环境案①

环境监测是了解环境质量、掌握污染源排污情况、进行环境污染治理的重要前提,环境监测数据在行政执法和民事纠纷中能够充当证据材料,在刑事司法实践中,环境监测数据对于环境犯罪中"严重污染环境"的认定起重要作用。如何将行政机关在执法过程中收集到的检测数据作为刑事诉讼中的证据使用,在实践中存在较大争议。

在安某、郑某污染环境案中,新安县环境监测站出具的监测报告在经过河北省环保厅认可之后才能作为证据使用。但随着环境刑事案件的增多,该认可程序已经不适用于实际办案需要,由于环境检测样本的一致,河北环保厅的认可属于形式审查,该形式审查可能延误环境犯罪案件的办理。在本案中,新安县公安局出具的监测报告属于诉讼中形成的证据,根据《刑事诉讼法》第 54 条,该监测报告属于书证,能够在案件中直接作为刑事证据使用。

2016 年,《环境犯罪司法解释》删除了第 12 条②中"经省级环保主管部门认可"的程序,从侧面体现出环境监测制度的发展完善和监测数据的客观性。该条文的修改符合办案的实际需求,有利于及时办理环境违法犯罪案件,是《刑事诉讼法》第 54 条在环境犯罪案件领域的正确适用。

3. 行政责任与刑事责任的折抵——宏某金属表面工艺有限公司、李某环境污染案③

环境犯罪案件行刑衔接机制中存在的一个问题是,环境行政机关对违法行

---

① 《河北省安新县人民法院(2017)冀 0632 刑事判决书》,中国裁判文书网:https://wenshu. court. gov. cn/website/wenshu/181107ANFZ0BXSK4/index. html?docId=fa3aadc7634644709d5ba843010197f8。

② 《最高人民法院、最高人民检察院关于办理环境污染刑事案件适用法律若干问题的解释》第 12 条:"环境保护主管部门及其所属监测机构在行政执法过程中收集的监测数据,在刑事诉讼中可以作为证据使用。公安机关单独或者会同环境保护主管部门,提取污染物样品进行检测获取的数据,在刑事诉讼中可以作为证据使用。"

③ 《广东省珠海市斗门区人民法院(2016)粤 0403 刑初 552 号刑事判决书》,中国裁判文书网:https://wenshu. court. gov. cn/website/wenshu/181107ANFZ0BXSK4/index. html? docId=b18053ba9ac440689d1faa5300ddd6d8。

为人作出行政处罚之后,又因为同一行为受到刑事处罚,当两种处罚方式竞合时如何处理?

对于同一环境违法行为,行政机关和司法机关在对违法行为人进行行政处罚和刑事处罚时,应当遵循行政法中的"过罚相当"原则和刑法的"罪刑相适应"原则,对违法行为不得作出超出其违法程度的处罚。对于不同类型的行政处罚和刑事处罚,两者之间不受影响;对于本质相同的行政处罚和刑事处罚,则存在行政责任与刑事责任相折抵的问题。本案中,宏某金属表面工艺有限公司因排放污染物浓度超标的违法行为在被珠海市环境保护局罚款 20 万元后,因行为构成污染环境罪,被法院判处罚金 20 万元。由于罚款和罚金都属于金钱给付义务,依据 2021 年修订的《行政处罚法》第 35 条①和《行政执法机关移送涉嫌犯罪案件的规定》第 11 条②可得出,人民法院在判处罚金时应当考虑该公司已经受到行政处罚的情形,因此,宏某金属表面工艺有限公司已经缴纳的 20 万元罚款应当折抵 20 万元罚金。

四、域外环境犯罪案件行政执法与刑事司法衔接经验启示

(一)域外环境犯罪案件行政执法与刑事司法衔接经验

1. 德国环境犯罪案件行刑衔接的经验

德国环境行政执法与刑事司法之间的合作采取一体化立法模式,也就是将行政处罚与刑事刑法合一立法。

德国联邦内阁委员会统一管理全国环保工作,德国还成立了"环境问题专家委员会""各部门环境问题负责人常务委员会"等机构负责各自业务范围内的环保工作。德国环境行政机构能够为环境犯罪案件提供关键资料和技术性协助,德国警察局负责调查环境犯罪案件中的特殊环节,联邦调查局负责调查国内、国际环境犯罪和情报等信息的交换,配合国外刑事调查和特殊情况下的国内调查,在符合一定条件时能够自行调查并制定应对措施。

此外,德国设立了环境警察制度,隶属于德国联邦内政部门,专门负责污染

---

① 2021 年《行政处罚法》第 35 条第 2 款:"违法行为构成犯罪,人民法院判处罚金时,行政机关已经给予当事人罚款的,应当折抵相应罚金。"

② 《行政执法机关移送涉嫌犯罪案件的规定》第 11 条第 3 款:"依照行政处罚法的规定,行政执法机关向公安机关移送涉嫌犯罪案件前,已经依法给予当事人罚款的,人民法院判处罚金时,依法折抵相应罚金。"

环境违法犯罪案件的处理,进行现场执法并在一定条件下抓捕环境犯罪案件的嫌疑人。每个环境警察在正式执法前都要进行 18 个月的环境保护执法专业训练,并且配备现代化执法设备,以保障环境执法活动的专业性和客观性。因此,德国环境执法机关享有部分环境犯罪案件调查权。

德国的检察机关是具有司法性质的行政机关,有权直接对环境违法行为进行侦查,在发现可能涉嫌环境犯罪时,有权代表国家向法院提起诉讼。行政复议和行政诉讼是德国对行政执法活动进行监督的主要模式。

2. 俄罗斯环境犯罪案件行刑衔接的经验

俄罗斯十分重视环境保护问题,拥有完备的法律体系,对环境违法犯罪行为的打击力度大且效果显著。俄罗斯环境犯罪案件行刑衔接机制与我国大体相似,即:环境行政法由环境部门和各类政府行政机构负责实施,有权制定适用于一定区域内的行政命令。

俄罗斯是最早设立生态警察的国家。与一般的行政执法人员不同,环境警察具有强制性的国家权力,主要职责是预防生态行政违法和生态犯罪行为、负责侦查、调查取证和提起刑事诉讼。[①] 为了避免生态警察的权力和其他部门行政执法人员的权力产生冲突,俄罗斯将生态警察散布在地方政府的各个部门中,与政府部门联合办案。如在处理汽车尾气排放问题中,在交通警察中安插生态警察,形成交通警察和生态警察联合执法的模式,该模式能够较好避免权力冲突问题。

在检察监督方面,俄罗斯设置了自然保护检察院。俄罗斯的检察机关是独立的联邦集中统一管辖机关,适用垂直领导机制,检察监督机关具有极高的权威性,检察机关的职能也不断向"一般监督"加强。根据俄罗斯基本法的规定,俄罗斯检察机关的职责是对国内现行法律执行情况进行监督,保证法律实施的一致性,同时也包括立法监督、执法监督和对有关机关、公民遵守、履行法律规定的情况进行监督。俄罗斯自然保护检察院对环境行政机关的执法情况有法定监督权。环境行政执法机关收缴的罚款须上缴至预算账户而非环保部门的账户,以保障检察机关能够有效监督环保部门。在监督方式上,检察机关针对不同的监督对象采取不同的监督方式。针对行政机关的违

---

① 邢捷:《论公安执法对公民环境权的保护》,《中国人民公安大学学报(社会科学版)》2009 年第 1 期,第 107 - 112 页。

法执行行为，检察机关有权要求行政机关予以纠正，否则可以收集违法执行行为的相关资料，交至调查委员会，以保障行政机关能够合法履行行政职能。针对组织、公民的违法行为，检察机关有权要求生态环境部门对违法行为人进行行政处罚或向法院提起行政诉讼。目前，俄罗斯已设置了九十余个自然保护检察院，负责专门地域的生态立法和环境执法监督检查，在未设置自然保护检察院的地区，由属地检察院对区域内生态立法和环境执法情况进行监督。

3. 美国环境犯罪案件行刑衔接的经验

20 世纪 60 年代，美国国会、司法部门和政府开始重视运用刑事制裁手段惩治环境犯罪。美国司法部、联保环保局等机构开始确立并改进针对环境犯罪案件进行调查和起诉的职能，有效保证了环境刑事法律的实施。

在成立之初，美国环保局的主要职能是进行行政处罚和民事执行，没有刑事案件调查权和环境刑事案件执行职能，环境刑事案件由环保局移送给享有案件起诉权的美国司法部进行审查起诉。当时，美国存在与我国相似的环境犯罪案件行刑衔接机制，环保局作为环境行政机关，在环境行政督察过程中发现违法行为可能违反刑事法律时，如果认为犯罪事实清楚，证据确实充分，可以直接将案件转交司法部或者其下属的检察官办公室；如果认为犯罪事实不清，证据不足，需要继续调查时，则将案件移送联邦调查局继续开展调查。①

随着环境犯罪案件日益增多，美国开始重视对环境犯罪案件的处理。1984年，美国司法部授予环保局调查执行权，环保局能够调查环境犯罪案件，并针对具体情形采取执行措施。1988 年，美国国会通过法律授予环保局全面永久的法律调查执行权，在环保局下设环境犯罪侦查、起诉等职能部门，使得环保局能够就环境污染案件直接向法院提起诉讼，至此，与我国类似的环境行政执法与刑事司法衔接机制不复存在。但环保局内部的行政执法机关在发现环境违法行为可能涉及刑事犯罪时，需要将案件移送至环保局内设的刑事执法办公室，由刑事执法办公室对环境犯罪案件进行调查。美国针对环境犯罪案件，采取"平行调查"方法，即在环境违法行为人既可能属于行政违法，也可能属于刑事违法时，环境行政机关与刑事司法机关可以同时开展行政调查和刑事侦查，且两机关之间能够共享调查、侦查过程中收集到的证据。

---

① 王刚：《域外行政执法与刑事司法衔接》，《理论与现代化》2016 年第 3 期，第 108 - 113 页。

（二）域外经验的启示

1. 检察机关的监督制约作用

检察机关发挥制约监督职能能够对环境犯罪行刑衔接机制畅通运行起到关键作用。在德国，检察机关能够对环境行政机关移送案件环节进行监督，也能对环境犯罪案件的初查进行监控。俄罗斯宪法赋予俄罗斯联邦检察机关针对环境行政机关的法律监督权，检察官能够在一定程度上决定环境案件在行政执法机关与刑事司法机关之间的走向。检察机关的监督职能使环境行政机关的自由裁量权减少，有效规制了环境行政机关的执法行为，避免环保机关权力寻租现象。在我国，检察机关处于被动司法地位，监督权具有间接性，多数情况下检察机关没有主动监督权。

因此，我国应当着重提升检察机关与行政机关之间互相配合，互相制约的默契度，提升协同共治环境犯罪案件的意识，借鉴域外检察监督经验，完善检察机关对于环境犯罪案件的提前介入制度，以求提升检察机关履行监督职责的主动性和有效性。在借鉴域外经验时，不能照搬照抄，而应当综合考虑我国基本国情和法律制度，注意检察监督权和行政执法权之间的界限。

2. 环境警察制度

德国建立了环境警察制度，由环境警察专门处理环境污染和环境犯罪案件，授予环境警察强制抓捕权，并配备了现代化执法设备；俄罗斯建立了生态警察制度；美国环保局设立了专门的环境侦查部门。一方面，环境警察制度能够增强环境行政执法部门的独立性和环境执法能力，使其能够更好处理环境污染案件；另一方面，环境警察具有环境相关的专业知识，有利于环境案件证据的收集和行政证据与刑事证据之间的相互转换。

我国可以借鉴德国、俄罗斯等国的做法，设置环境警察制度。在我国环境行政执法实践中，北京、陕西等地已经开始组建生态环境保护警察队伍，下一步，可以从国家法律、制度层面进行组织，保障我国环境警察制度的建立有法有据。

五、我国环境行政执法与刑事司法衔接制度完善路径

本部分将就以上问题提出完善建议，以求完善环境"两法"衔接机制，使其运行更为顺畅、有序。

（一）完善案件移送机制

1. 明确环境犯罪的入罪标准

司法解释的主要功能是为抽象的法律条文提供操作性强的具体标准，因此，司法解释的法条语言应当规范，不带歧义，否则会使司法机关对法律文本的适用更混乱，起到相反效果。现阶段应当确立明确的判断标准，使环境犯罪的客体与环境安全联系起来。同时，法律适用者应当对兜底条款保持谨慎态度，减少适用兜底条款。这是因为司法解释使法条更具有可操作性，如果法律适用者采用兜底条款而非司法解释，则会使司法解释失去其应当有的价值。在法律条款的适用标准被明确量化之后，应当针对不同类别的生态破坏行为采取不同的判断标准，将无法认定环境法益是否受损害的标准删除，使得判断标准与案件事实的严重程度在整体上达到协调。

环境犯罪的专业性强，需要专门的法律法规对环境污染与破坏问题进行明确规定，这也是《刑法》中关于环境犯罪多采用空白罪状的原因之一。为了使环境行政执法机关在移送案件时能够初步运用环境罪名进行认定，应当首先完善环境行政法律规范与刑法条文之间的衔接，在刑法条文中减少使用"违反国家规定"等抽象的表述，在行政法律法规中涉及环境刑事犯罪的部分，应当写明具体的刑法条文。其次，完善环境行政法律体系。在环境行政法律法规中对环境违法行为构成的环境犯罪进行分类，明确哪些行为属于行政违法行为，哪些行为属于刑事犯罪行为，让行政执法人员能够准确认识环境领域的违法行为和犯罪行为，提高环境行政执法人员在初步移送案件时确定环境犯罪罪名的可操作性。

2. 明晰环境案件的双向移送标准

环境案件行政执法与刑事司法衔接机制中移送标准的模糊性既不利于环境行政机关办理行政案件，也不利于司法机关打击环境犯罪活动。当前，应当明确环境案件双向移送标准，不再适用笼统模糊的表达方式，而是客观地表述"有证据证明有犯罪事实发生"。

行政机关在向司法机关移送案件时，可以将"参考同类案件立案标准"作为行政机关移送案件的标准，或者将"同类案件的立案追诉标准"作为同类案件的移送标准。现阶段，环境行政机关可以参考《关于公安机关管辖的刑事案件立案追诉标准的规定（一）》中规定的环境犯罪立案标准，将其作为判断某一行政违法行为涉嫌刑事犯罪时是否需要移送的问题，但应当放宽具体罪名的量化指标,即,只要环境违法行为接近或者达到刑事犯罪的最低立案标准,且涉嫌犯罪的线索明确,环境行政机关就应当将案件移送给相关司法机关。由于行政违法行为和刑事犯罪行为的构成要素不同,环境行政机关在处理可能涉嫌刑事犯罪的案件时,无须考虑行为人的主观方面。

司法机关在侦查过程中发现尚不构成犯罪的环境行政违法行为时,应当将除了按照刑事法律规定需要保密的资料以外的其他资料移交给环境行政执法机关,这样能够使环境行政执法机关最大程度利用司法机关已经取得的案卷材料,提高行政机关办案效率。当环境行政机关还没有对违法行为作出处罚就已经将案件移送给公安机关时,司法机关经过审理之后认为该行为无罪或者没有达到应受刑法处罚时,作出撤销案件或不起诉决定或直接判定无罪,此时,司法程序终止。但由于该行政违法行为没有被行政机关处罚,司法机关应当将决定书或判决书以及环境行政执法机关移送的案卷材料再全部移送回环境行政机关,并出具相关移送文书,将案件交由行政机关作最后处理。若环境行政机关是在对行政违法行为进行行政处罚之后再将案件移送给司法机关,此时司法机关在做出撤销案件等决定之后,无须将案件移送回行政机关,衔接程序终止。

（二）完善证据转化机制

1. 强化环保部门与公安机关的联合调查取证工作

刑事诉讼追求的重要价值之一是效率。由于环境保护的特殊性,多数证据在一次提取之后即难以再次取得,如果错过取证时机,会对后续刑事诉讼程序产生不利影响。公安机关收集的案件证据和环境行政机关在行政执法过程中收集的证据都能够用来证明案件事实,在某些情形下,公安机关重新收集的证据与行政机关收集到的证据在本质上相同,此时的程序转换反而增加了司法成本,造成司法资源浪费。

打击环境违法犯罪行为需要行政机关和司法机关之间密切配合,联合调查取证。联合调查取证不是指所有的环境案件都要行政机关和司法机关共同取证,而是指环保部门或者公安部门在需要对方提供帮助时,对方能够提供及时有效的帮助。如公安机关需要对污染源进行物证提取时,如果环境行政机关在前期执法过程中已经提取检验了环境污染样本,则公安机关只需要与行政机关做好检验报告等材料的对接工作即可,如有其他办案需求,可以依据《刑事诉讼法》有关规定采取扣押等强制措施。当发生重大环境污染案件,需要立即启动两机关之间的联合调查时,应当由公安机关主导侦查过程,此时环境行政机关处于辅助地位,协助公安机关进行调查取证工作。如有需要,公安机关可以依据环境行政机关的申请,安排环境行政机关工作人员参与联合调查,公安机关也可以主动依职权通知环保部门进行联合调查,这免除了行刑证据转化程序,提高了取证效率和办案质量。

2. 确立行政证据到刑事证据的转化使用方式

一些地区制定了环境案件行刑衔接机制的实施细则,对于完善衔接机制有一定的参考价值。有学者认为,凡是可以在刑事诉讼中重新收集、调取的行政执法证据,不能作为刑事诉讼的证据使用;凡是不能在刑事诉讼中重新收集、调取的行政执法证据,皆可作为刑事证据在刑事诉讼中使用。[①] 笔者对该观点持反对态度。证据能否重新收集,在多数情况下包含主观判断,如果在衔接机制实践中采取该方式,则司法机关能够任意适用或者排除行政执法过程中收集的证据,不利于保护犯罪嫌疑人或者被告人的权利。笔者认为应当对不同类型的证据进行区分,建立起符合证据类型的转化方式,使证据的转化应用具有连续性。主要包括以下三种类型:

第一种是实物证据,也就是《刑事诉讼法》规定的物证、书证、视听资料和电子数据,该类型的证据本身是一种客观存在,具有不可替代性,受人的主观因素影响小,稳定性和证明力高,在案件移送过程中,公安机关只需对证据的合法性进行审查即可,如果该证据有瑕疵且无法补正,则不能直接作为刑事证据使用。

第二种是鉴定类证据,包括认定意见、鉴定意见、勘验笔录、检查笔录等。该类证据由司法机关进行审查,以审查为原则,以重新鉴定为例外。鉴定类证据是专业鉴定人员基于一定的检验材料和科学原理做出的一种判断,没有必然的正确性,具有重要参考价值。在某些情形下,自然环境随着时间的推移会不断净化,因此,不同时间提取的监测样本得出的鉴定结果也不同,难以针对当时的情形进行重新鉴定。环境样本的监测通常由环保部门自身或者委托鉴定机构进行,当鉴定人员具备相应的资质,鉴定过程符合法定程序,形成书面报告文件,并有其他证据材料予以佐证,鉴定人员能够出庭说明情况,则可以保证鉴定类证据具有客观性和合法性。

第三种是言辞类证据。2019 年颁布的《人民检察院刑事诉讼规则》第 64

[①] 顾永忠:《行政执法证据"在刑事诉讼中可以作为证据使用"解析》,《法律适用》2014 年第 3 期,第 11 - 15 页。

条删除了《人民检察院刑事诉讼规则（施行）》第 64 条中关于行政机关收集的证人证言等言辞类证据可以直接作为刑事证据使用的四种特殊情形，这表明言辞类证据在行刑衔接中应当重新收集，不能直接转化适用。言辞类证据具有较强的主观性，在案件办理的过程中往往反复出现。取证主体的变更、取证方式的改变以及取证环境的变化都能对言辞证据产生较大影响，因此，司法机关应当重新收集言词证据；如果当事人死亡或者其他原因导致无法重新收集言辞证据，司法机关也只能将行政机关收集的言辞类证据作为定罪量刑的参考，不能作为直接认定犯罪事实的依据。

（三）完善监督机制

1. 落实长效运行的环境督察制度

2019 年 6 月，中共中央办公厅、国务院办公厅印发《中央生态环境保护督察工作规定》，明确中央生态环境督察主要包括例行督察、专项督察和"回头看"等内容，由中央生态环境保护督察小组负责组织协调，推动中央生态环境保护督察工作顺利展开，保障规划任务落实到位。根据 2019 年生态环境部发布的《中国生态环境状况公报》，截至 2019 年底，第一轮和第二轮中央生态环境保护例行督察工作取得显著成效：对群众举报的环境污染问题积极处理；对未整改到位的问题列出清单；对地方环境突出问题专项专办，反对"一刀切"的做法；针对行政机关公职人员的环保履职问题约谈主要负责人，倒逼相关部门落实责任。[①]

环境督察制度采取中央向地方派员的做法，能够有效破除地方保护主义，加强对环境行政执法情况的监督。长效稳定的环境督察工作能够有效提升环境行政执法效率，给环境案件行刑衔接机制增加保障，使环境行政机关能够有效落实环境保护责任。

2. 健全检察机关提前介入制度

在环境案件行刑衔接机制中，检察机关能够提前介入案件办理，依法履行监督职能，督促环境行政机关及时移送案件，督促公安机关及时立案侦查，从而更好地了解案件的真实情况，达到被动监督和主动监督相得益彰的效果。检察机关提前介入案件办理时应当重视环境行政机关对案件的筛选功能和公安机

[①]《2019 年中国生态环境状况公报》，生态环境部官网：http://www.mee.gov.cn/hjzl/sthjzk/zghjzkgb/202006/P020200602509464172096.pdf。

关对案件材料的审查功能,将监督的时间提前到执法与立案阶段。必要时,检察机关可以通过听取汇报和抽样调取卷宗的方式对一段时期内的环境执法与立案情况开展专项检查,以巩固提前介入取得的成果。

对于检察机关提前介入的时间,可以确定为在收集到案件线索后,初步查证涉嫌环境犯罪行为时,开展移送监督与立案监督,指引环境行政机关与公安机关的接送、接收工作。当环境行政机关或公安机关主动要求检察机关介入案件衔接工作中时,检察机关应当作必要的审查,不能一味提前介入。对于检察机关提前介入的案件范围,笔者认为,应当是有重大社会影响或者引起民众广泛关注的案件、取证难度较大或法律适用存在争议的案件等,检察机关可以在总结当地环境犯罪案件特点的基础上,采用客观标准判断,从"应然"角度规范提前介入行为。

在开展提前介入工作过程中,检察机关应当结合案件具体情况,综合运用监督管理职能,有效发挥监督优势。对于发现的职务犯罪线索,及时移送监察部门处理,对于发现的涉嫌违纪线索,及时移送纪检部门处理,更好地治理环境案件行刑衔接机制中出现的问题。

监察解释权的设定及其监督

谭　旺[*]

摘　要：监察解释作为弥补监察法律法规之不足，促进监察法律法规更好落地实施的重要工具，其效力地位、权限和主体在法律中尚未明确。设立监察解释权是监察实践的要求，应当符合"解释权共享逻辑""适用者解释逻辑"以及"功能最优化逻辑"的法律解释权配置逻辑，而国家监察委应是符合权因事生、权随事走的应用者逻辑的适格主体。就监察解释的设定方式而言，可以采取与监察法规相同的方式。而对监察解释权的监督，可以从备案审查、党的监督和自我监督三个方面入手。

关键词：监察解释权；应用者解释；设立；监督

监察体制改革自试点至今即将进入第八年，监察制度在改革进程中也在不断完善。

一、研究意义及现状

（一）研究意义

自监察体制改革以来，学界对监察有关的研究主要集中在监察委员会的权力配置、监察权与其他公权力的衔接等方面，而对监察解释权的研究趋近于无。在监察法规制定权落地生根后展开对监察解释权的研究，一方面有助于加深对监察领域相关概念的理解，另一方面也有助于完善监察领域理论研究。

在监察实践中，已经出现了一些监察解释性规范性文件，其位阶和地位有待明确，监察解释的制定主体范围也有待确定。研究监察解释权有助于解决监察解释合法地位的问题，明确监察解释的制定主体，指导监察工作顺利开展，推

---

[*] 谭旺，男，江南大学法学院硕士研究生。

动监察体制改革的顺利进行。

（二）研究现状

监察解释权作为国家监察委监察权内容之一，目前对其的研究凤毛麟角。相比之下，另一重要内容的监察法规制定权被受到更多关注。大部分学者主要集中在研究监察法规制定权、监察法规的性质和地位，而在这些讨论过程中，他们顺便会提到监察解释的概念。

关于监察法规制定权的研究。就赋权问题而言，有学者认为从我国宪法惯例来看，监察法规制定权的主体为国家监察委员会。比如，聂辛东在考察宪法惯例的基础上，认为以《决定》①的形式对法规制定权进行配置是 1954 年《宪法》以来便存在的操作模式②。然而，也有学者对以《决定》授权方式进行了一些反思。比如，董茂云认为，《决定》并非最佳的方式，存在滥权的嫌疑③。就权限范围而言，李龙和李一鑫认为，监察法规制定权仅限于根据职权制定执行性规范、根据《监察法》制定相应的配套法规以及制定内部规则。④ 针对这一观点，秦前红和石泽华认为，对于法律保留外的事项，若符合"《宪法》规定＋职权范围"的条件，则国家监察委员会可以制定相应的创制性规范⑤。

关于监察法规性质地位的研究，秦前红和石泽华认为，监察法规是特定机构制定的在全国范围内监察领域施行适用的具有普遍拘束力的一种法规范形式。相较之下，刘怡达认为监察法规为中央立法，居于法规效力级别，当其与其他国家机关的法规产生冲突时，建议提请全国人大常委会裁决。

关于监察解释相关的研究，⑥，秦前红和石泽华在研究监察法规时提到，广义上的监察解释是指特定监察机关对监察法律、法规和监察规范性文件的解释，狭义上的监察解释则指的是国家监察委员会对监察法律的解释。李晓明认为，监察解释即对监察法条文的具体阐释和理解。关于监察解释权的主体，李

---

① 此处为《全国人民代表大会常务委员会关于国家监察委员会制定监察法规的决定》（2019 年）的简称，下同。

② 聂辛东：《国家监察委员会的监察法规制定权限：三步确界与修法方略》，《政治与法律》2020 年第 1 期，第 72 页。

③ 董茂云：《监察委员会独立性地位的三个认识维度》，《东方法学》2020 年第 3 期，第 26 页。

④ 李龙、李一鑫：《国家监察委员会的法规制定权研究》，《河南社会科学》2019 第 12 期，第 39 页。

⑤ 秦前红、石泽华：《监察法规的性质、地位及其法治化》，《法学论坛》2020 年第 6 期，第 96 - 97 页。

⑥ 刘怡达：《监察法规在我国法律体系中的定位》，《行政法学研究》2023 年第 2 期，第 133 - 144 页。

晓明指出，在 1981 年《全国人大常委会关于加强法律解释的决议》确立的法律解释模式下，虽然国家监察委作为新的机关出现，但其是最合适的监察法律解释机关①。聂辛东认为，根据权随事走、权尚事效和权由事生的适用者解释逻辑，国家监察委作为接受转隶权力机关，理所当然拥有监察解释制定权②。关于监察解释权的赋权问题，目前均认为可以参照监察法规的入法路径，首先由全国人大常委会通过会议授权，再修改法律予以明确。

通过对目前研究现状的分析，虽然目前学界对监察解释权的研究相对稀少，但是对同为监察权内容的监察法规制定权却有较多的研究。基于两者之间天然存在的联系，可以借鉴学界对后者的研究方法和经验，从而展开对监察解释权相关问题的深入研究讨论。同时，已有的对监察解释权的研究资料成为本文的重要参考。

二、监察解释权的提出

监察解释权是指国家监察委在具体监察工作中对监察法律的应用作出解释的权力。现阶段，严格来说，它尚未归属于正式的有权解释的范畴。这也带来了一些问题。一方面，我国法律解释体系存在一些漏洞。根据 1981 年五届全国人大第 19 次常委会通过的《关于加强法律解释工作的决议》（以下简称 1981 年《决议》）建立的我国法律解释体系，国务院对行政监察拥有行政法规解释权，最高人民检察院对职务犯罪相关内容具有司法解释权。在我国监察体制改革以后，关于行政监察和职务犯罪的监察权由监察机关行使，但是现行法律解释体系并未对国家监察委在这方面的法律解释权作出明确的安排。另一方面，现有法律体系无法解释国家监察委已经颁行的部分规范性文件的法律地位。例如，对于由国家监察委制定的《公职人员政务处分暂行规定》（以下简称《政务处分规定》），其是对《监察法》第 45 条第 1 款第 2 项政务处分条款进行了解释，产生了类似行政解释中实施细则的效果。由此看来，它并不属于监察法规，在国家监察委员会尚未拥有监察解释权的当下，其法律地位缺乏合法性依据。赋予国家监察委监察解释权一方面能够满足监察实践的需要，促进监察体制改革的需要；另一方面也符合法律解释权的配

---

① 李晓明：《监察法规抑或监察解释：〈监察法实施条例〉的位阶与定性》，《甘肃社会科学》2022 年第 5 期，第 175 - 185 页。

② 聂辛东：《论监察解释权的法治化原理及其方案》，《南大法学》2020 年第 4 期，第 51 - 53 页。

置逻辑。

(一) 监察工作实践需要

1. 解决已有文件地位合法性问题

如前所述,在国家监察委于 2019 年被决议明确具有法规制定权以前,其已经制定了一系列规范性文件,例如《政务处分规定》、《国家监察委员会管辖规定(试行)》(下称《管辖规定》)、《中央纪委 国家监委监督检查审查调查措施使用规定(试行)》(下称《调查措施使用规定》)、《中央纪委 国家监委立案相关工作程序规定(试行)》(下称《立案程序规定》),分别对《监察法》中关于职务犯罪管辖、政务处分、调查措施和有关程序条款进行了解释。这与行政法中以细则对行政法进行解释的方式类似,产生了解释监察法的效果。就法律适用解释而言,其属于在适用法律时针对普遍性问题作出的一般解释。不同于监察法规,自 2019 年以来,不论是国家监察委就具体监察事项为执行宪法和法律进行的执行性立法,还是国家监察委为履行其内部管理职能而进行的职权性立法,监察法规都具有合法地位。然而,以上解释性文件到目前为止其法律地位尚未明确。只有解决其合法性问题,其才能被有效运用到具体的监察工作中,从而确保监察工作的合法性。

2. 弥补监察法规的不足

法规与解释相比,其性质不完全是执行性,这也注定了法规对其管辖领域的覆盖面更为广泛。这也导致了一个问题,即法规这种广而浅的特性注定其对专门事项的规定"流于表面",并且对新出现的情况反应迟钝。法律解释在弥补法规短板方面的作用是不可或缺的。根据 1981 年《决议》,立法性解释的内容包括对"法令条文本身需要进一步明确界限或作补充规定"之解释,应用性解释的内容涉及"工作中具体应用法律、法令"之解释。在法律解释的实践发展过程中,应用性解释逐渐演化出两种形态。一种为一般解释,即法定国家机关在法律实施过程中,依法采取与法律文件相同的结构与表达方式,对法律文件进行针对性和覆盖性的解释,该解释具有普遍适用效力[1]。另一种为具体解释,即解释机关为解决个别法律条款在具体问题中的适用,或规范执法司法活动而主动或依申请作出的解释。很显然,执行性立法与一般解释在功能和目的上具有

---

[1] 朱福惠、刘心宇:《论行政解释形式的制度逻辑与实践图景》,《四川师范大学学报》2018 年第 6 期,第 62 页。

很大相似性。一方面,两者都是为了细化法律促进法律实施而出现的。另一方面,两者在结构和形式上趋同。一般解释被执行性立法替代的可能性非常大。但是具体解释的灵活性和特定性与法规的特性相斥,法规无法就特定的法律实施具体问题作出答复,也无法就特定执法司法活动作出单独规范,这注定了法规无法替代解释。

在监察法规制定和实施规范化水平不断提高的过程中,针对监察法规的解释将会越来越迫切。除了适用者解释外,制定者解释作为我国法律解释的重要路径也在法律解释方面发挥着重要作用。制定者解释一方面可以真实还原规范含义,另一方面还可以促进制定者职能的发挥。例如,全国人大常委会就其制定的法律进行立法解释,国务院和中央军委就其制定的法规进行说明性和具体化解释。同理,国家监察委也应当可以对其制定的监察法规进行一般性或具体化解释。

监察法律法规其自身的稳定性和可预期性是公职人员和其他公众遵守的重要前提。同时,法律法规的制定和修改都需要大量的时间和人力成本,监察法律法规更多的是对目前存在的问题和明确的可预见事项作出的规定,其有限性决定了它无法对未来出现的任何新具体问题作出即时回应,具有明显滞后性。根据我国其他法律领域的实践经验来看,赋予国家监察委监察解释权是解决这一问题的最佳途径。

(二)遵循法律解释权配置逻辑

国家监察委行使监察解释权在实践上具有必要性,更是符合我国法律解释制度逻辑的设计。从一元单核的法律解释模式发展到多元单核的协同解释体制,解释权逻辑在其中体现得淋漓尽致。

1. 符合"解释权共享"逻辑

我国现行的法律解释体制是 1981 年《决议》确定的全国人大常委会进行立法解释,国务院、最高法、最高检、中央军委进行适用解释的协同解释体制。该体制的确立起始于 1954 年宪法将法律解释权从中央人民政府委员会转移给了全国人大常委会,1955 年最高法的法律解释权得以确立,随后 1981 年最高检和国务院也被授予法律解释权。在法律解释权体制嬗变的过程中,最终确立了当前的协同解释体制。在当前体制下蕴含着解释权的分享逻辑,具体变现为立法机关和实施机关可以共同解释法律。解释权本身与立法权不同,受西方三权分立的影响,立法权、执法权和司法权严格区分,相互独立。但解释权突破了这一限制,即使针对一般解释具有的准法规范性,从当前的立法权与行政权一定程度融合成为行政立法权的现状来看,立法机关对法律解释权的行使不再如以往一般独占。解释权分享是国家监察委行使监察解释权的依据。

但是,受西方三权分立理论的影响,在解释权授予的实践过程中,传统理论仍然认为抽象解释是国家立法权的内容,其他机关的抽象解释无疑是对立法权的僭越①。这导致我国关于解释的授权始终滞后于法律解释实践。同时也使得监察解释权授权工作在监察机关设立至今,监察法规被法律明确规定后,仍杳无音信。在探究法律解释实践与授权相互割裂的原因后,我们可以得知,传统理论对西方司法机关具体解释制度的认识存在偏差,同时也并没有深刻把握我国制度构造的基本原理,从而导致了授权与实践之间的割裂。在西方判例法国家,司法机关不需要进行抽象解释,因为他们的判例可以发挥法律一般性解释的作用。他们通过个案来发挥判例规范效力,指导实践。显然,传统理论并没有认识到这一点,而误以为他们受到了三权分立的禁锢而不能进行抽象解释。与西方判例法国家相反,我国作为成文法国家,并不能通过判例发挥抽象解释的规范效力,即使这在一定程度上有法律续造效果②。同时,如前文所述,立法权与其他权力混合在现阶段是经过实践检验且适合国情的,三权分立也只是西方国家提出的一种权力监督手段。在监察体制改革后,我国的权力监督由专门机关行使,对三权分立似的权力监督模式进行了一定程度的疏离。因此,抽象解释即使具有立法权色彩,但其符合我国法律制度构造的基本原理。

在具有专门的权力监督模式下,立法权与监察权的混合并不会造成对立法权的僭越。抽象解释权不仅可以由立法者行使,也可以由实施者行使,该实施者当然包括国家监察委。

2. 符合"适用者解释"逻辑

适用者解释的涵义是指法律的解释工作由法律的实施机关进行。就法的规范含义之确定而言,其需要两个步骤。第一步是立法机关初步确定其含义,第二步为实施机关在具体运用法律过程中,针对具体问题在第一步确定的规范含义基础上对法规范含义作出解释。这是法规范含义不可或缺的两步,而这两

---

① 柏孟仁:《合法与谦抑:司法解释权规范运作之基本遵循》,《学习与实践》2018年第3期,第44页;袁明圣:《司法解释"立法化"现象探微》,《法商研究》2003年第2期,第4页。
② [美]梅利曼:《大陆法系》,顾培东、禄正平译,法律出版社,2004年,第39页。

步不是一蹴而就的，需要经历先后过程。从某种角度来说，法律解释是弥合规范与事实之间间隙的"良药"，而适用者解释正是这一剂良药①。在我国法律解释体制演化发展的过程中，适用者解释贯穿始终。

"适用者解释"逻辑体现在我国协同解释体制确立的过程中。在中华人民共和国成立之初，立法权和解释权都由中央人民政府委员会行使。到五四宪法之时，立法权和解释权实现有限分离，表现为全国人大享有立法权，全国人大常委会有立法和解释权。到 20 世纪 80 年代，立法性解释与适用者解释实现完全分化。全国人大常委会拥有立法解释权，国务院和最高法等国家机关就其执行宪法和法律时拥有法律解释权。最终形成了全国人大常委会立法性解释，其他国家机关适用性解释的协同解释体制。其实，在制度上的协调解释模式形成以前，实践中的协同解释模式早已存在。早在中华人民共和国成立初期，为了填补法律空白，最高法发布了规范性文件指导地方各级法院工作②，这些规范性文件具有解释法律适用的作用，属于司法解释。

"适用者解释"逻辑之所以能在我国协同解释体制中贯穿始终并发挥重要作用，有两方面原因。一方面是法规范含义的确定需要过程。如前文所述，规范含义的确定从来不是一蹴而就的，其在立法机关初步确定含义后，需要面对多变而复杂的社会生活，立法机关只能相对宽泛地赋予其抽象性更强的含义。另一方面，法规范归根结底是规范人的行为的，需要与具体事实结合。只有与事实结合，才能在抽象的规范内涵之下确定其具体意义。在这一步骤，由法律的实施机关发挥其适用者解释的作用。

"适用者解释"逻辑是符合法规范含义确定客观规律的，其作用当然也适用于监察法律解释中。因此，由国家监察委作为适用监察法的机关来解释监察法是符合"适用者解释"逻辑的。

3. 符合"功能最优化"逻辑

"功能最优化"逻辑强调解释权行使的效率性，要求把解释权配置给组织结构和职权功能最具有优势的部门。该逻辑生成于我国人大代表制度演化过程中，在我国人大代表制度演化过程中，各个国家机关合理配置权力，相互分工，以期发挥最大的功效。作为一种发挥潜在作用的底层逻辑，它与德国的"功能

---

① 杨颖：《立法语言：从模糊走向明确》，《政法论丛》2010 年第 6 期，第 48 页。
② 胡岩：《司法解释的前生后世》，《政法论坛》2015 年第 3 期，第 39 页。

适当性"原则不同。"功能适当性"原则诞生于德国形式主义分权理论转型时期,传统的形式主义分权理论极力反对权力混合①,强调极致分权。二战后德国发展出了注重权力功能性配置的理论,强调国家治理效能,关注职能分配的正确性,而不拘泥于权力的分合问题②。

在当前协同解释模式下,国家监察委行使监察解释权是符合"功能最优化"逻辑要求的。在解释权的横向配置方面,基于国家监察委行使监察权的组织机构特点,将解释权配置给它符合效率要求。我国的协同解释模式以全国人大常委会为核心,但是其人员、组织形式等显然是为立法工作而专门设置的,在专门解释方面不具有优势。而司法和行政机关作为适用法律的机关,在其裁判、起诉、行政执法过程中,与法律适用有密切关联,作为适用者来解释法律,具有显著的优势。而作为协同解释体制下的一个单元,国家监察委作为行使监察权的机关,其负责解释监察法是"功能最优化"逻辑的当然要求。从纵向解释权配置来看,由国家监察委而不是地方监察委行使解释权也是符合"功能最优化"的。首先,国家监察委在人员、组织结构上具有更明显优势,所作的解释更具备统一适用性。其次,国家监察委基于其权威性,其作出的解释具有最高地位,能对各级监察委产生约束。最后,国家监察委所作监察解释的专业性更强,能保证监察解释权行使的正确性和效力性。

所以,基于"功能最优化"逻辑要求,应当授予国家监察委监察解释权。

三、行使监察解释权之主体

监察解释权的设定面临的一个关键问题就是行使监察解释权之主体问题。目前,在我国法律协调解释模式下,以人大立法解释为核心,国务院、中央军委、最高法检等进行法律实施解释。而监察法律的解释权是否应在现行模式下归于其中一个主体行使,抑或是遵循法律解释模式的底层逻辑,即各个机关的法律解释权来源于其职权,为处理其职权范围内的事项而进行法律解释,就监察领域的法律解释事项而言,应由国家监察委行使监察解释权,这是本文集中讨论的问题。

---

① 张翔:《国家权力配置的功能适当原则:以德国法为中心》,《比较法研究》2018 年第 3 期,第 143 页。

② 张翔:《我国国家权力配置原则的功能主义解释》,《中外法学》2018 年第 2 期,第 283 页。

（一）当前行使法律解释权的主体

1. 全国人大常委会

全国人大常委会的法律解释权源自宪法与《立法法》，后者具体规定了行使法律解释权的情形：一是法律需要明确具体含义的，二是出现新情况需要明确法律适用依据的。从这些规定来看，其为立法者解释。同时，与最高司法机关显著不同，全国人大常委会很少行使法律解释权。最高法、最高检每年都要针对法律的具体适用出台许多司法解释，而全国人大主要是对法律本身的含义进行明确，这与现行协同法律解释模式相符。这背后的原因主要有两点：一是全国人大常委会有固定的会议召开时间，二是会议召开时间相对较短。法律在实践过程中随时都可能会遇到新的问题，需要对法律及时进行解释以更好地适用。但是全国人大常委会每两个月才举行一次会议，这无法满足实践对法律解释的迫切需要。在短暂的一周会议召开期间，全国人大常委会要处理诸多全国性的事务，给予解释法律的时间和机会更加有限。除了极其重要的法律适用问题会得到解决外，其他一般性法律解释问题可能无法顾及。除此之外，监察事项具有专属性和专业性，短时间内全国人大常委会出台合适的监察解释的可能性不高。因此，从法律规定以及全国人大常委会处理的具体事务来看，其似乎不适合作为监察解释权主体。

2. 国务院与最高检

监察机关的监察权是一咱新型的复合性权力，它融合了原本属于行政部门的行政监察权和检察院的职务犯罪侦查权。但又与两者中任意之一都有不同。作为具有明确宪法地位的监察机关，其与行政机关和检察机关相互独立。所以由国务院或是最高检来行使具有监察性的法律解释权都是不合适的。

最高检是法律监督机关，负责监督其他国家机关是否遵守法律规定并执行法律。而其又被1981年《决议》授予法律解释权，这一点一直受到学界一定程度上的质疑。一个法律监督机关拥有法律解释权后，存在按照自己想法肆意解释法律的可能性，只要其他国家机关未按照其解释执行，便可以认为这些机关违反了法律规定。在最高检行使监察解释权时，只要发现监察机关未按照其解释行使监察权，便可认定监察机关违法。这显然是在行使监察权。在上述情形之下，最高检不仅拥有法律监督权，还有其他国家机关的专属权力，这是非常不合理的。不过好在现实情形中最高检对法律解释权行使得十分克制，这一点与最高法相对比就可以看出来。

国务院行使除审判和检查工作以外的其他事项中法律运用解释权,这在1981年《决议》确定的法律解释模式中得以明确,按照该《决议》,监察解释权也应由国务院行使。但是,该《决议》在几十年前并不能预料到我国未来将会进行监察体制改革,并在宪法层面上单独设立负责监察的国家机关。同时,该《决议》形成的法律解释模式也是在当时的国家机关职能划分明确,按照各自的机构设置和权限范围进行考虑的。现在新出现了行使国家监察权的机关,不能简单直接套用协同解释模式由国务院或最高检行使监察解释权。

3. 最高法

最高法针对审判工作中遇到的法律适用问题拥有法律解释权,这一权力在法院组织法和《决议》中有具体规定。但是其解释权应仅限于审判工作中的法律适用问题,而不涉及监察解释。我国人民代表大会制度与西方三权分立下的制度明显不同在于全国人大作为最高权力机关,其他国家机关都在其领导下在各自领域内开展工作。如果将具有立法性质的法律解释权完全交由最高法行使,将导致全国人大的领导地位将受到削弱,同样地,如果把监察法律解释权交由最高法行使,那么在全国人大的领导下,各个国家机关在各自领域内开展工作也将无从谈起。虽然实践中全国人大常委会和最高检的解释出台较少,但两者对审判解释并不造成影响,而行政解释虽然在行政纠纷中与审判解释存在交叉,但在两个机关的协商之下通常也不会相互造成不良影响。因此,最高法独享法律解释权在我国并没有任何理论和现实依据。根据监察法的规定,监察机关对公职人员的职务违法行为进行政务处分,并对职务犯罪行为进行调查并移送司法机关。但实践中,职务违法的情形较为普遍,而职务犯罪相对较少。这意味着司法程序参与监察事务的机会较少。同时,监察机关对公职人员的日常监督工作也与司法机关无关。最高法的职权内容仅在处理公职人员职务犯罪时与监察机关部分职权存在衔接。基于其机构设置和职能范围,其行使监察解释权并不合适。

(二)国家监察委解释符合应用者解释

对于1981年《决议》形成的协同法律解释模式,国务院和最高司法机关基于其自身机构设置和职能权限,在具体适用法律时进行法律解释,符合"应以法律者解释法律"这一解释模式,而应用者解释通常包含两个逻辑:一是权因事生逻辑,二是权随事走逻辑。

1. 符合权因事生的生成逻辑

根据 1981 年《决议》，权因事生是应用者解释的逻辑之一。在实践中，各地或各个部门都会不断提出法律解释要求，而对法律条文的理解不一致也会影响工作进行。这促使了应用者基于其职权对法律进行解释具有必要性，否则将会对法治价值的实现不利，这便是权因事生的生成逻辑。凡是授权解释都有十分必要性，否则将会使法治目标难以实现。

毫无疑问，监察法的制定和实施进一步推动了监察体制的改革。但是，其对职务犯罪追诉体系的重构，以及对监察职权内的相关程序之融合，必然会导致监察法与刑事诉讼法的衔接出现问题，监察内部规范之间的衔接与配合也会出现隔阂。同时，作为监察法规与党内法规之间的衔接交流桥梁，对两种规范的完美衔接也是其需要应对和处理的问题。如果这些问题得不到妥善解决，将会对监察工作的开展产生实际影响。然而，这也正是监察解释权产生的原因。

目前，国家监察委已经出台了部分规定，例如《政务处分规定》《管辖规定》以及《调查措施使用规定》，对内部检查规范在管辖、立案、调查等方面的程序和衔接做了规定和解释。但是实践中存在的问题还远远不止于此。比如《监察法》第 22 条规定的"严重职务违法"与"职务犯罪"的具体内涵和区别以及两者之间的实际关系问题涉及留置措施的适用，如果关系不明可能导致适用上的冲突[①]。在监察法与刑事诉讼法的衔接上存在问题。这尤其体现在监察机关与检察院的工作衔接上。比如对于监察委员会调查的重大职务犯罪案件，检察院可以提前介入，但是介入的时间点和介入的事项范围并不明确，"重大"的标准不明。在检察院认为应该退回监察委员会进行补充调查的案件中，补充调查的程序和条件也并不明确。另外，在不起诉的情形和标准方面，规定存在空白[②]。在监察法与党内法规的衔接上也存在问题。比如党内纪律检查与监察调查的衔接，党内处分与监察处置的衔接问题。

上述这些问题都需要赋予国家监察委监察解释权予以解决，否则监察法的准确适用将大打折扣，其生命力将会随之降低。一方面，这可能导致对各级监察委在裁量权方面的规制力降低，不利于限制监察权这一"厚重"且专一集中的权力；另一方面，也不利于监察对象合法权益的救济和保护。监察规范缺乏准

---

① 刘艳红：《程序自然法作为规则自洽的必要条件：〈监察法〉留置权运作的法治化路径》，《华东政法大学学报》2018 年第 3 期，第 14 页。

② 吴建雄：《法治反腐制度建设的重要举措》，《学习时报》2018 年 11 月 28 日。

确统一的解释必将会使其影响力在监察各个领域内无法深入,从而抵消监察法对监察体制改革的助力。

2. 符合权随事走的转移逻辑

自 2016 年在三省开展监察委员会试点工作以来,监察委员会逐渐整合了原属于行政机关的行政监察权、检察院的职务犯罪侦查权和党内纪检处罚权,并最终在宪法层面得到确认,形成系统性、复合性的监察权。监察权的来源涵盖了这三种权力,因此,监察解释权应然且当然由上述三种机关转移而来,这是国家监察委拥有监察解释权的规范原因。

首先,在国家监察委承受国务院监察部的行政监察权的同时,顺理成章地取得了解释性权力。我国《立法法》规定国家各部委有部门规章的制定权,而国务院的《规章制定程序条例》第 33 条明确规章的解释权属于规章制定者。在规章适用的过程中遇到新情况或者需要进一步明确规章含义时,部门规章制定者有权解释规章。在行政监察权转移到国家监察委后,其内含的对规章规范的解释权应当同步转移,作为监察职权的自然组成部分。

其次,国家监察委整合了原属于最高检反贪总局、渎职侵权厅以及职务犯罪预防厅的职权,对于相关事项的法律解释权也随之被整合。最高检的法律解释权与国务院的法律解释权有显著不同。前者是独占解释,其内部的部门机构并不具有在适用法律时解释法律的权力,而后者的各个部委级别的部门都有单独解释其专属领域内规范的权力,属于分享模式。但是无论哪种模式,针对法律的解释都是在该主体履行职责,基于机构设置和职能范围而作出的,其被授权解释法律的原因也在此。国务院及其组成部门基于对行政人员的内部监督,最高检基于对职务犯罪的管辖而拥有相应的规范解释权。随着这一部分的职能被国家监察委整合吸收,相应的规范解释权也自然归属于国家监察委。

最后,基于“一班人马,两块牌子”的合署性,中央纪委拥有的党内法规解释权自然会与国家监察委分享,这一点或许连他们自己都没意识到。根据《中国共产党党内法规制定条例》的规定和实践惯例,中央纪委对部委党内法规和有关纪检的中央党内法规都有自行解释的权力。而其解释性权力基于紧密的合署办公现状也在国家监察委行使职权过程中得以体现[①]。例如《管辖规定》这类中央纪委和国家监察委联合发布的文件。紧密型合署办公与原来的中央纪

---

① 秦前红:《监察法学教程》,法律出版社,2019 年。

委跟国务院行政监察部不对等的合署办公形式在权力分享方面拥有天然的优势，在中央纪委形式解释职权时必然会辐射到国家监察委。

解释权的转移现象符合应用者解释逻辑之一"权随事走"。《决议》界分三种形式的法律解释权的情形，除了第一种"法律条文本身需要明确界限或补充规定的问题"，该种立法性解释由全国人大常委会作出外，另外两种"法院检察院工作中具体应用法律问题"和"国务院及主管部门工作中不属于审判和检察工作范畴的其他法律具体应用问题"都需最高司法机关和国务院及主管部门进行解释。对于具体应用问题虽然学界理解各异，但是都不否认这是基于职权的事项。因此，在职权事项进行转移时，关于该事项的解释权自然也随之转移。这便是"权随事走"逻辑。在监察体制改革后，国家监察委吸收整合了三个机关的部分职权。因此，关于该职权的解释性权力内容也会自然转移到国家监察委。

四、监察解释权的设定方式与内容

监察解释权的法治化路径可以参考监察法规制定权的入法路径。首先通过全国人大常委会的会议进行授权。随后，可以修改《立法法》或《监察法》，明确国家监察委的监察解释权。

（一）全国人大常委会决议授权

在实践中一般有三种授权方式。第一种是通过修改宪法，在宪法中明确主体权力。第二种是通过全国人大或全国人大常委会修改立法进行授权。第三种是通过全国人大常委会的决定进行授权。就监察解释权而言，如果在宪法层面上进行授权，势必将对现存的法律解释模式产生重大影响，司法解释和行政解释的地位不得不在宪法层面予以明确，而是否有这个必要还有待后续论证。而在立法层面授权涉及修改《监察法》，考虑到该法实施不久，可能不适宜立即进行修改，而《立法法》刚修改完成，对其在法律层面的明确仍需时间。而全国人大常委会之决定无疑是解决现阶段国家监察委解释监察法律合法性的最优选，这一点早在解决监察法规制定权合法性上已经得到证实。

在监察体制改革过程中，为了响应监察机关对监察法规制定权的呼声，解决监察委这一新型机关法定权力种类和内容，以推动监察工作的顺利进行，2019 年 10 月，全国人大常委会通过了《决定》，明确规定国家监察委有权"根据宪法和法律，制定监察法规"。而监察解释权作为监察权的应然和实质性内容之一,是监察立法权的重要补充,以全国人大常委会之决议对其进行明确,具有实质可行性。一方面,对国家监察委进行决议授权方面存在较大空间。《宪法》第 124 条规定了监察委员会的组织与职权由法律规定,此处的"法律"与第 62 条和第 67 条"法律"同义,指的是由全国人大及其常委会制定的法律,但是在实践中全国人大常委会的"决议"和"决定"往往也被视为法律的表现形式之一。另一方面,在实践中通过决议授权已有先例。这一点从我国法律解释模式的历史发展过程便能看出。不论是最高法还是最高检的司法解释,最初均由全国人大常委会的决议确定,直到 1981 年《决议》形成协同法律解释模式时,除了宪法早已明确的立法解释权,其他法律解释权仍没有立法进行规定,在后续发展过程中逐渐由相关主体法以及《立法法》规定明确。

然而,通过全国人大常委会的"决议"对国家监察委进行监察解释权的授权始终是一种权宜之计。一方面,作为"决议",其在合法性上始终不及法律授权有底气,这一点不论是从其他国家机关的法律解释权最初的"决议"授权到现在法律进行明确,还是从国家监察委的监察法规制定权从《决定》授权到《立法法》明确,都可以分析得出。另一方面,以法律的形式对监察解释权予以明确是我国法律解释体系完善的必经之路。目前,我国已经形成了以立法解释为核心,行政解释、审判解释、检察解释协同配合的法律解释体系。监察解释作为新的法律解释类型,在未来必将以立法的形式添加到体系之中,以填补体系的空白。在将来具体实现途径上,可以通过修改《监察法》,加入制定监察解释类似条文予以明确。

(二)监察解释权的内容

1. 监察解释事项属于中央事权内容

监察解释大体可分为两类:一种是对监察法律的解释,以《监察法》为主;另一种是对与监察法相关的法律的解释,前者主要涉及刑法与监察法相衔接的法律,如《刑事诉讼法》。不论是哪一种监察解释,其解释都具有在全国通行和标准统一的特点,这也是监察权行使的特点——一视同仁,没有例外。监察权具有高度的中央性,而作为其内部权力之一的监察解释权自然也具有这一属性。

监察解释权是监察权的自然延伸,而监察权是监察机关存在和行权的基础。《宪法》和《监察法》规定了各级监察委员会是行使国家监察职能的专责机关,这表明地方监委与国家监委的法律定位是一致的,都属于国家监察机关,监察权属于中央事权而非地方事权。监察解释权具有维护监察权中央事权,防止监察权地方化的重要作用。从机关的体制设置角度来看,监察机关与行政机关有明显的不同。为确保监察规范在全国范围内的普遍适用性,监察机关内部不需要庞杂的组织结构。以苏俄时期苏维埃政府为例,彼时的中央监察委员会由政府监察机关和检察院等合并而来,这既提高了监察权的法律地位,又有助于实现监察解释权的中央化。这种设置有助于消弭地方官僚主义和团体分裂的影响,使中央的解释规范能广泛适用于地方。

从监察权的本质来看,作为国家监察权,对公权力的监督和制约是其核心使命,这要求监察机关必须独立行使监察权,不受其他任何主体的干预。监察解释权突出其中央事权属性是确保监察权能够独立行使的重要条件。关于监察事项内容的解释遵循一个统一标准才能真正"一把尺子量到底",而不是各地"八仙过海,各显神通"。

当然,国家监察委在制定监察解释的过程中必须严格遵循程序规定,依法立项,严格论证。制定的监察解释与司法解释的法律效力相同,可以被援引至法律文书①。

2. 内容上的限制

国家监察委员会以解释监察法律规范为主,以解释与监察工作相关的法律规范为辅。国家监察委员会只能就监察法律规范或与监察工作相关的法律规范进行应用性解释,其并不能解释所有的法律规范,例如《商标法》《民事诉讼法》《行政许可法》《行政诉讼法》等与监察工作无关的法律。国家监察委员会主要负责解释监察法律规范,其是专门规定监察事项的规则,属于监察法律体系内的法律规范,包括监察法、正在制定的《政务处分法》以及已进入立法规划的《监察官法》。国家监察委员会还可以解释与监察工作相关的法律规范。其中一类是与监察工作直接相关的监察法律规范,虽然并非专门规定监察事项的规则,但由于与公职人员监督直接相关,有时会成为监察监督的实体法和程序法的渊源。故而这类法规实际上与监察工作直接相关,可以由国家监察委员会独立解释或与其他机关联合解释,例如《公务员法》《法官法》《检察官法》《行政公务员处分条例》等;另一类是与监察工作间接相关的法律规范,它们并不直接规定监察事项,仅仅是由于职务犯罪追诉的特殊制度构造而在实体和程序上与监察工作相协同。故而需要由国家监察委员会与其他机关联合

① 王成:《最高法院司法解释效力研究》,《中外法学》2016年第1期,第263页。

解释,例如《刑事诉讼法》和《刑法》。除此之外,监察法规也应由国家监察委员会解释。

国家监察委主要解释监察法律规范在具体监察实务中面临的具体适用问题,既可以解释监察法律,又可以解释监察相关法。针对专门规定监察事项的法律,如监察法、《政务处分法》和专门对监察人员进行规制的《监察官法》,国家监察委可以就条文适用中具体含义在立法解释的基础上做进一步明确,以促进条文灵活适用。针对另一类监察相关法,其下又分为两种。一种是与监察工作直接相关的法律规范,其不直接规定监察专门事项,而是针对公职人员的监督作出规定,如《法官法》《监察官法》等。这些法规会成为监察工作进行的具体依据,所以国家监察委可与相应机关联合作出解释。另一种是与监察工作间接相关的法律规范,在内容上并不明确规定监察有关事项,但是在监察事务进行过程中会提供实体或程序规则供给,与监察规则沟通衔接,相互配合,诸如《刑事诉讼法》。此种法律规范涉及到与监察事项相关的条文时也需要国家监察委与相关部门联合协商解释。

关于监察法规是否为监察解释涉及对象问题,就文义解释的角度看,监察解释是国家监察委对监察法律作出的解释,此法律为狭义之法。但是,国家监察委与国务院以及最高司法机关在立法和解释权限方面存在显著差异。根据1981年《决议》,在审判和检察工作中具体运用法律、法令的问题,由最高法和最高检进行解释。最高法与最高检仅有解释权,而对审判和检察工作事项没有法规制定权,这也就表明了最高法与最高检没有解释自己制定的法规在规范和现实层面的依据。而国务院及其部门针对除了审判和检察工作外的其他法律、法令运用问题具有解释权。与监察工作相比,其解释权适用的范围相当广泛,与监察工作的专门性完全不同。监察工作的专门性和标准统一性对监察法规的准确适用提出了更高的要求,而法规与解释相比在具体运用层面存在天然的滞后和原则性,对监察法规进行解释是规避这一短板的有力途径。国家监察委基于其制定者的地位和工作属性,对其制定的规范自然拥有解释权。

五、监察解释权的监督

"没有监督的权力必然导致腐败",尤其是在现行的法律解释模式下,监察解释权尚未得到法律层面上的完全"认可"而处于灰色地带。在讨论它设立的同时必然要对其限制作出思考。对其进行监督可以从以下三方面展开。

1. 全国人大的备案审查

1）主动审查与被动审查相结合

主动审查是人大依职权进行的日常审查工作，作为一种主动审查模式，能最大限度实现权责统一。目前，随着监察体制的改革，对于监察解释权的规定尚未明确，对其本案审查当然也无明确规定。然而，根据我国备案审查制度，对监察解释进行备案审查是应有之义。鉴于目前仍处于初步探索期，全国人大应加强对已经制定的诸如《管辖规定》这类解释性文件的审查工作，积极推动备案审查制度融入监察解释的制度构建中，主动要求国家监察委将解释性文件提交审查，建立监察解释的审查和识别衔接机制。被动审查是指依据法定国家机关或其他社会主体、公民的申请而开展的审查工作。申请主体通过书面形式向全国人大常委会提出审查要求，由全国人大下属专门机构展开审查。主动审查与被动审查相结合才能更全面规范监察解释权，充分发挥备案审查的制度作用。

2）明确监察解释备案审查标准

监察解释备案审查的标准应兼具形式与实质，包括合法性、合理性、规范性和政治性这四个标准。

监察解释的备案审查应当是中国特色社会主义法治的重要内容，国家监察委制定的监察解释合乎法律规定是题中应有之义。合法性标准是监察解释审查的底线要求，任何监察解释突破该底线均为无效。对其合法性进行审查应包括主体、程序、权限和依据等方面。同时，基于国家监察委合署办公的性质，合法性审查也应检查解释是否与党内法规相悖。合法性标准在保持法制统一性确保我国法律解释体系系统性，以及增强监察规范协调性和灵活性方面发挥着重大作用。

行政法中的合理原则应当引入监察解释的备案审查中，监察解释的内容是否适当应当作为重要的考察内容之一，合理性标准主要审查监察解释内容是否存在不合理、不公平的情形。监察解释是为了促进监察法律的适用而制定的，与监察相关事项的联系更为紧密，一旦其内容失当，就会直接对监察工作造成不良影响。同时，合理性标准的引入也有助于保护监察对象的合法权益，促使监察人员审慎把握行使监察权的尺度。

规范性标准主要是审查监察解释在形式上是否符合基本的规范形式要求，以及是否遵循解释体例。政治性标准主要基于国家监察委的政治任务层面，国家监察权的诞生是为了监督国家公职人员合法合理行使公权力，打击贪腐。基于此，监察解释的制定在内容上最终应该有利于该目的的实现。而具体在审查时应当着眼于是否贯彻落实习近平新时代中国特色社会主义思想,以及是否遵循党的方针政策。

2. 党的监督

党对国家监察委员会的制定监察解释活动进行监督是"党领导一切"题中应有之意,尤其在监察体制改革后,现行的纪检监察合署办公情形下,党对监察工作的领导和监督得到了强化,应该体现在制定监察解释的立项、起草、实施各环节、全过程中。例如,在起草环节,国家监察委就监察解释草案在内容上应向中央纪检机关征求意见;在实施环节就监察解释与党内法规出现冲突时,中央纪检机关应出面进行调和,主持协商讨论。

3. 自我监督

国家监察委员会可以出台《监察解释制定程序条例》,该条例作为一部程序规范只涉及监察解释制定程序问题,不对监察解释制定权限作出任何实体性规定。由于其强可操作性,能有效规范国家监察委的解释活动。同时,该条例还应对公众参与和民主立法要求作出积极回应,包含设立民主协商机制,以体现民主科学立法的要求。建议以《监察解释制定程序条例》规范监察解释的制定活动,提高监察解释制定过程中权力行使的规范程度和程序合法性,确保解释工作依法有章有序进行。

六、结语

基于目前监察改革的实践发展现状,监察解释权的法律地位亟待明确。国家监察委作为适用监察法律法规的机关,是最适合回答监察工作中的具体法律问题的主体,一方面,在 1981 年《决议》确立的协同法律解释模式下,国家监察委解释监察法律法规符合"解释权分享""适用者解释""功能最优化"的法律解释权配置逻辑,另一方面,由于国家监察委的监察权整合了行政监察权、检察院对职务犯罪的侦查权以及党纪检处分权,同时又具体行使监察职权,符合"权随事走""权因事生"的应用者解释逻辑。对国家监察委监察解释制定之授权可以参考全国人大常委会对监察法规制定权之授权模式,以缓解现阶段监察解释合法性问题、后续可以通过修改《监察法》的方式在法律中予以明确。另外,对监察解释的内容也要作出限定,如其仅可以解释与监察工作相关的法律和监察法规。当然,任何权力的健康运行都离不开监督,对监察解释权的监督可以从本案审查、党的领导监督以及其自身的监督三个方面进行思考。

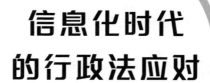

信息化时代
的行政法应对

数字法治政府建设优化路径研究

徐 洁[*]

摘 要:本文首先指出现阶段数字法治政府建设存在的问题,包括行政系统组织矛盾仍凸显、政务数据开放面临安全挑战以及行政法治存在程序性风险。然后针对上述问题,指出可以从加强组织统筹协调、增强政务数据的安全防护、推进行政法治程序平等权保护等方面进行优化。最后,对数字法治政府建设未来前景进行展望。

关键词:数字政府;法治政府;数字法治政府建设;优化路径

2021年,《法治政府建设实施纲要(2021—2025年)》首次提出推进数字法治政府建设。数字法治政府乃法治政府与数字政府的融合产物,对行政质效提升具有显著价值。

一、数字法治政府的基本概念

(一)法治政府与数字政府

法治政府建设是全面依法治国的重点任务,为合理明确政府各部门的职责,运用法律法规对行政管理、行政权力进行约束,是提高行政执法规范性的具体表现。党的二十大报告指出,要"扎实推进依法行政",政府在进行行政管理过程中必须以依法行政为准则,以法律划分的职责界限为依据,增强自身行政管理能力,逐步转变政府职能,确保行政活动质效。同时,政府还要重视提升服务能力,以满足社会公众的行政管理需求。

数字政府则是顺应数字时代发展的产物,"可以将其理解为以新一代信息技术为支撑,辅助政府履行政府职能的新运行模式"[①],不过就其本质而言,仍

---

* 徐洁,女,江南大学法学院硕士研究生。

① 鲍静:《全面建设数字法治政府面临的挑战及应对》,《中国行政管理》2021年第11期,第9-12页。

是对传统政府运行模式的数字化转型,实现组织架构、办事流程的高度数字化建设。换言之,数字政府通过借助数字技术,对政府的业务模式进行整体性改革,更关注数字技术在政府职能中的赋能和重塑。数字政府是信息革命进程中的重要一环,其目标是借助数字技术实现政府管理的完善,构建统一数字平台以实现内外交互。

(二)数字法治政府

数字法治政府既包含法治政府建设,也包含数字政府建设,属于政府治理的数字化与法治化同步推进。"数字法治政府在于充分利用不断出现与完善的数字化技术推进依法行政,优化革新政府治理流程和方式"①,从而推动政府建设进程中数字化理念与法治化理念深度融合,进而更好地向社会大众提供公共服务。为顺应互联网发展趋势,数字法治政府应借助人工智能等技术,不断推进信息化与法治化相结合的进程。《法治政府建设实施纲要(2021—2025年)》明确提出,要重视数字化政府理念的落实,现阶段数字政府与法治政府建设两者的投入是平衡的,而在未来发展进程中应不断实现两者的深度融合。

二、国内外研究综述

(一)国内研究综述

国内关于数字法治政府建设的起步相较于国外而言较晚,呈现出理论较实践先行的特征。通过对数字法治政府建设的相关文献进行梳理分析,可以发现目前学术界的研究主要集中在基本概念及理论基础、法律问题以及法律完善对策等方面。

1. 关于数字法治政府建设基本概念及理论基础的研究

关于数字法治政府建设基本概念及理论基础的研究,涵盖了对其概念界定、价值功能、治理任务等问题。在概念界定层面,铁德铭认为,数字法治政府并非单纯的政府监管的数字化,而是面向政府的治理理念、组织机构、行政职能等多方面的法治化进程,也是不断完善国家治理体系、提升政府治理能力不可或缺的一部分②。关保英等认为,数字法治政府建设实际上是行政权

---

① 张天瑜:《数字法治政府建设背景下公安机关执法规范化建设研究:以T市执法办案管理中心为例》,山西财经大学2023年硕士学位论文。
② 铁德铭:《数字政府建设的法治困境及其因应》,《西北民族大学学报(哲学社会科学版)》2023第3期,第73-83页。

数字化转型的必然产物。不管从行政权自身,还是其作用对象即社会事务而言,都属大势所趋①。解志勇认为,数字法治政府是数字技术与政府管理和行政法治相融合的产物,其能有效推动政府职能变革、提升政府治理质效②。张新平等则认为,数字法治政府实质上是通过借助互联网、人工智能等信息化技术手段,促进行政管理数字化转型,着力实现政府治理信息化与法治化的深度融合,从而完善政府治理流程和方式,提升法治政府的数字化、信息化水平③。换言之,数字法治政府建设就是不断推进数字化与法治化相互融合的过程。

在价值功能层面,徐继敏认为,数字法治政府的建设不仅促进政府机构内部协调运转,提升政府治理效能,还能重构行政程序,促进政府治理规范化的增强。同时,它能有效推动行政决策科学化,回应社会多元主体的需求④。金成波副教授认为,数字法治政府的治理任务包括保护公私数据安全、维护数字经济秩序、建设数字基础设施等方面,它们是数字法治政府建设的"航向标",唯有准确辨识治理任务才能正确推行政府转型⑤。

2. 关于数字法治政府建设法律问题的研究

学者王杰指出,目前数字法治政府的建设面临着诸多困境,例如数据体系仍需完善、科技支撑的扎实度不足、缺乏健全的制度保障机制、监管的覆盖面不够全面等,归结而言主要分为数字困境和法治困境两大方面⑥。鲍静则着重指出,目前我国数字法治政府建设在体制层面缺少明确的主要推进部门,尚未形成政府合力,并从国家层面至地方层面展开了具体分析⑦。王春业认为,虽然目前我国部分地区数字法治政府建设已初见成效,其仍存在技术对制度促进不

---

① 关保英、汪骏良:《基于合作治理的数字法治政府建设》,《福建论坛(人文社会科学版)》2022年第5期,第188-200页。

② 解志勇:《数字法治政府构建的四个面向及其实现》,《比较法研究》2023年第2期,第1-18页。

③ 张新平、周艺晨、杨帆:《数字法治政府建设:新加坡政府经验及其启示》,《行政管理改革》2023年第3期,第66-75页。

④ 徐继敏:《数字法治政府建设的意义及措施:基于〈法治政府建设实施纲要2021—2025〉的视角》,《人民论坛》2022年第24期,第104-107页。

⑤ 金成波、王敬文:《数字法治政府的时代图景:治理任务、理念与模式创新》,《电子政务》2022年第8期,第67-76页。

⑥ 王杰:《论数字法治政府建设》,《南海法学》2022年第6期,第84-91页。

⑦ 鲍静:《全面建设数字法治政府面临的挑战及应对》,《机构与行政》2022年第1期,第19-20页。

足和制度对技术规制不够两大层面的法律问题①。张彬则认为,当前数字法治政府建设面临着法治化规制有待加强、公民权利保障机制有待完善、整体协同政府构建有待深化、公众参与实效有待增强、自动化行政创新有待规范五大层面的法律问题②。徐继敏还提出,目前数字法治政府的基础系统仍需进一步完善,与此同时,地方政府、职能部门以及企业等多元主体在数字法治政府建设过程中的协同性有待进一步加强,另外,目前我国法治赋能数字政府建设仍不充分③。

3. 关于数字法治政府建设法律优化路径的研究

李桂林等认为,为合理完善数字法治政府建设过程中的法律问题,须从法治化及数字化两大层面展开完善路径分析,在法治化层面,优先完善数字法律的规范和保障体系,注重在数字法律中凸显民主的价值取向,以切实保障广大人民的数据权益,同时,有效规范政府对个人信息的使用,科学设定政府职责权限,并注重平衡数字弱势群体的个人信息权益;而在数字化层面,要有序推进政务数据标准化与共治平台的建设,努力实现个人信息识别技术与风险评估机制的联合应用④。王杰也从数字和法治两个层面出发,一方面,完善数字法治政府建设须完善数据体系、夯实科技支撑;另一方面,也要扎牢数字法治政府的制度保障,形成监管合力,吸纳多元主体协同参与监管⑤。鲍静则着重强调进一步理顺数字法治政府的体制机制,注重构建政府决策设计以及政府管理部门的职能分工和协调模式,包括明确数字法治政府建设过程中的政府主管部门、政务数据的界定管理流程以及制定何种技术规范的问题⑥。解志勇在控制基础设施运维成本、培养数字法治复合人才、细化自动化裁量基准等方面对数字法治政府的法律完善对策作出额外补充⑦。

---

① 王春业:《技术与制度良性互动下的我国数字法治政府建设》,《南通大学学报(社会科学版)》2022 年第 38 期,第 100-108 页。
② 张彬:《建设数字法治政府的挑战及对策》,《福州党校学报》2022 年第 5 期,第 42-47 页。
③ 徐继敏:《数字法治政府建设的意义及措施:基于〈法治政府建设实施纲要 2021—2025〉的视角》,《人民论坛》2022 年第 24 期,第 104-107 页。
④ 李桂林、李露雅:《"良法善治"维度下数字法治政府建设的"双化协同"》,《南昌大学学报(人文社会科学版)》2022 年第 53 期,第 77-84 页。
⑤ 王杰:《论数字法治政府建设》,《南海法学》2022 年第 6 期,第 84-91 页。
⑥ 鲍静:《全面建设数字法治政府面临的挑战及应对》,《机构与行政》2022 年第 1 期,第 19-20 页。
⑦ 解志勇:《数字法治政府构建的四个面向及其实现》,《比较法研究》2023 年第 2 期,第 1-18 页。

（二）国外研究综述

国外关于数字政府的研究最早可以追溯到 1933 年"电子政府"概念的提出。此概念一经提出，得到了其他各国的普遍认同，很多国家纷纷跟进，电子政府成为诸多国家政府体制改革的方向。"数字政府"这一概念源于 1998 年时任美国副总统艾伯特·戈尔提出的"数字地球"概念，而后，国外学者对数字政府展开了一系列的学术研究探讨。在数字政府的内涵方面，有学者认为，数字政府是以信息和通信技术为手段，注重提高公众参与度，提升公共服务质量的过程。还有学者则认为，数字政府是一种新型的政府治理模式，即在政府内部实现跨部门、跨系统的灵活运作，在社会外部通过建设统一的服务渠道和移动客户端等方式为公众提供数字化、个性化服务，最终形成互联互通、协同联动的治理模式。

在数字法治政府的建设经验方面，有学者通过多元分析的方式，实证检验了各国在电子政务层面的创新，特别是对美国各州的数字政府建设进行比较分析。在数字法治政府建设的影响因子层面，国外有学者提出，使用信息化技术重塑政府职能存在诸多优势，但是必须克服传统僵硬的官僚元素的影响，否则无法真正发掘数字政府模式的潜力，实现政府数字化转型的困难并非在于建设统一的线上政府信息平台，以及政府的信息化技术水平，而是要克服传统政府的组织分歧。另有学者提出，信息整合是推动数字政府建设的关键因素，数字法治政府的行政工作大多借助信息化技术完成，其通过分析发达国家以及欠发达国家数字政府转型过程中存在的困境，提出了自己的见解。

三、数字法治政府建设的政策及现存问题分析

（一）政策支持

在政策层面，我国数字法治政府建设最早可追溯到 2002 年的《国家信息化领导小组关于我国电子政务建设指导意见》。该文件明确了电子政务的建设指导思想及主要目标，将电子政务建设列为当时信息化建设的重点。2017 年，党的十九大报告提出"贯彻新发展理念，建设数字中国"①，之后数字化逐渐成为国家方针中的高频词汇。2019 年党的十九届四中全会明确指出，要推进数字

---

① 习近平：《决胜全面建成小康社会　夺取新时代中国特色社会主义伟大胜利——在中国共产党第十九次全国代表大会上的报告》，2017 年 10 月 18 日。

政府建设,健全运用大数据、互联网等智能化技术进行政府管理的制度模式。

2021年,"数字政府"这一概念被首次写入政府工作报告。之后,《中华人民共和国国民经济和社会发展第十四个五年规划和 2035 年远景目标纲要》明确提出了建设数字政府以及建设的具体要求。同年,《法治政府建设实施纲要(2021—2025 年)》明确提出了全面建设数字法治政府,为此开启了新的发展篇章。2022 年,习近平总书记在中央全面深化改革委员会第 25 次会议上强调,全面贯彻网络强国战略,将数字化技术运用到政府管理工作的方方面面,推动政府数字化、智能化运行。同年 6 月,国务院印发《关于加强数字政府建设的指导意见》进一步指出,全面建设数字法治政府不仅要充分消除技术歧视,还要重点关注市场主体和群众利益的维护,在此基础上不断推动政府治理法治化与数字化的深度融合。

总之,历经二十多年的发展,我国数字政府建设已从最初的信息化逐步演变为职能优化与构建综合服务平台,建设的初衷也由满足政府自身需求逐渐转向响应社会公众需求。在国家政策的积极支持下,以及数字化大趋势的推动下,我国数字法治政府建设必将持续推进。

(二)现存问题分析

1. 行政系统组织矛盾仍凸显

1)层级性导致传递负累

"构建数字法治政府需要跨地域、领域、部门和层级的业务协同和数据共享"①。传统的政府运行多运用"条块结合"的模式,分层分级进行行政管理工作,这在一定程度上提高了政府管理服务的专业性,符合国家治理体系中心化的要求。我国现阶段的行政体制建立在分散的行政部门基础上,各部门之间独立运作、各司其职,虽然提高了管理的专业性和便利性,但部门间的分割也加剧了信息孤岛和协同困难。可见,传统的政府系统模式难以精准满足公众诉求。层级间的分割导致协同性低下,影响各级政府和各政府部门之间进行信息共享,造成各级政府或部门之间的信息差鸿沟,从而降低了行政管理效率。层级性壁垒因此成为数字化背景下法治政府亟须改进的问题。而数字法治政府建设促进了传统政府系统运行模式的转型,由原本的层级性物理空间转变为共享性数字空间,借助数字技术强大的互通能力,消除了各级政府之间、各部门之间

---

① 解志勇:《数字法治政府构建的四个面向及其实现》,《比较法研究》2023 年第 2 期,第 1-18 页。

的信息差。

2）零散性造成整合难题

数字法治政府建设可拆分为数字、法治和政府三个模块进行结合发展，这要求政府在充分利用数字技术发挥行政效能的同时，也要在法治轨道下进行有效治理。目前，"我国数字法治政府建设在体制机制上缺乏明确的主体推进部门，尚未形成政府合力，国家层面存在若干领导小组，业务范围既有交叉也有空当；地方层面多'为了建系统而建系统'"。[①] 数字法治政府建设仍停留在引进技术和建设系统的层面，各政府部门的业务还需进一步予以调整，政府数据多处在零星分散的状态，缺乏有效整合。因而，进一步加强政府部门间的协调合作、建立整体性的数字法治政府实乃大势所趋。

3）固化边界性排斥协作

数字法治政府建设要求打破传统政府的边界性模式，树立全新的"扁平化政府"理念，从传统的分级分层转变为协同合作，打破层级和地域的约束，为公众提供更为便捷的服务。例如，北京、上海等地推出的"一网通办"平台以及浙江实施的"最多跑一次"的创新目标等措施，都充分展现出数字法治政府的治理价值。然而，实践中存在部分政府部门或者工作人员对政务数据共享、政府管理协同存在排斥心理，"其将信息、数据视为特殊权力，基于部门利益等考量而消极对待政务数据共享工作；或是出于对数据信息流通可能带来的安全风险和部门之间边界不明的担忧而不愿过多共享数据。"[②]最终导致统一协同化的数字法治政府平台难以有效运行，平台上流通的政务数据含金量较低。同时，当前数字法治政府的治理理念存在较大差异，难以形成统一的观念，"若单纯追求治理的数字化建设必然会引起实践异化，甚至出现重数字法治政府平台建设而轻民众体验等弊端，致使民众需求难以得到满足"[③]。

2. 政务数据开放面临安全挑战

1）政务数据开放标准缺乏

各级政府掌握着大量企业和个人活动的政务数据，这对于政府进行科学决

---

① 鲍静：《全面建设数字法治政府面临的挑战及应对》，《中国行政管理》2021年第11期，第9-12页。

② 张彬：《建设数字法治政府的挑战及对策》，《福州党校学报》2022年第5期，第42-47页。

③ 时诚：《在法治轨道上推进数字中国建设的理论体系》，《重庆理工大学学报（社会科学）》2023年第6期，第69-79页。

策和现代化治理具有重要意义。制定合理的政务数据开放标准有助于为政府部门提供可操作的指引,解决诸多数据主体之间的权益冲突问题。目前,《政务信息资源共享管理暂行办法》对政务数据的开放进行了初步规定。具体而言,第5条明确了政务数据"以共享为原则,不共享为例外"的原则,第9条规定了将政务数据分为无条件共享、有条件共享和不予共享三种分级分类的共享类型。诚然,《政务信息资源共享管理暂行办法》作为一个指导性政策,对政务数据开放具有一定参考价值。然而,各地结合实践出台的政务数据开放各项规定,因缺乏统一的法律层面落实落细的标准,存在明显差异,对政务数据开放共享造成了负面影响。"且囿于数据隐私安全要求,加之政府数据的所有权、控制权等基础性法律制度始终没有明确,缺少政务数据资源开放的激励机制,实践中部分政府部门供给数据的意愿低和供给质量差的困境有待突破。"①

2)政务数据开放存在个人信息安全风险

政务数据开放过程中难免会涉及个人信息。一方面,在政务数据的开放共享过程中,个人数据信息若发生泄露,将会对社会安全稳定产生负面影响。政务数据包含着大量的核心数据,而政府由于自身职能的限制,实践中大多会依赖第三方组织进行数据收集和分析工作。第三方组织通过自身技术手段,借助代码、算法等处理政务数据,在为数字法治政府建设提供便利的同时,也会带来数据泄露的风险。一些黑客组织可能会侵入数据管理系统,利用系统运行过程中提供的注册等业务漏洞,对系统防火墙短板发起攻击,从而获取大量公民个人信息。并且,随着第三方组织介入的不断深入,法律并未明确规定其数据保密义务,也不乏存在一些第三方组织可能出于追求经济利益而泄露政务数据的风险。另一方面,政府内部对于数据开放的保护意识相对较弱。理论而言,政府应当妥善管理其掌握的海量数据,严格遵循程序进行政务数据开放。然而,在实践中,"政务数据要经过采集、审查、处理、应用、脱敏等诸多环节才能进行数据公开,在这一周期中每一个环节都存在数据泄露的风险,如何构建个人信息隐私权利的保障、制定救济标准和救济途径,如何保证政务数据开放不会使个人信息隐私权利遭受侵犯,都应成为数字政府建设中政务数据开放的重要考量"②。

---

① 岳彩申:《数字法治政府建设的深化、困境与超越》,《数字法治》2023年第4期,第7-12页。
② 铁德铭:《数字政府建设的法治困境及其因应》,《西北民族大学学报(哲学社会科学版)》2023年第3期,第73-83页。

3）政务数据开放有效监管体系缺失

"运用数字技术开展行政执法是数字法治政府建设的重要环节,但是,政务数据自身存在的风险将影响社会公众对执法结果的信任。"[1]首先,政务数据监管面临着虚实结合的局面,数字法治政府建设意味着政府不仅要处理现实社会的数据信息,还要管理数据共享平台的虚拟政务数据,并且这两种数据之间存在互动和交互连接,这无疑增加了数据开放监管的压力。其次,在数字时代,政府数据多存储于政务云系统。这一系统存在防火墙被攻破的潜在风险,或由于系统老化出现安全漏洞问题,这对数据监管提出更高的技术要求。政务数据的数量庞大而复杂,并且随着经济社会的不断发展,数据之间的黏性仍会不断增强。若出现监管不力的情形,将会出现数据丢失、更改、盗取等问题,进而影响政府的公信力。最后,对政务数据进行监管并非只要求外部层面,政府内部层面的监管也同样需引起关注。一般情况下,政务数据开放呈现出由政府内部向外开放的特征,政务数据开放系统由政府部门掌控,内部监管的缺乏无疑会增加政务数据管理的不确定性。

3. 行政过程存在程序性风险

1）无纸化可能损害弱势群体的行政权益

数字政府服务多数依托互联网平台展开,实现了从手动到智能的升级,但也制造出"数字鸿沟"[2]。由于年龄、经历、文化水平、地区经济发展水平等因素的差异,社会各阶层对于数字技术的接受度以及掌握程度存在千差万别。其中出现一部分数字法治政府时代的弱势群体,包括老年人、残疾人士等,不仅难以切实享受到数字法治政府建设带来的福利,还会因为难以适应全新的数字化运作模式丧失基本的公共服务及参与公共治理的行政权益。无纸化的政府运作模式对行政相对人的综合水平提出较高要求,包括认知水平、智能设备操作水平等。这对于老年人、残疾人士等弱势群体而言存在较大障碍,尤其是老年人群体,由于难以适应日益变化发展的数字科技,在维护自身权益时无法充分主张,造成其无法得到公平行政权益保障的局面。因而,实现数字政务服务的平等化成为数字法治政府建设的关键一环。

2）非现场化导致说明理由制度形同虚设

---

[1] 费艳颖、张栩凡:《大连数字政府建设的法治保障》,《大连干部学刊》2023年第10期,第58-64页。

[2] 胡鞍钢、周绍杰:《新的全球贫富差距:日益扩大的"数字鸿沟"》,《国情报告》第4期,第28页。

数字法治政府通过利用数字平台的算法决策功能,在政府大厦内远程完成行政执法工作,政府工作人员甚至无须前往现场与行政相对人了解具体情况,就能完成信息搜集活动,大幅提高了行政治理效率。远程行政执法模式在交通处罚领域适用率较高,自动化的行政执法模式减少了行政行为的作出时间,大幅提高了行政活动的效率。不过,在带来较大便利的同时,也产生了说明理由制度地位虚化的现象。"于行政相对人而言,说明理由是其对该行政决定提出异议、维护自身利益的基础,即使该决定是不利的,行政相对人也可能被理由说服,接受该决定是对裁量权的合理且无偏见的行使。"①总之,在自动化行政中,自动化决策系统可能对说明理由造成破坏。

3) 自动化削弱了行政程序价值

传统的政府决策模式对程序控制较为关注,然而数字信息平台的构建给这一模式带来了巨大冲击。在数字法治政府运作模式下,要同时简化数字平台运行和传统行政程序事项,难度较大。数字法治政府以自动化行政为基础,利用代码和算法对程序进行重建,一定程度上削弱了个人表达的重要性,导致程序不正当局面的出现。而且在世界各国数字政府的发展过程中,都发现"发展大多是关于技术的数量和范围,而忽略了更基础的正当性问题"②。此时,行政程序所要求的听取陈述申辩、明示救济等环节可能被省略,再加上自动化决策的不透明性,导致相对人的行政程序权力被削减,程序的公开性被架空。

四、数字法治政府建设的优化路径分析

(一)加强组织统筹协调

1. 坚持和加强党中央集中统一领导

党中央集中统一领导是建设数字法治政府的根本保障。为优化数字法治政府建设,中央层面要加强统筹协调,实现传统政府数字化转型,构建协同联动的新机制。一方面,可设立数字法治政府工作小组专门负责推进建设进程,通过统一的建设体系安排各级政府的职能转变工作,统筹推进政府管理服务数字化转型,加强数字法治政府相关平台建设,以构建高效便利的政务服务体系,提

---

① 张涛:《自动化行政对行政程序的挑战及其制度因应》,《华中科技大学学报(社会科学版)》2022年第5期,第60-69页。

② Simon Deakin, Christopher Markou eds, *Is Law Computable? Critical Perspectives on Law and Artificial Intelligence*, Hart Publishing, 2020, p.237

高行政效率。同时,也要积极应对传统政府体制下的组织矛盾,构建合作型、数字型政府。"在数字法治政府网络中,民众办理业务数据按需流通共享,前后环节以信息方式对接,可形成从申办到完成的信息化服务链,提高业务办理质量,节约业务办理成本"①。在政府内部也要建立协同合作关系,目前我国已有跨领域跨部门综合执法的实践,未来仍需进一步加深合作共享,打破组织矛盾。另一方面,要加快建成跨政府部门的业务合作机制,消除部门之间的壁垒,建设统一的数据共享平台,并对数据的格式、可读性作出明确规定。"在组织结构层面,要对政府职能进行重组,相关业务按照公众需求进行组合,梳理各政府部门的信息资源,根据获取政务数据成本差异维持各部门信息资源均衡。在信任体系层面,加强部门间的沟通协作,打造部门之间的信任文化,打消信息资源独有专享的权属观念。"②

2. 加强基层探索

在中央统筹指导下,地方各级政府也要加强实践探索,共同推进数字法治政府优化建设。一方面,省级政府应注重数字平台建设,数字平台的搭建对数字法治政府建设具有重要意义,不仅关乎人民的数字政府体验,还关系着政府转型进程的推进。数字平台运营具有公共性,其管理运行多依赖政府资金支持,因此,省级政府要重视平台设施给付,增强资金支持,以推进数字平台建设进程。另一方面,在数字平台搭建的基础上,各级政府要加强平台设施维护,由省级政府成立政务数据管理部门,各地市区县政府落实平台运行和维护工作,积极完善基础数据库,定期更新数据平台,为政务信息共享奠定基础。

3. 激发社会主体能动性

传统的政府体系围绕政府职能展开,社会主体的参与度不高。随着数字法治政府建设推进,"要求树立以公众为中心的服务型政府理念,积极运用各种信息化、数字化、智能化技术进一步拓展公众参与渠道,增强公众参与的实效性"③。政府应当积极吸纳社会力量参与数字法治政府建设,实现互利共赢。我国的公共政务数据数量庞杂,数字平台更新难度较大,仅由各级政府包揽的

---

① 杨解君:《政府治理体系的构建:特色、过程与角色》,《现代法学》2020 年第 1 期,第 15 - 30 页。
② 游路:《政府部门信息共享的现实难题与法治保障》,《行政管理改革》2022 年第 8 期,第 64 - 74 页。
③ 张彬:《建设数字法治政府的挑战及对策》,《福州党校学报》2022 年第 5 期,第 42 - 47 页。

做法不符合实际。适当吸纳社会力量有助于提升数据更新的效率,引进数据人才、培育数字型人才需提上日程。此外,还可发挥第三方企业的数据开发技术优势,让其参与数据的运用、监督环节,以发挥社会主体的能动性,更好地实现数字型政府的治理与服务的双重建设目标。

(二)政务数据的安全防护

1. 政务数据开放程序法定化

首先,政务数据自身的收集、分类、存储等要实现标准化,从而统一各级政府的数据信息,规避信息差现象。由中央制定原则性的数据指导标准,各地省级政府需出台相应政策规范,确立政务数据管理标准,统一省内的数据标准。此外,将政务数据集中到统一的数据库,为各级政府数据无障碍共享奠定基础。其次,政务数据的开放范围要法定化。由于经济发展和各地实际情况的变化,政务数据的开放范围需适时调整,定期更新政务数据目录,以满足公众对最新数据的查询需求。同时,政府还可建立专门的政务数据开放范围清单,以提高公众查询的便捷性。最后,政务数据的开放流程也需进行规范。政务数据的开放以及公众获取途径需要通过法律程序予以规定,设置预开放和正式开放获取两个阶段,在预开放阶段进行充分的安全审查,而在正式开放阶段也需进行审查、需求审核等程序性流程,以防滥用政务信息。

2. 规制数据利用的过程

一方面,要关注数据应用的软法治理。政务数据的安全防护较为复杂且普遍,仅依靠法律法规对其进行规范难以有效维护政务数据安全,因而软法治理成为其安全防护的补充。在这种情况下,需明确政务数据的安全保护责任,明确数据的再利用规则,为政务数据提供严格的保护措施,以全方位保障其安全性。另一方面,要重视对无用或过时的政务数据的销毁,由于政务数据数量庞杂,及时更新替代属于常态,而被替换的数据最直接的处理方式则是销毁。这不仅包括物理上的销毁,还包括采取加密等方式的彻底清除,以防数据泄露问题的发生。

3. 完善政务数据监管体系

第一,从数据自身层面进行监管。"要建立政务数据信息的校核申请制度,及时由相关主体对不完整、不准确的信息进行纠正;要建立健全政务数据质量的全流程监督检查,及时对滞后、失效的数据进行更新,确保数据的准确性、完整性"①。第二,从数字法治政府平台层面加强监管。借助数字技术在数字政府平台的后台中嵌入监督模块,"并设置统一的监管标准、安排专业的数据监督员,以实现应对数据风险的人机协同"②。内嵌监督模块能够有效避免人工录入政务数据时出现数据错误或瞒报等情形。同时,设置专门的监督员对此进行监管,能够合理避免人为介入风险,也有利于对政务数据安全风险及时作出回应。第三,从监管人员层面增强管理。"细化政务数据监管人员的保密义务款项,强化政务数据监管人员的义务观念与服务意识,严格依照审查流程进行数据审查工作"③。

(三)行政法治程序平等权保护

1. 消解数字鸿沟

数字法治政府建设采取自动化行政模式,在提升政府治理质效的同时也引发了不公平的问题,我国数字法治弱势群体的规模逐步扩大,这一现象在一定程度上限制了数字法治政府的推进。为了充分保障数字弱势群体的行政权益,可以从制度、技术和伦理三方面着手。首先,在制度方面,要加快加强制度保障体系建设。现阶段,尽管已有部分规范性文件考虑到数字弱势群体的权益保障,但大多数仍停留在宏观原则层面,未能提供有更为细致的立法制约。可见立法仍滞后于社会公众的需求,故亟须从立法层面细化数字弱势群体的数字人权救济途径。在发展数字化的同时,也要兼顾传统行政维权模式,为数字弱势群体保留必要的行政职能。其次,在技术层面,要坚持数字化技术和传统服务项目相结合的原则,若一味追求政府治理的数字化和自动化,无疑在一定程度上剥夺了数字弱势群体选择传统服务模式的权利。因此,在技术层面可以选择线上和线下相结合的模式,保留人工服务空间。"统计弱势群体在数字政府治理过程中的共性问题,制定普遍适用政策,批量解决数字鸿沟问题;在此基础上,筛选个性问题并根据年龄段、教育经历、工作背景等方面的不同分类处理"④。最后,在伦理层面,要注重信息资源的合理分配,从政策和技术角度给

① 王春业:《技术与制度良性互动下的我国数字法治政府建设》,《南通大学学报(社会科学版)》2022 年第 6 期,第 100-108 页。
② 李桂林、李露雅:《"良法善治"维度下数字法治政府建设的"双化协同"》,《南昌大学学报(人文社会科学版)》2022 年第 2 期,第 77-84 页。
③ 费艳颖、张栩凡:《大连数字政府建设的法治保障》,《大连干部学刊》2023 年第 10 期,第 58-64 页。
④ 高梦瑶:《自动化行政的法律风险及其规制研究》,河南大学 2022 年硕士学位论文。

予数字弱势群体关照。同时,可以动员政府工作人员和社会志愿者为老年人、残疾人士开展数字法治政府扫盲行动,从实质正义层面保障其合法权益。

2. 建构多元救济程序

数字法治政府平台的构建一定程度上弱化了行政程序价值,现场执法中说明理由等步骤的简化对行政相对人的权益造成较大影响。因此,为合理减轻数字政府平台对公民基本权益的侵害,除了提供投诉、诉讼等救济手段,还需开发多元化的救济途径。数字权益遭到侵害并非仅针对个人,还会出现集体权益受损的情形,故需针对不同的侵害情形,预先制定多元的救济机制,如协商、调解等,在制度上对社会公众的数字权力救济体系进行规定。此外,还需构建完善的风险评估系统,在收集、处理政务数据的过程中难免出现信息泄露的情形,因而在收集、识别个人信息时,应参照风险评估体系,在风险可接受范围内合理利用个人信息。若存在信息泄露风险,公众可通过《个人信息保护法》的相关条款进行维权。

五、结语

笔者以数字时代为背景,将数字法治政府建设作为研究对象,对其基本概念、学界观点、政策支持、现存问题以及优化路径展开了分析,尤其是对现阶段存在的问题以及如何完善进行了深入探讨。

结合上述内容,笔者认为目前数字法治政府建设存在以下问题:行政系统组织矛盾仍然凸显、政务数据开放面临安全挑战、行政法治存在程序性风险。并针对这些问题提出了相关的优化建议,其中包含了针对行政组织矛盾的加强组织统筹协调,加强政务数据安全防护解决数据安全风险,以及强化行政法治程序平等权保护,以维护弱势群体的行政权益。

基于上述研究成果,笔者对未来数字法治政府建设提出了更进一步的展望。首先,要以现有的制度为基础,持续推动数字政府与法治政府的均衡融合。其次,要发挥政府的层级性优势,通过自上而下以及自下而上的方式实现政务数据的全方位开放。在省级数字信息平台的基础上,加强基层合作治理,共同推进数字法治政府建设。最后,要重点关注群众反馈,以社会公众行政权益维护为出发点,提高政务服务的质量,实行传统管理模式与数字化模式相结合的办事模式,为群众提供便利,满足群众的多元化需求。

个人生物识别信息应用的行政监管机制研究

张 荣[*]

■

摘 要：在数字经济背景下，生物识别技术逐步与社会公共治理、市场产业营销等领域深度融合。因此，关于个人生物识别信息的侵权违法行为通常具有跨区域、涉众广、隐蔽性高等特点。现阶段受其采集运作复杂，技术协助管理缺失等因素影响，采用传统的知情同意机制已经无法对海量的个人生物识别信息进行有序管理，泛化应用个人生物识别信息所蕴藏的风险亟待警觉。因此，我们要从监管依据、监管主体、监管手段、监管救济四个维度构建本土化个人生物识别信息监管制度，以加大个人生物识别信息的保护力度。

关键词：个人生物识别信息；应用风险；立法现状；行政监管

我国生物识别行业发展势头良好，个人生物识别信息作为新的生产要素在法律领域也带来一场挑战。2020年，我国首例人脸识别案[①]经过二审落下帷幕，自此个人生物识别信息广泛进入公众视野。在该案中，原告郭某因杭州野生动物园将入园方式由"年卡＋指纹"升级为"年卡＋人脸"，而以侵犯隐私权和服务合同违约为由起诉该动物园。尽管两审法院均支持删除个人生物识别信息，也认可要对个人生物识别信息采取特殊保护，但仍存在以下几点遗憾：

第一，两审法院均站在合同违约的角度审判，未承认存在侵权可能性，并将证明责任转嫁给原告。第二，一审法院认为原告自愿提供的指纹信息已成为动物园的经营信息，故不支持删除。二审法院虽然支持删除，但是以原告退"年卡"导致合同目的无法实现为由，未正面承认个人享有法定信息删除权。第三，

---

[*] 张荣，女，江南大学法学院硕士研究生。

① 参见民事一审杭州市富阳区人民法院（2019）浙 0111 民初 6971 号、民事二审浙江省杭州市中级人民法院（2020）浙 01 民终 10940 号。

两审法院在支持删除生物识别信息的同时,均没有支持原告提出的删除信息要由第三方技术机构见证的请求。

此外,需注意的是,当野生动物园的工作人员要求原告提供指纹和人脸照片时,原告曾多次质问工作人员:这种入园方式是政府指定的吗? 谁是人脸识别技术的提供主体? 游客信息的安全性如何保障? 对方均未正面回应。颇具讽刺的是,原告郭某一位专业素质深厚的法学博士,而且还是个人信息与数据安全领域的法学教授,但在维权路上仍要经历从求助在法院、检察院和律所工作的朋友取证,到屡次和解、调解失败,乃至最终被迫提起诉讼的历程。郭某一波三折的经历,折射出现实中监管机关缺位,个人合法权益得不到保障的现状。由此可见,在监管方面加强生物识别信息安全保护已经刻不容缓。

一、个人生物识别信息概述

(一) 个人生物识别信息相关概念厘清

1. 个人信息与个人生物识别信息

2017 年,《网络安全法》在附则中采用概括加列举的方式明确个人信息的概念,其中就列举了个人生物识别信息①。2021 年,《个人信息保护法》初次将个人信息分为一般个人信息和敏感个人信息,明确个人生物识别信息归属于敏感个人信息②。迄今为止,我国对个人生物识别信息法律概念未作定论,仅可以参考《信息安全技术个人信息安全规范》(以下简称《规范》)附录所列举的种类③。该规范类似于欧盟出具的工作报告中对生物识别信息的定义,包括用来鉴定身份的生理特征(如虹膜、指纹、身体气味)和行为特征(如签名、步姿)等信息。

此外,因现行法律对个人生物识别信息的定位略显粗疏,其是否能够成为

---

① 《网络安全法》第 76 条第 5 款:"个人信息,是指以电子或者其他方式记录的能够单独或者与其他信息结合识别自然人个人身份的各种信息,包括但不限于自然人的姓名、出生日期、身份证件号码、个人生物识别信息、住址、电话号码等。"

② 《个人信息保护法》第 28 条第 1 款:"敏感个人信息是一旦泄露或者非法使用,容易导致自然人的人格尊严受到侵害或者人身、财产安全受到危害的个人信息,包括生物识别、宗教信仰、特定身份、医疗健康、金融账户、行踪轨迹等信息,以及不满十四周岁未成年人的个人信息。"

③ 《规范》附录"表 A.1:个人生物识别信息包括个人基因、指纹、声纹、掌纹、耳廓、虹膜、面部识别特征等。"

法定权利还需遵循严格的证成程序并达到法定的证成标准[①]。这也是前文人脸识别案中两审法官均回避将个人生物识别信息权利化的重要原因。

2. 个人生物特征与个人生物识别信息

应当注意个人生物特征不等同于个人生物识别信息。就生成时间而言,个人生物特征是先天生成的,而个人生物识别信息则是经过后天技术处理才能获得的。两者的关系是,个人生物识别信息以个人生物特征为基础,经技术算法加工创建代码数据语言。例如,一张人脸照片本身并不涉及生物识别信息,但其通过平面识别可以提取出唇形、眼距、额宽等信息,从而成为生物识别信息的重要来源。因此,实务中,基于加强保护个人生物识别信息的现实需要,通常将人脸照片视为个人生物识别信息予以法律保护。

(二)个人生物识别信息的法律性质

由于我国对个人生物识别信息的探索较晚,其法律性质也未"盖棺定论"。理论上争鸣的三种观点分别是:隐私权说、财产权说和兼具隐私权与财产权的综合性权利说。

1. 隐私权说

个人生物识别信息相关权利与隐私权既有共性也有个性。在共性方面,王泽鉴教授提出隐私权是个人生物识别信息的上位概念,并认为个人生物识别信息的侵权问题在现有关于隐私权的法律框架下足以得到规制。[②] 此外,在实践过程中,生物识别信息受侵害追责也需同时满足侵权赔偿责任法定的四个要件。在立法上,《民法典》第 1034 条也体现了重视数字人格的立法取向。因此,将个人生物识别信息视为隐私权进行保护能体现法律的包容性。

在个性方面,从客体特点上分析,个人生物识别信息主要突出于其生理特征和行为特征具有高度识别性;而隐私权更强调其私密性,如饮食偏好、婚姻状况等。从法律属性上看,个人生物识别信息尚未得到法律明确定性,隐私权指的是一个自然人基本的社会人格权益[③]。从法律保护的方式上看,隐私权的保护更多偏向法院直接或按照相关法条规定实施的民事救济,而个人生物识别信

---

① 泮伟江:《法律系统的自我反思:功能分化时代的法理学》,商务印书馆,2020 年,第 96 页。

② 转引自胡文涛:《我国个人敏感信息界定之构想》,《中国法学》2018 年第 5 期,第 235 - 254 页。

③ Molly K. Land, Jay D. Aronson, "The Promise and Peril of Human Rights Technology", in Molly K. Land&Jay D. Aronson eds., *New Technologies for Human Rights Law and Practice*, Cambridge University Press, 2018, p.6.

息则更多间接地通过申请民事救济、行政救济或申请刑事救济的方式①。上述的边界范围并非不可逾越,根据社会公序良俗原则,个人信息领域中,凡可以依法经由法定途径进行搜集和交换获得的个人信息都不应属于隐私权保护的客体范围,因而不受有关隐私权法律的保护。

2. 财产权说

有学者认为,只有承认个人生物识别信息的财产属性,才能更好地应对社会实践中的问题,调动各方主体主动参与信息保护的积极性。② 如果仅将其视为个人特有的人格利益,被侵害人没有遭受物质性损失,或是侵权人没有因侵权行为获得经济利益。基于填补原则,司法审判中法官会依法支持停止侵害、排除妨碍、消除危险等诉讼请求,但是想要获得经济赔偿则无法可依③。此外,关于个人生物识别信息的侵权行为,我国还没有设置惩罚性赔偿制度。侵权人侵权成本低,而被侵权人诉讼利益也相对较低,导致法律的工具价值难以实现。另外,根据《民法典》相关规定,个人的人格权利大部分专属于个人,不得转让,也不得继承。随着技术迭代周期不断缩短,财产的概念早已不拘泥于实物,"虚拟财产"就是一个明显的实例。信息财产化是法律顺应时代发展的宝贵成果。个人生物识别信息作为数据资源中的一类,如果否认其财产属性,则会抹杀信息所衍生出的经济价值④。

3. 兼具隐私权与财产权的综合性权利说

理论界中,程啸教授认为个人生物识别信息是具有两重属性的综合性权利。⑤ 他从可操作性的角度进行考量:首先,现行法已经将个人生物识别信息纳入一般人格权的保护范畴,再结合总则编和侵权责任编可以解决其中的部分问题。其次,《民法典》中关于个人生物识别信息基本是粗线条的规定,限制了信息流动增值,忽视了非物质性损害和程序性违法(如事前告知、加密处理等)赔偿问题,认同财产属性有利于拓宽救济路径。最后,未来个人生物识别信息的外延和应用范围难以预测,参考国外已有的立法实践,承认个人生识别信息

---

① 姜晓华:《智能语音技术的法律规制研究》,《学术探索》2023 年第 4 期,第 67 - 72 页。
② 刘越:《论生物识别信息的财产权保护》,《法商研究》2016 年第 6 期,第 73 - 82 页。
③ 颜飞、刘文琦:《刑事司法中的刷脸:运行现状、理论检视与规范建构》,《科学与社会》2023 年第 2 期,第 86 - 106 页。
④ 郭少飞:《论基因信息的二阶人格权形态》,《江汉论坛》2023 年第 3 期,第 129 - 135 页。
⑤ 程啸:《为个人生物识别信息打造法律保护盾》,《人民论坛》2020 年第 24 期,第 118 - 120 页。

的双重属性也是法律前瞻性的体现。这有助于克服过于依赖信息处理者主观目的与保护范围较为狭窄的不足，同时可以更好地利用个人生物识别信息，加快数字化建设。

二、我国个人生物识别信息应用风险及监管困境

（一）我国个人生物识别信息应用风险

生物识别信息具有随身性、永久性、可识别性和唯一性的特性。这些特性使其便于随时为个人"精准画像"，但同时也潜藏着巨大风险。尤其在互联网上，生物识别信息可以无限复制，却又不能类比修改银行卡密码那样快速止损。

从个人层面来看，非法收集和使用个人生物识别信息本身就涉及对他人隐私的侵犯。当下，视觉识别技术应用普遍，该技术可以在任何场景中以非接触的方式捕捉个人面部特征。然而，这种信息往往会和个人的金融账户绑定，因此一旦被泄露、滥用或非法提供，就可能会对个人造成人身和财产方面的重大损失。此外，通过聚合生物识别信息进行关联解读，判断个人的偏好或健康状况还会涉及到算法歧视，将个人推向被动一方。

从社会层面来看，政府机关承担着既是生物识别信息采集主体，又是该信息的保护主体这一双重角色。随着"电子政务"的不断推行，如果遭黑客攻击，政府系统瘫痪将造成极大的社会恐慌。同样，如果黑客侵入金融行业，将严重破坏金融安全。以河南 00 后初中毕业生破解厦门银行 APP 人脸识别技术案[①]为例，该案犯罪分子并没有使用人脸摄像头采集信息，而是通过抓取网络传输的数据，再利用 Photoshop 身份证，成功注册多个虚拟账号倒卖牟利。事发后，该 APP 线上开户功能被关闭，银行信用受损，社会影响恶劣。可见，因个人生物识别信息引发的风险可能会发生连锁反应，从个人到社会，从部分到整体，由于彼此牵连与交融，可能产生的危害后果难以估量。

（二）我国个人生物识别信息的监管问题

1. 个人生物识别信息的监管依据不够体系化

关于个人生物识别信息的监管依据分散在不同的法律法规中，监管主体整体呈现"一家统筹，多部门配合"的局面。如《网络安全法》第 8 条，明确国家网

---

① 参见福建省厦门市思明区人民法院(2019)闽 0203 刑初 890 号刑事判决书、福建省厦门市中级人民法院(2019)闽 02 刑终 749 号刑事裁定书。

信部门负责统筹协调并监督管理网络信息安全工作①。在征信方面，中国人民银行或者其派出机构监管个人信息②；在消费方面，各级工商行政管理部门履行管理监管职责③；在电信方面，由工业和信息化部等电信管理机构实施监督管理④。上述法律法规虽然明确了某些领域的监管主体，但是个人信息保护涉及对象多、领域广，因此仍陷入多个行政机关职责交叉或者职权定位不够明晰的窘境。如果一项侵权行为既涉及上述领域，又涉及其他新兴行业，则会出现监管交叉和监管盲区同时存在的吊诡现象。部门权限不清还会拖沓监管进程，监管问题尾大不掉，严重制约和影响监督管理的效果。再者，监管依据中没有把生物识别信息流转的各个环节的要求列明。目前已明确要求的《规范》是国家市场监督管理总局和国家标准化管理委员会联合发布的，但其效力位阶较低。可见，通过立法打造有限政府和服务政府的目的仍需逐步实现。将监管依据体系化，厘清各环节监管机构权责，是健全个人生物识别信息监管格局的关键一步。

2. 个人生物识别信息的监管主体专业性欠缺

个人生物识别信息的应用为数据经济带来机遇的同时，也对监管主体的专业能力提出了更高要求。行政主体实现有效监管的前提是必须具备理解数据的算法构造，能够披露数据报告的专业知识，以及具备开展高密度排查监控数据库的专业能力。囿于我国明文规定的行政监管主体有其局限性，大多监管人员与监管领域的专业匹配度不高且事前参与力度较弱。互联网基础设施不断整合，监管对象在体量、覆盖面和复杂性方面都在大幅度扩展。如果单方面把监管任务下移给基层监管部门而不考虑监管人员的知识体系水平，落后地区基

---

① 《网络安全法》第 8 条："国家网信部门负责统筹协调网络安全工作和相关监督管理工作。国务院电信主管部门、公安部门和其他有关机关依照本法和有关法律、行政法规的规定，在各自职责范围内负责网络安全保护和监督管理工作。"

② 《征信业管理条例》第 38 条第 1 款第 2 项："征信机构、金融信用信息基础数据库运行机构违反本条例规定，有下列行为之一的，由国务院征信业监督管理部门或者其派出机构责令限期改正……（二）采集禁止采集的个人信息或者未经同意采集个人信息。"

③ 《消费者权益保护法》第 56 条第 1 款第 9 项："经营者有下列情形之一，除承担相应的民事责任外，其他有关法律、法规对处罚机关和处罚方式有规定的，依照法律、法规的规定执行；法律、法规未作规定的，由工商行政管理部门或者其他有关行政部门责令改正……（九）侵害消费者人格尊严、侵犯消费者人身自由或者侵害消费者个人信息依法得到保护的权利的。"

④ 《电信和互联网用户个人信息保护规定》第 3 条："工业和信息化部和各省、自治区、直辖市通信管理局（以下统称电信管理机构）依法对电信和互联网用户个人信息保护工作实施监督管理。"

层一线的监管人员可能会捉襟见肘。因此，"信息门阀"无人可守导致数据优势转化为风险窗口的问题亟待解决。

诚然，2020 年 10 月 1 日实施的《规范》明确负责部门工作人员要具有专业素养，并提到可以将技术监管的任务外包给第三方机构，吸纳市场经济主体，从而激发监管活力[①]。但是双方在实际操作中如何衔接？负责人员的专业标准怎么衡量？该《规范》作为推荐性国家标准的实际影响力有多大？不能让第三方管理人员既当裁判员又充当运动员，或是等着事后追责，否则信赖保护原则可能受到损害。从社会情势上看，信息安全监管需常态化，是否可以考虑在现行公务员录用体制下吸纳技术人才，重新制定考核维度。以弥补专业人员的缺口，加快实现全国监管水平的一致性。

3. 个人生物识别信息的监管手段片面化

近年来，生物识别技术井喷式发展，然而，随着生物识别产业安全问题频发，行政管理部门也只能摸着石头过河。2021 年前相关法律条文多以事后惩治为导向，之后，认识到生物识别信息泄露损害是不可逆的，损失也不可估量，所以在宏观上给出了要加强事前干预的指导。例如《个人信息保护法》第 61 条明确履行个人信息保护职责的部门履行监管工作要包括"教育、指导、监督、支持"等。由于缺乏实质性的事前监管措施，监管部门通常是在发现问题后开展调查，再对个人信息处理者的法定代表人或者主要负责人进行约谈，要求其整改。所采取的监管手段以行政处罚居多，缺乏类似主体准入的行政许可等措施。监管环节基本到追责惩治就结束，后续流程诸如采集主体履行修复漏洞以及删除清理生物识别信息等义务的过程，并无明文监管保障。监管手段单一，难以有效遏制生物识别产业的市场乱象[②]。

4. 个人生物识别信息的监管救济渠道狭窄

监管救济除了行政机关依正当程序原则进行监督管理，还包括被监管者自律监管外部救济。即主体配合监管部门主动采取措施防范风险，因经济成本可能较高，由监管部门等通过其他途径给予补偿。《个人信息保护法》中要求采集主体要有专业技术人员、对生物识别信息采取严格保护措施、进行技术安全测

---

① 《规范》第 9.7 条："a)建立第三方产品或服务接入管理机制和工作流程，必要时应建立安全评估等机制设置接入条件。"

② 陈飞、毛猛志、李有星：《金融 APP 个人生物识别信息处理协议合规性研究》，《征信》2023 年第 3 期，第 19 - 26 页。

试等。诚然,个人信息处理者应当承担安全保障义务,但是一味加重信息处理者的负担,尤其是个人生物识别信息安全技术维护难度大,如果还要配合政府实时监测,设备运营成本高,对于大部控制者而言恐怕难以长期维持。而政府部门和特定机构采集生物识别信息如需数据加工脱敏,建立数据库,更离不开财政等方面的支持。目前,资金支持还没有规范透明化,补贴鼓励也没有统一标准。谋求长期发挥好信息控制者内部监管的风险防控作用,必须盘活资金来源①。

此外,虽然检察院可以依法疏通行政监管救济路径——针对监管部门不作为和乱作为而损害国家利益或社会公共利益的行为提起行政公益诉讼。然而,这条路径属于权利救济的迂回路线,解决问题周期较长。若监管部门内心抵触,落实质量堪忧;或者根本走不通,即无法举证监管部门不依法履行职责。

三、国内外个人生物识别信息立法现状

(一)我国个人生物识别信息相关立法及司法领域新探索

为应对生物识别普及化,我国关于个人生物识别信息的保护规则从无到有逐步完善,已初见成果。据不完全统计,仅 2018 年,我国约有 40 部法律、30 部法规、200 部规章涉及个人信息,以下列举其中几个关键节点。

2004 年《居民身份证法》和 2008 年《普通护照和出入境通行证签发管理办法》都规定要保护指纹信息;2009 年刑法修正案(七)首次将非法获取公民个人信息入刑;2012 年,全国人民代表大会常务委员会作出个人信息保护的纲领性文件——《关于加强网络信息保护的决定》;2017 年,《网络安全法》规定了个人信息的法律概念。2021 年,我国出现了相关立法规制的小高潮。在中央层面,《个人信息保护法》破旧立新,建立起个人信息保护制度基础性框架。该法首次设定了域外适用效力,但尚未指明涉外信息处理者要将处理事务的报告移送给哪些部门。在监管对象方面,规定了特殊平台的特殊义务。值得注意的是,该法的二审稿中特殊平台采用的是"基础性互联网服务平台",而终稿修改为"重要互联网服务平台"。两者之间的区别标准尚未指明。在地方

---

① 高婷:《人脸识别信息侵权风险与责任认定》,《北京政法职业学院学报》2023 年第 2 期,第 88 - 93 页。

层面,广东省和天津市分别率先以条例形式禁止市场信用信息采集主体采集生物识别信息。

总体来看,上述法律法规对于生物识别信息的保护规定存在如下令人隐忧的共性:一是监管部门、监管对象多为笼统规定,未采取分类保护措施;二是保护范围狭窄,规制重心主要集中在指纹等常见的生物识别信息,鲜少涉及步态等行为特征信息;三是整体散见在有关个人信息的法律法规中,与相关新增条例断层。

在司法领域,2017年检察公益诉讼制度正式施行,当时检察机关尚不能就个人信息保护问题提起公益诉讼,只能向监管部门提检察建议。为弥补行政公益诉讼的短板,自2020年起,浙江省人大常委会将个人信息保护明文纳入地方立法。该省检察院在司法实践领域不断创新督促形式。2021年,杭州市检察院开个人信息保护民事公益诉讼之先河。与此同时,温州检察机关在应对多家医院泄露孕妇信息的事件中,联合多个监管主体起草相关执法司法协作意见。该省检察机关在公益诉讼领域的探索获得公众认可,成为全国典型示范区。2022年两会期间,最高人民检察院检察委员会委员胡卫列指出,检察机关受理关于个人信息保护的公益诉讼案件在2021年同比增长近3倍。然而,胡委员强调该领域的民事公益诉讼仍存在痛点,例如调查取证难、与行政部门的监合力度不够、公益诉讼检察队伍建设需专业化等。可见,行政机关与检察机关应打通梗阻,开展多元化的监察合作。

（二）国外个人生物识别信息相关立法保护模式

本节主要讨论国外关于个人生物识别信息采取两种立法保护模式。一是以美国为典型的专门立法模式,二是以欧盟为代表的综合立法模式,以此透视国外在这方面的立法情况。

美国各州根据个人生物识别信息的特征进行专门立法,将个人生物识别信息归于隐私权属性,制定针对企业采集主体的典型法案是伊利诺伊州的《生物识别信息隐私法案》(BIPA)。该法案提出了五个基础性条款:①书面同意条款。企业以书面形式征集个人同意,并明确告知内容包括信息使用和收集时长;②禁止非法牟利条款;③明确披露应用场景条款;④记录保存期条款。企业制定管理生物识别信息规范以及留存表,并在不同生命周期采取不同的保护力度,到期后永久销毁;⑤赔偿救济条款。规定过失侵权的与故意侵权赔偿底线,与实际损失相比择数额高的。即使原告不能证明具体损失金额,一般也有可能获得较高的赔偿。该立法模式的优势在于避免了综合立法的机械性，可以针对各种生物识别信息产生的应用风险提出具体解决方案，侧重保护弱势一方①。

欧盟在个人生物识别信息保护方面立法相对简约②。2016年其颁布的《通用数据保护条例》（GDPR）针对不同采集主体统一提出了五项革新举措：一是以专门条款定义了生物识别信息的法律内涵，包括其如何产生以及具备的特点；二是发生或意识到信息泄露时，必须在72小时内通知监管部门，并在可能对个人产生不良影响时通知个人；三是设立数据保护官员；四是鼓励制定细化GDPR的条例，以使各成员国可灵活调整法规；五是增加匿名加工信息处理义务。该立法模式的优势在于通过普通与特别的规定平衡保护信息采集者与个人，避免单方面加重信息采集者的保护责任③。

（三）我国可借鉴的国外立法经验

考虑到当下个人生物识别信息这一特殊客体所面临的时代困境，我们可以借鉴域外经验，从中抽象出共性，制定契合国情的解决方案。首先，可以借鉴GDPR明文规定个人生物识别信息的概念，厘清个人生物识别信息保护的边界。若立法条件不具备则"硬法后续"，为提高立法效率采取"软法先行"，即鼓励各地以条例形式综合规制。之后再将地方试点中成熟的管理经验逐步上升到全国性法律层面。其次，在规定生物识别信息的采集场景和事项，明确禁止远程无差别人脸识别摄影，从而在源头上禁止非法采集和过度挖掘；在司法层面，要避免在是否遵循"正当、合法、必要"原则上的裁量困难，以平衡法律的可预测性和司法的能动性，实现制度的利益；在产业发展上，应为未来的产业制定豁免条款，留下创新空间。再次，应明确采集者有书面告知的义务，根据个人生物识别信息在不同阶段处理对个人的影响，要求信息控制者承担相应的义务，例如应对风险提高代码质量、数据共享告知、信息删除提示等。最后，需要压实信息控制者的损失风险举证责任，针对不同情形，采取分类处罚模式，设定相应的处罚基准。

---

① Molly K. Land, Jay D. Aronson, "The Promise and Peril of Human Rights Technology", in Molly K. Land&Jay D. Aronson eds., *New Technologies for Human Rights Law and Practice*, Cambridge University Press, 2018, p.6.

② Van Noorden Richard, "The ethical questions that haunt facial-recognition research", *Nature*, 2020, p.3.

③ Castelvecchi Davide, "Is facial recognition too biased to be let loose?", *Nature*, 2020, p.5.

四、我国个人生物识别信息应用风险监管规制建议

（一）为个人生物识别信息专章立法完善监管依据

对个人生物识别信息进行边际分析，有必要对其加强立法保护。尽管已经制定出《个人信息保护法》，其他法律法规也涉及监管规制，但为了保证立法的融贯性，更经济高效的选择是进行专章立法。专章不仅要为设立特定监管机构提供法律依据，还应该在立法框架中涵盖前端采集、中端应用和后续处置这三个环节。首先，提高采集主体准入门槛，明确主体"经营范围"。同时依据准入标准制定采集个人生物识别信息的采集清单，避免部分不具备风险防范能力的主体擅自跨越禁区。其次，中端数据应用要求主体合理使用信息资源以防止数据泄露，并向监管机构采取可追踪技术措施。这一方面有利于监管机构动态检查数据使用情况，一旦发生风险，即可"叫停"并追责责任主体；另一方面，有利于数据使用主体针对应用缺陷采取技术维护措施。最后，在末端处置环节，根据法定或约定的最低保存期，到期删除。如果最低保存期未到期但收集目的已经实现，信息管理者有主动清除的义务。此外，要求重要互联网服务企业等具备购买监管设备条件的主体在删除代码后，向监管机构清零备案，监管机构可以对提供的代码编号进行核对，以间接督促信息管理者；其他主体在删除时可由无利害关系的监管人员或第三方技术机构见证。

（二）设立独立的个人生物识别信息保护监管机构

《个人信息保护法》要求完善个人信息保护投诉、举报工作机制。但我国个人生物识别信息未设立专门的监管机构，且关于个人生物识别信息的界定标准存在争议。因此，应由专业监管机构统一归口，发挥以下职能：其一，准入许可权。根据必要性原则，关口前对采集主体进行分类监管，聚焦重点领域和重点人员，突出监管重点。基于生物识别信息使用情况，采取定期或不定期的应用合规检查。其二，决定权。采集前监管机构经过充分的听证论证后，评估技术误差的容错率。然后，决定需要削弱识别性和链接性的生物识别信息类型，甚至直接匿名化处理。其三，违法矫正权。一旦发现存在违法采集使用的现象，有权采取矫正措施——轻则责令暂停修复止损，重则向社会公开警示，采取严格的赔付补偿机制，同时将其纳入社会征信黑名单，以促使信息控制主体提升数据保护能力。其四，审查建议权。监管机构的工作人员还需审查政府、商业组织以及特定的公共机构（如事业单位、公立高校等）为履行事先告知义务拟定

的格式合同,以防止该主体利用信息不对称的优势地位而将风险转移给被采集者。

除专业职能外,个人生物识别信息保护监管机构还可以发挥社会公共职能。包括但不限于:

①开设线上线下的服务窗口,向社会提供个人生物识别信息合规应用的技术咨询。②加快构建数字技术辅助政府决策的机制,整合处理监管过程中所掌握的各行各业保存的信息种类和体量,共享给政府或专家学者,让"数据跑路"实现办事"零材料"。③面向社会人员开展专题培训会,引导各行业制定自律公约,推动相关主体规范收集和使用生物识别信息,敦促强化内部监管。④通过主流媒体,多渠道进行个人生物识别信息保护教育宣传,例如谨慎"晒照",从而提升监管机构的社会影响力和公众对个人生物识别信息的维权意识和辨别能力①。

(三)采取纠纷磋商救济措施替代化解矛盾

在现实中,许多受害者在维权途中止步于民事救济中被侵权者承担举证责任这一环节。侵权者是否有过错?侵权者是否造成了损害后果?如果采集者是合法采集该信息,之后又基于自动化决策的名义擅自分析使用,似乎并没有给被侵权者留下举证空间。此外,若发生群体性的纠纷,不仅会浪费大量司法资源,而且由于缺乏认定损害赔偿统一规范的评估鉴定方法和标准,主观裁量如何保证司法公正?权衡利弊需要考虑技术方案或者替代方案的引入。如由行政机关牵头调解,拓宽双方对话协商渠道,找到问题症结,协调利益需求。通过平等主体磋商细化双方权利义务的方式,既发挥私人自治的主观能动性,也避免过度索取②。达成一致后,由行政机关将和解方案提交给个人生物识别信息监管机构,便于其进一步研究个人信息违法处理行为的责任承担方式。如此,不仅能促进问题得到实质性化解,还便于监管机构找到监管重点③。如果涉及的当事人面广,监管机构还可以将和解方案透明化,供社会公众监督参考,充分实现其社会效益和经济价值。

---

① 赵鹏:《风险社会的行政法回应》,中国政法大学出版社,2018年。
② 朱沛智:《论生物识别信息保护中的知情同意原则》,《西北师大学报》2023年第5期,第126 - 134页。
③ Catherine Jasserand, "Legal Nature of Biometric Data: From 'Generic' Personal Data to Sensitive Data", *European Data Protection Law Review*, 2016, p.5.

（四）健全激励反馈与司法兜底监督保障制度

现实中信息技术管理和日常运营成本高往往与采集主体数据安全维护的积极性成反比。为防止采集主体"应遵循技术规范建立数据库，按照监管机构规定对信息进行匿名化处理"的规定沦为"纸面条款"，监管机构既要狠抓落实约束采集者，又要给予采集主体物质奖励和名誉奖励。例如，在年度进行积分量化补贴，反馈给商业组织和特定机构，同时对数据管理人员进行业务指导，并提供智力和财力支持。协同联合税务部门，对商业组织和特定机构为配合监管而购买的管理设备和占用的场地给予税收优惠，为采集主体减税负。针对政府的生物识别信息管理部门进行专项拨款支持。在名誉奖励方面，对符合管理标准的对象公开合规信用名单，在社会上进行正面引导以激发创新活力。通过奖励回馈的方式，调整管理者和被管理者之间的关系，鼓励不同主体共同承担起社会责任①。

在司法保障方面，针对不同侵权主体，理顺起诉顺位。如前文提及，若法定组织缺位，由检察机关提起民事公益诉讼保持诉讼两端平衡。此时检察机关和监管部门应明确职能定位，加强线索移送、专业咨询、办案辅助等方面的合作。若监管部门不依法履行职责，则由检察院介入并提起行政公益诉讼。为落实行政公益诉讼，应细化诉前程序，纾解检察机关举证困境，放宽起诉口径②。例如检察院在诉前可以书面形式通知监管部门咨询情况并提出建议，如果监管部门合理期限内未回复或未给出合理解释，检察院可以正式提出检察建议。最后该书面通知可以作为证明监管部门不依法履责的起诉材料之一。同时，为尽早遏制损害继续扩大，倒逼行政执法，法院可加重行政机关不依法履责导致损害扩大的补救责任，通过健全司法兜底监督保障制度，拓宽数据保护的"护城河"。

五、结语

生物识别技术不断落地开花，政府监管不能僵化。承袭已有的监管逻辑，尽快回应个人生物识别信息侵权的特殊性，完善配套监管措施，实现多方联手协同共治，促进监管制度更加成熟和理性。建议在萃取域外经验的基础上，灵活调试监管策略。从监管依据、监管主体、监管手段、监管救济四个角度出发，

---

① 张民安：《公共场所隐私权研究》，中山大学出版社，2016年，第68页。
② 陆洲、高丽敏：《个人生物识别信息的公益诉讼制度优化研究》，《河北工程大学学报》2023年第2期，第75-80页。

力求在公共管理需要、商业利益需求和个人权益保护的博弈中寻找平衡点,推动监管模式向纵深发展。在全面的监管框架下,探索进一步拓宽智能科技的应用布局,充分挖掘生物识别信息蕴含的商业价值,积极稳妥、规范有序地提升数字治理能力,念好数据监管的"紧箍咒"。以开放包容的态度迎接市场挑战,生物识别产业才能行稳致远。

生成式人工智能是否享有著作权

郭雨东*

摘　要:以 ChatGPT 为代表的新一代生成式人工智能展现出卓越的生成和学习能力,由此也引发了法律界关于人工智能与著作权问题的探讨。对于这一问题应当坚持人类作为法律主体的中心地位。生成式人工智能基于给定的算法逻辑和海量数据通过人类的反馈不断进行优化,其本质是一种工具。由生成式人工智能产生的内容归根结底是人类的智慧成果。因此,生成式人工智能无法受到著作权法的激励,将其作为著作权主体不利于著作权立法目的的实现。

关键词:著作权;生成式人工智能;ChatGPT

截至目前,人类社会已经经历了多次重大的科技变革。第一次科技革命发生于 18 世纪 60 年代,率先在纺织行业发生,以蒸汽机的发明和使用为主要标志,大大提升了生产力。第二次科技革命发生于 19 世纪末,以发电机和电动机的发明和应用为主要标志,使得人类社会进入了电力时代。二战后的第三次科技革命,以无线电技术为先导,以电子计算机、原子能、航天技术等为主要标志,使得人类社会开始进入信息时代①。2022 年年末,ChatGPT 横空出世,并引起了广泛关注,其在人机对话与文本生成等方面展现出了优秀的表现力和巨大潜力②。随后,各大科技公司纷纷推出人工智能产品,其中包括国外产品 Bard、New Bing(结合 ChatGPT 技术的新一代搜索引擎),国内文心一言、通义千问、360 智脑等。一些学者也将 5G 通信技术和人工智能技术视为第四次科技革命

---

* 郭雨东,男,江南大学法学院硕士研究生。

① 马飒、张二震:《数字技术重塑国际产业分工格局:理论逻辑与中国战略》,《江海学刊》2023 年第 5 期,第 113 - 122,255 页。

② 陆伟、马永强、刘家伟等:《数智赋能的科研创新——基于数智技术的创新辅助框架探析》,《情报学报》2023 年第 9 期,第 1009 - 1017 页。

的核心①。然而就目前来看,生成式人工智能方兴未艾,尚未达到一个成熟的阶段。以 ChatGPT 为例,尽管在一些任务上表现出色,但对于专业领域的回答并没有展现出人们所期待的表现,对于它未掌握的问题和知识,出现了"一本正经地胡说八道"、虚假信息、数据泄露、算法歧视等问题②。作为生成式人工智能,其与人类以往工具相比具有自己的特点,人工智能的回答并非简单地搜索资料,而是基于算法和海量的数据进行加工,并且在这个过程中可以根据用户和提供者的反馈进行学习。生成式人工智能由于其"生成"性质,自产生以来便有一些无法回避的问题,如:其是否享有著作权? 在什么范围内享有著作权? 著作权的利益承受主体是谁? 关于这些问题,学界和实务界也存在着不同的看法。本文将就生成式人工智能是否享有著作权这一问题进行探讨。

一、著作权作为权利的意义

权利是对利益的保障③。众所周知,并非所有的利益均会化作法律明文规定的权利。在探讨生成式人工智能能否享有著作权这个问题之前,首先需要梳理著作权立法演进和立法目的等相关问题。

(一)著作权概述

我国著作权法从 1980 年起草到 1990 年颁布,历时十年,后续又于 2001 年、2010 年、2020 年进行过三次修正④。在这期间,1978 年的英国出版代表团来访和 1979 年中美科技、经贸协议写进保护版权条款两个关键事件对于著作权立法起到了推动作用。

1986 年 4 月 12 日,第六届全国人民代表大会第四次会议通过的《民法通则》,首次以国家基本法的形式确认中国"公民、法人享有著作权(版权),依法有

---

① 贾婷、陈强:《三重逻辑下 AI 技术治理制度供给质效提升研究》,《科学学研究》,https://doi. org/10.16192/j.cnki.1003-2053.20231016.005,2023 年 10 月 17 日网络首发。

② 於兴中、郑戈、丁晓东:《生成式人工智能与法律的六大议题:以 ChatGPT 为例》,《中国法律评论》2023 年第 2 期,第 1-20 页。

③ 于柏华:《权利概念的利益论》,《浙江社会科学》2018 年第 10 期,第 36-46 页。

④ 《关于修改〈中华人民共和国著作权法〉的决定》,2001 年 10 月 27 日第九届全国人民代表大会常务委员会第二十四次会议通过。《关于修改〈中华人民共和国著作权法〉的决定》2010 年 2 月 26 日第十一届全国人民代表大会常务委员会第十三次会议通过。《关于修改〈中华人民共和国著作权法〉的决定》2020 年 11 月 11 日第十三届全国人民代表大会常务委员会第二十三次会议通过。

署名、发表、出版、获得报酬等权利"。在本文当中部分语境下会出现"著作权"
与"版权"并用的情况，是因为在 2001 年 10 月 27 日，九届全国人大常委会第二
十四次会议通过的《著作权法修正案（草案）》中注明"著作权即版权"，但著作权
与版权体现出了不同的价值取向。

第七届全国人民代表大会常务委员会第十五次会议通过的《著作权法》立
足中国国情和著作权保护的实际情况，与《保护文学和艺术作品伯尔尼公约》
《世界版权公约》的原则保持基本一致。

根据现行《著作权法》第 1 条的明文规定，该法制定的目的可以分解为以下
几种：第一，保护作者的著作权及其相关权益；第二，鼓励有益作品的创作和传
播；第三，促进社会主义文化和科学事业发展。著作权法的制定旨在保护作者的
相关权益，激励创新进步，对于前者的规定实际上也是为了给予作者创新创造的
动力。然而，将生成式人工智能作为著作权的主体加以保护并不利于著作权立法
目的的实现，因为工具是无法被直接激励的，这一点在后文将进一步进行讨论。

（二）人工智能与著作权的关联

生成式人工智能与著作权这一问题之所以受到广泛关注和讨论，是因为它
与其他的工具不同。生成式人工智能在进行设定之后通过大量数据"喂养"和
人类反馈，其能够不断对自己生成的内容进行优化，朝着人类所期望的回答方
向生成。此外，它能够根据存入的海量数据检索和生成一些没有既定存在的内
容，尽管这些内容有时是人工智能自己捏造出来的，但会在得到人类反馈之后
对这部分空白进行"学习"。生成式人工智能能否作为著作权的主体以及所生
成的内容是否具有"独创性"，进而构成受著作权保护的作品，是较为基础的两
大问题，但其关系到后续生成式人工智能作品的著作权归属问题。

二、以 ChatGPT 为例的人工智能分析

（一）ChatGPT 的发展

1. 生成式人工智能的演进过程

ChatGPT 作为新一代生成式人工智能的佼佼者，是多次迭代的成果。它
是一种自然语言处理（NLP）模型，本质是一种大规模预训练语言模型[①]。预训

---

① 荆林波、杨征宇：《聊天机器人（ChatGPT）的溯源及展望》，《财经智库》2023 年第 1 期，https://
kejixianfeng.blogchina.com/643858606.html，2023 年 4 月 19 日网络发表。

练语言模型的大体思路是进行一种无监督的训练。在 2013 年,谷歌公司提出了上下文独立的分布式词向量表示方法,利用神经网络进行研究。随后,在 2018 年,产生了 BERT 和 GPT 两种通用的无监督训练的语言模型,通过大规模无标注文本预训练,取得了显著的成果。作为通用型语言模型,其在专门任务上的表现并不突出。因此,后续又产生了用于专门任务的预训练语言模型,包括:① 用于语言理解的预训练语言模型,如 RoBERTa、SpanBERT、StructBERT 等;② 用于文本生成的预训练语言模型,如 BART、GPT - 2、GPT - 3 等;③ 基于外部知识融合的预训练语言模型,如 ERNIE、K - BERT、REALM 等;④ 跨语言的预训练语言模型,如 mBERT、MBART、XLM 等。以上这些模型主要针对文本的不同任务展现出卓越的性能。除此之外,又发展出跨模态的预训练语言模型,如 ViLBERT、VL - BERT、UNITER 等。

GPT1.0 于 2018 年产生,是一种无监督语言模型。GPT2.0 于 2019 年产生,是一种多任务语言模型,与第一代相比增加了语料、维度、层数,初始化 scale。GPT3.0 于 2020 年产生,目标是小样本学习,同样增加了语料、层数和维度。历经两年,ChatGPT 于 2022 年产生,其目标是基于人类反馈的强化学习,在训练方法上进行了改进,需要人工标注数据和用户反馈数据。

2. 生成式人工智能的工作路径

2017 年,谷歌公司推出了 Transformer 训练模型,与以往语言处理模型不同,Transformer 引入了自我注意机制(self-attention),使得机器在阅读过程中能够进行并行化运算,从而摆脱了以往难以掌握长句重点的困境[①]。在谷歌提出 Transformer 结构后,大语言模型(large language model, LLM)逐渐向 encode-only、encode-decode 和 decode-only 等三个方向发展。由于位置掩码方法不利于文本生成,encode-only 的缺陷被广泛讨论并放大,以 decode-only 结构为基础的 GPT 则展现出生成能力的优势[②]。2018 年产生了 BERT 和 GPT 两种预训练语言模型。BERT 采用 Transformer 架构,进行上下文全向预测,融合深层语言特征。同时期,GPT1.0(ChatGPT 前身)也采用了 Transformer 架构,但与 BERT 的明显区别在于 GPT1.0 采用了单向传递上下文特征,而

---

① 孔祥承:《国家安全视阈下生成式人工智能的法治应对:以 ChatGPT 为视角》,《法治研究》2023 年第 5 期,第 61 - 70 页。

② 严昊、刘禹良、金连文等:《类 ChatGPT 大模型发展、应用和前景》,《中国图象图形学报》2023 年第 9 期,第 2749 - 2762 页。

BERT 采用的是一体化融合。由于 GPT 从前向后单向传递，GPT2.0 在文本生成任务上表现突出，而一体化融合的 BERT 在当时的语义理解能力上是更有优势的。

GPT3.0 进行了大规模数据的无监督训练，ChatGPT 是在这一基础上引入了基于人类反馈的强化学习（RLHF）方法。具体流程包括：首先是基于人工监督的 fine-tuning，进行人工标注和数据标注，在这个基础上进行学习；其次是建立训练奖励模型，对 ChatGPT 基于人工微调之后生成的文档进行打分，在这一过程中需要人工进行标注；最后是机器学习循环，在前两步的基础上，由机器根据机器打分结果进行学习，形成一个学习循环，在第二步第三步之间进行迭代。ChatGPT 的生成机制可以分为以下四个环节：①通过海量数据"喂养"人工智能，以锻炼其自动生成文本的能力；②收集用户的数据并进行反馈，引导人工智能向人类期望的方向生成回答；③对比数据与反馈生成训练奖励模型；④强化算法学习进行优化①。

（二）ChatGPT 受著作权保护存在的法律问题

ChatGPT 等新一代生成式人工智能能否受到著作权的保护，绕不开两个问题。第一个就是生成式人工智能能否作为著作权主体，对于这一问题有"法律人格扩展论""人工智能发展论""有限人格论"三种理论以及反对观点。第二个问题就是生成式人工智能产生的内容能否构成著作权保护的作品，进而受到著作权的保护。

1. 生成式人工智能作为著作权主体的探讨

目前我国《著作权法》规定的著作权主体包括自然人、法人和非法人组织，尚未规定生成式人工智能可以作为著作权主体。从解释方法出发，也无法将生成式人工智能解释为上述主体当中的任何一个。因此，生成式人工智能能否成为著作权的主体只能是按与上述三类主体之外的新一类主体进行论证。但笔者认为，生成式人工智能无法成为与自然人、法人、非法人组织并列的新一类著作权主体。

法律上的"自然人"指向的是具体的人。正如星野英一所说，法律中的人也是具体的人，尤其是"弱而愚"的人。从自然人到人格，再到主体这一逻辑结构

---

① 毕文轩：《生成式人工智能的风险规制困境及其化解：以 ChatGPT 的规制为视角》，《比较法研究》2023 年第 3 期，第 155 - 172 页。

中,法律主体最终指向仍然是自然人①。法人与非法人组织作为一种"人的集合"。家族作为法人最原始的雏形,其家长作为整个集合的代表。虽然现代的法人制度已经从具体的人当中抽象出来,但并没有否定法人背后的人。作为"团体人格"法人的权力机构、决策机构、执行机构无一不体现其背后具体的人的意志。我国"刺破公司法人面纱"制度和美国的"深石原则"更是在一定情况下直指法人背后的自然人。对生成式人工智能来说,作为一团算法与数据的结合体,其财产和意志无法真正从所有人中独立出来②,一些学者对于生成式人工智能产生的内容的著作权问题从生成式人工智能的所有者、提供者、使用者等角度出发探讨权利归属问题,实际上这从侧面已经是对生成式人工智能成为著作权主体的一种否定。

2. 生成式人工智能产生作品"独创性"探讨

对于人工智能能否享有著作权,除了其主体资格问题外,其产生的作品是否具有"独创性"进而能否构成著作权保护的作品也是一个值得探讨的问题。需要注意的是,生成式人工智能至少应当厘清这两大问题时才有可能享有著作权。一旦其中一个问题不能解决,还是不能享有著作权。对于这一问题,目前理论界有三种观点。一类是支持人工智能生成的作品可以构成著作权保护的作品;一类是反对人工智能生成的内容构成著作权保护的作品;另一类则是持中立观望的态度。

生成式人工智能产生的内容也可构成著作权法保护的作品。吴汉东教授认为,只要是人工智能独立完成的,那么就可以构成受著作权保护的作品③。吴教授主张不应当纠结于"创作行为"是否源于自然人,而是应当采取一种向客观化倾斜的态度,并从人类的角度来认定其是否满足"最低限度的创造性"。易继明教授认为,人工智能能够通过主动学习来进行创作,不仅仅是基于给定的算法逻辑和"喂养"的海量数据的结合,而且能够在没有预先设定的情况下进行④徐佳力在关于人工智能生成作品是否具有独创性这一问题上持肯定态度。

① 韩旭至:《人工智能法律主体批判》,《安徽大学学报(哲学社会科学版)》2019 年第 4 期,第 75 - 85 页。
② 韩旭至:《人工智能法律主体批判》,《安徽大学学报(哲学社会科学版)》2019 年第 4 期,第 75 - 85 页。
③ 吴汉东:《人工智能时代的制度安排与法律规制》,《法律科学》2017 年第 5 期,第 76 - 78 页。
④ 易继明:《人工智能创作物是作品吗?》,《法律科学》2017 年第 5 期,第 137 - 147 页。

他认为,只要不是对现有作品的完全模仿或抄袭,与其他作品具有明显差异即可视为具有独创性①。在智力成果归属这一问题上,笔者赞同其观点,生成式人工智能生成的内容归根结底还是人类的智力成果。人工智能基于给定的算法逻辑和海量数据进行运算、学习,本质上还是一种工具。

王迁教授作为较早研究人工智能与著作权保护问题的学者之一,在ChatGPT发布前后均讨论了有关生成式人工智能作品与著作权的问题。王迁教授在旧文中认为,到目前为止人工智能生成的内容都是应用算法、规则和模板的结果,不能体现创作者独特的个性,不能将其认定为作品②。在新的文章中,王迁教授将派出创造性与人的联系的相关观点统称为"独立创造客观说",并认为该种学说与著作权的立法目的相冲突,完全没有法律依据③。

刘影研究员则是对人工智能参与创作的作品进行分类讨论。在创作过程中,根据人工智能对认定依赖程度将生成内容分为来自人类和非来自人类两类。对于前者可受到现有的著作权法的保护,而后者不构成著作权保护的作品。他认为基于产业发展促进的政策考量,在人工智能技术成熟到一定阶段时,有必要打破现有规定,给予后一类内容以著作权保护④。

三、生成式人工智能是否享有著作权之讨论

(一)国内外对于生成式人工智能产生内容的著作权态度

在2022年ChatGPT这一新型人工智能问世之后,马上引起了世界的广泛关注,涉及计算机、社会学、法学、哲学等多个领域的专业学者纷纷参与讨论研究。ChatGPT作为拥有强大学习和生成能力的人工智能,也使得法律规范面临新的挑战。目前世界上在人工智能领域立法走在前沿的国家(地区)主要有美国、中国以及欧盟。针对生成式人工智能能否享有著作权的问题,各国(地区)规定不同,因此可以从现有立法中进行探讨以期形成我们的选择。

---

① 徐家力:《人工智能生成物的著作权归属》,《暨南学报(哲学社会科学版)》2023年第4期,第37-49页。

② 王迁:《论人工智能生成的内容在著作权法中的定性》,《法律科学》2017年第5期,第148-155页。

③ 王迁:《再论人工智能生成的内容在著作权法中的定性》,《政法论坛》2023年第4期,第16-33页。

④ 刘影:《人工智能生成物的著作权法保护初探》,《知识产权》2017年第9期,第44-50页。

1. 欧盟关于人工智能享有著作权的态度

2017 年 2 月 16 日，欧盟议会就《机器人民事法律规则》制定一事向欧委会提出了具体要求，其中就涉及对人工智能作品的知识产权保护问题。欧盟议会认为，现有法律体系可以直接适用于人工智能作品，但在一些细微之处应予以特殊考量。对人工智能产生的作品能否享有著作权这一问题，欧盟及其成员国没有直接的立法，但就目前已有的法律条文和相关判例来看，欧盟认定著作权还是基于"自然人"的"作者"和"独创性"[①]。

2. 美国关于人工智能享有著作权的态度

美国在 1976 年《版权法》第 101 条确定了关于创作者的认定规则，即版权归属于作品的"创作者"。在 1956 年，数学家克莱因（Klein）和博莱索（Bolitho）想要登记对十进制计算机合成的歌曲《按钮贝尔塔》*Push Button Bertha* 进行保护时，美国版权局拒绝了他们的申请，并指出"作品的创作者必须是人而不是人类的计算机，计算机合成创作的歌曲不受版权的保护"[②]。美国联邦最高法院、第九巡回法院审理的后续相关案件也都印证了这一态度，即认为人才能成为作者。回顾美国有关"非人"著作权的相关案件可以看出，无论是电子计算机还是动物，法院都不承认其是适格的著作权主体。电子计算机、动物以及现在的人工智能都属于非人类范畴，生成式人工智能能否享有著作权不可忽视的基础性问题关键在于其能否成为适格的主体。

对于美国对人工智能享有著作权的态度，笔者较为认同，讨论人工智能能否享有著作权的出发点就是其能否成为著作权的适格主体。众所周知，各类规范大体可分为三类，即自然规范、社会规范和技术规范。而法律属于社会规范，归根结底法律是"人法"，最终调整的是人与人之间的关系和行为。如果将生成式人工智能视为著作权的主体将成为区别于自然人、法人、非法人组织之外的一个全新的突破，这一点将在下文中进一步讨论。

3. 我国目前关于人工智能享有著作权的态度

目前，我国尚无关于人工智能是否享有著作权的明确的法律规定，在司法实践中对该问题也存在着不同的认定。

---

① 石易：《"非人"的权益：论人工智能作品著作权的司法实践及理论可能》，《现代出版》2020 年第 4 期，第 65 - 70 页。

② 李艾真：《美国人工智能生成物著作权保护的探索及启示》，《电子知识产权》2020 年第 11 期，第 81 - 92 页。

2020 年 1 月，广东省深圳市南山区人民法院一审审结了一起由原告深圳市腾讯计算机系统有限公司(以下简称"腾讯公司")诉被告上海盈讯科技有限公司(以下简称"盈科公司")侵害著作权及不正当竞争纠纷一案。法院认定人工智能生成的文章构成作品，腾讯公司的人工智能机器人 Dreamwriter 生成的文章由腾讯公司作为法人享有相应的著作权权利①。

2020 年 5 月，北京知识产权法院(以下简称"北京知产法院")就北京菲林律师事务所与北京百度网讯科技有限公司(以下简称"百度公司")著作权权属、侵权纠纷上诉案做出判决。法院认为百度公司侵犯了菲林律师事务所就涉案作品享有的保护作品完整权。本案中，百度公司辩称原告律师事务所的涉案文章是其使用法律统计数据分析软件智能生成的报告，并非是原告的智力创造，因此不属于著作权法保护的范围。然而，北京知识产权法院在判决书中指出："百度公司违背了菲林律师事务所意愿，擅自删除涉案作品的首尾等部分内容，影响了涉案作品表达的完整性，属于对原作品的歪曲、篡改，侵犯了菲林律师事务所就涉案作品享有的保护作品完整权。"②

对比以上两个案例，两法院在认定人工智能产生的内容能否作为作品上有着不同的结论。北京菲林律师事务所诉百度公司著作权纠纷一案中，北京知识产权法院认定不构成作品的依据并非基于人工智能能否作为主体享有著作权，而是就生成的内容不能认定为作品得出的结论。而在腾讯公司诉盈科公司侵害著作权及不正当竞争纠纷一案中，法院认定人工智能生成的作品属于法人作品而非人工智能本身享有著作权。人工智能所谓的决策是基于人所投放的海量数据"喂养"出来的，是算法和数据结合产生的结果，不能将其称之为独立意识，更不要说具备承担责任能力的资格③。这两个案件，均是法人、非法人组织作为权利主体，相应法律后果作用在人，而非调整算法和数据的结合体(即人工智能)。

(二)学界有关生成式人工智能是否享有著作权的不同观点

生成式人工智能能否享有著作权存在不同的观点，主要分为三种立场。一

---

① 参见深圳市腾讯计算机系统有限公司诉上海盈讯科技有限公司侵害著作权及不正当竞争纠纷案，广东省深圳市南山区人民法院(2019)粤 0305 民初 14010 号民事判决书。
② 参见北京菲林律师事务所与北京百度网讯科技有限公司著作权权属、侵权纠纷上诉案，北京知识产权法院(2019)京 73 民终 2030 号民事判决书。
③ 程乐：《生成式人工智能的法律规制：以 ChatGPT 为视角》，《政法论丛》2023 年第 4 期，第 69 - 80 页。

种是主张生成式人工智能能够享有著作权，一种观点是反对生成式人工智享有著作权，此外，还有一些学者在探究生成式人工智能权利归属的其他模式。

1. 生成式人工智能享有著作权

王瑞玲、周月主张突破民事主体以理性为核心的传统哲学基础，赋予人工智能以民事主体资格，构建综合性人工智能民事主体制度[①]。笔者对这一主张持否定态度，就目前而言，从能力上来看，生成式人工智能展现出来的能力远没有达到人的"创造性"这一标准，赋予人工智能民事主体资格可能引发人工智能无法承担相应法律责任的问题。而且在传统的民法和著作权法的框架下已经能够将生成式人工智能作品著作权问题得以解决，笔者并不赞同重新构建综合性人工智能民事主体制度。在自然人、法人和非法人组织以外构建人工智能这一民事主体不仅是对民法、著作权法的冲击，最根本的是对法律规范和人类中心主义[②]的颠覆。法律规范作为社会规范的一种，调整的最终指向是人与人之间，而非人与物之间。以环境保护类立法为例，尽管法律规范的对象可能包括人类、自然环境、自然资源等，但法律的根本目的是调整人与人之间的关系。

2. 生成式人工智能不享有著作权

石易博士认为生成式人工智能作品能否受到著作权保护，根本还是在于其能否补全缺失的"人"[③]。从司法实践来看，若在作品创作过程中能够补全"人"，即存在自然人或法人贡献创意从而构成作品，则著作权归属于该自然人或法人。相反，如果自始至终都不能够补全"人"的参与，那么该作品将不符合著作权作品的要求，则不存在著作权。总结石易博士的论述，无论生成式人工智能生成的作品能否得到著作权的保护，最终的著作权人还是落在自然人、法人身上，并非由人工智能本身享有著作权。

3. 生成式人工智能著作权归属的其他模式

丁晓东教授从法教义学和法理学两种思路出发，主张摒弃对著作权全有或

---

① 王瑞玲、周月：《赋予人工智能民事主体资格肯定论》，《湖南工业大学学报（社会科学版）》2023年第5期，第61-68，77页。

② 曾白凌：《没有作者的著作权：ChatGPT对人的反问》，《新闻与写作》2023年第9期，第69-79页。

③ 石易：《"非人"的权益：论人工智能作品著作权的司法实践及理论可能》，《现代出版》2020年第4期，第65-70页。

全无的适用,而要根据特定制度的功能对人工智能生成的作品进行精准化保护,法律应当赋予人工智能企业初始署名权以示激励①。

丁文杰主张摒弃目前主流的"工具论"的形式主义,从功能主义的"贡献论"出发②。在具体场景下通过判断人工智能与人类对生成作品中"独创性表达"的贡献大小来判断其版权性和权利归属问题。对于丁文杰老师的主张,笔者认为有待商榷。本文认为生成式人工智能基于人类设定的算法逻辑和海量数据的结合,纵使通过其不断迭代学习产生了远超人类的能力,但其本质仍然是作为一种工具存在,其只是通过不断学习制造了"独立"的外观。从"额头上的汗水"这样的最低的独创性标准来说,独创性在概念上仍然归属于人类。加之著作权法作为法律而存在,归根结底是为了调整人与人之间的关系。

（三）本文观点

本文认为,生成式人工智能本身不应该被视为享有著作权的主体。纵观世界各国可以看到,不同国家对于享有著作权（版权）的主体规定存在较大差异。中国、美国、英国和日本都是承认法人可以构成著作权（版权）主体的国家。在中国,《著作权法》第九条明确规定,享有著作权的主体包括自然人、法人和非法人组织。

1. 生成式人工智能不属于民事法律主体

在生成式人工智能能否享有著作权的问题上,有学者通过比较目前享有著作权的主体(即自然人、法人与非法人组织)试图阐述他们的观点。他们通过对比不具有生命特征的法人、非法人组织、生成式人工智能与自然人,来说明同样不具有生命的生成式人工智能与前两者同样可以作为享有著作权的主体。笔者并不赞同这种观点。

自然人作为著作权主体的认定在各国普遍适用。法人是具有民事权利能力和民事行为能力,依法独立享有民事权利和承担民事义务的组织③。法人最典型的代表便是公司,我们以有限责任公司为例,有限责任制度使得股东的不利后果被限制在一个可预期的范围内,但最终不利后果仍然是作用在自然人身

---

① 丁晓东:《著作权的解构与重构:人工智能作品法律保护的法理反思》,《法制与社会发展》2023年第5期,第109－127页。
② 丁文杰:《通用人工智能视野下著作权法的逻辑回归:从"工具论"到"贡献论"》,《东方法学》2023年第5期,第94－105页。
③《民法典》第57条。

上。非法人组织不具有法人资格,但能依法以自己的名义从事民事活动①。《民法典》第 104 条则规定:"非法人组织的财产不足以清偿债务的,其出资人或者设立人承担无限责任。法律另有规定的,依照其规定。"由此可见,无论是自然人、法人还是非法人组织,在从事民事活动时其名义有所区别,但直接或间接的结果承受者仍然是人类。倘若使生成式人工智能成为著作权的主体,结果的承受者便从最终的人,变成了算法和数据的结合体。这与法人、非法人组织享有著作权不能混为一谈。法人背后存在核心的权力机构和决策机构,法人最终的行为和承受的法律后果由人进行控制。相比之下,非法人组织在行为和后果承担方面"个体性"②会更强一些,更加体现了背后作为个体的人的控制。而生成式人工智能,其核心是算法逻辑和海量数据的有机结合,并不具有独立的个人意志、民事权利能力和民事行为能力,因此也并不能成为独立的著作权主体。沿着这一角度继续思考,若必须将生成式人工智能生成的内容予以著作权保护,甚至可以探究将其生成的内容作为提供者、使用者或是提供者与使用者共有的形式进行利益平衡的路径,本文在此不做讨论。受到"客体的非主体性"制约③,虽然 ChatGPT 等生成式人工智能可以通过不断的迭代来制造出具备创造性主体的外观,但是其技术的本体属性不会改变,"人"的主体地位不应动摇④。

2. 生成式人工智能享有著作权不利于著作权立法目的的实现

考量我国《著作权法》以及世界各国著作权法,可以得知作者和作品之所以要受到著作权的保护主要是出于两方面考虑,即保护作者权益和发挥激励促进作用。谈到人工智能是否享有著作权的问题,持认可观点的学者经常会通过其与其他非人主体进行对比来论述。

本文认为以 ChatGPT 为代表的生成式人工智能作为著作权主体,并不能够实现著作权的立法目的。最经典的一个例子就是美国法院的"猕猴自拍案",一位英国的摄像师在拍摄猕猴时,被一只猕猴抢过相机,模仿摄影师的动作,机

---

① 《民法典》第 102 条。

② 此处的"个体性"指的是作为个体的自然人的意志得以体现的程度。

③ [德]汉斯·布洛克斯、沃尔夫·迪特里希·瓦尔克.:《德国民法总论》,张艳译,中国人民大学出版社,2019 年。

④ 王晓丽、严驰:《生成式 AI 大模型的风险问题与规制进路:以 GPT - 4 为例》,《北京航空航天大学学报(社会科学版)》,https://doi.org/10.13766/j.bhsk.1008-2204.2023.0535,2023 年 10 月 12 日网络首发。

缘巧合之下拍下了一张猕猴的自拍照。随后在网络上"爆火",一家动物福利机构向美国法院提起诉讼,主张照片的版权应当由猕猴享有。根据我国《著作权法》,这只猕猴既不属于我国自然人、法人、非法人组织,也不属于外国人、无国籍人,即使其具有智力也不能够受到《著作权法》的保护。人类制定的著作权法调整的是人与人之间的关系和行为,指向的对象是人,其激励和保护的目标也是人,机器、动物、植物无法理解著作权法,也无法受到著作权法的激励。人工智能也是如此,它不会因为其账上多了多少资金而受到激励,更不会因为它有多少电费余额而沮丧,也不会因为供给它的电压电流的大小而感到开心或难过,其学习和生成能力只会在一次次迭代中不断进步。真正能够受到激励的是与其相关的人,众所周知,训练一只军(警)犬需要训导员,通过训导员以一种犬能够理解的方式引导犬的行动。如果想通过生成式人工智能的作品来达到激励,我们不妨将著作权归属于人工智能的生产者、运营者、使用者等,在人的范畴内进行利益分配和激励。相同的一千万,将其归于人工智能的账户和归于人工智能背后的法人、非法人组织、自然人的账户,起到的效果是不同的。相关人类主体受到著作权的保护和激励后,才更有动力对人工智能进行算法的改进、数据的"喂养"以及轻量化等更进一步的研究。

四、结语

生成式人工智能通过展现出来的学习和生成能力制造了"独创"的外观,以及类人的表现。不可否认的是,这一点是生成式人工智能与人类以往的工具的一大差别。但是本质上并没有跳出工具的范畴,在实质上与其他提高人类效率、提高生产力的工具是一致的。对于其能否享有著作权的问题,本文的观点是坚持人类的主体地位,不能赋予生成式人工智能独立的著作权。

以 ChatGPT 为代表的新一代人工智能产品的到来确实对我们既有的感官造成了很大的震撼,但在"余震"过后,我们还是应该冷静下来,客观地看待这一问题。从目前各产品的表现来看,生成式人工智能并不能够代替人类的全部劳动,当然也不可否认,一些简单、重复性的操作其效率远高于一般的劳动者。不必惊慌,纵观人类社会的生产力发展历史,工具诞生都是在逐渐取代或简化一些劳动,这一趋势是不可否认的。也许是由于以 ChatGPT 为代表的人工智能展现出了"学习"的特点使得人们较为紧张,同时在法律、哲学、伦理上探讨这一产品的定位以及是否应该认定其具有"人"的相关属性和权利的问题。相比于人工智能基于人类设定的算法逻辑以及海量数据而表现出来的"学习"能力,边境牧羊犬的"学习"能力似乎更为灵动,甚至有时带有原创性。就笔者个人使用相关产品的体验来看,生成式人工智能与搜索引擎相结合(代表产品如 New Bing)表现优秀。笔者相信在未来人工智能一定是万物互联中的重要一环,而生成式人工智能也会与其他产品相结合,构成有机整体。对于新一代人工智能产品,我们应当正确合理地认识、恰当地使用,高效的工具未必会替代使用者,但一定会帮助使用者更高效。但也不必过度炒作和恐慌,或许有朝一日算法公开之时,大家会觉得"不过如此"。

公共卫生危机
与行政紧急权

公共卫生危机下行政紧急权的法律控制

赵　燕[*]

摘　要:本文通过对公共卫生危机、行政紧急权等概念的梳理,考察国内外公共卫生危机下行政紧急权的演变与发展,分析对行政紧急权进行法律控制的必要性以及各国所采用的控制模式。在此基础上,提出构建内部与外部相结合的控制体系,即在公共卫生危机下,以行政程序对行政应急权的行使进行过程控制;以立法控制和公民权利对行政紧急权展开外部监督。

关键词:公共卫生危机;行政紧急权;法律控制

近年,公共卫生危机再次回到人们的视野。作为应对公共卫生危机的主要手段之一,行政紧急权凭借自身特性发挥了重要作用,然而如何有效地行使行政紧急权,将行政权对公民私权利的挤压控制在合理限度内,以实现效率价值与公正价值的和谐统一,是权力运行过程中无法回避的问题。

一、问题的提出

危机对于人类社会而言,从来都不陌生。无论是自然危机,如地震、海啸,还是社会危机,如战争、暴乱,甚至是自然与社会因素相交织的危机,如霍乱、新冠肺炎疫情等,每一次危机的发生都有可能对人民群众的身心健康和财产安全造成难以计算的损失。为及时控制危险,找寻其中的生机,尽快恢复正常秩序,行政紧急权应运而生。近年来,随着一次次大型公共卫生危机的暴发,行政机关作为行使国家行政权的专门机关,凭借其职权的多样性,行使职能的主动性、经常性和强制性,以及与公民、法人和其他组织具有最经常、最广泛、最直接的

---

[*] 赵燕,女,江南大学法学院硕士研究生。

联系①,在处理公共卫生危机的过程中,发挥着不可替代的作用。行政紧急权作为行政权力的组成部分,在应对公共卫生危机中往往能够以其高效率、高强度等优势克服常规状态下行政权运行的弊端,实现对危机的迅速反应和有效处理。但是正如其他公权力一样,行政紧急权的作用具有双重性:一方面它能够为人们提供秩序;另一方面它也存在被滥用的风险。因此,对行政紧急权进行必要控制,将其"关进制度的笼子",是建设社会主义法治国家的必然要求。事实变动与规范稳定之间存在不可避免的张力,如何将这种张力控制在合理限度内,就成为制度设定时必须考虑的问题。在公共卫生危机下,如何构建起内部制约与外部监督相结合的控制体系,是行政紧急权运行发展过程中必须思考的问题。

二、公共卫生危机的概念

1920 年被誉为美国"公共卫生之父"的耶鲁大学查尔斯·温斯洛教授在《公共卫生的处女地》一书中给出了公共卫生的定义:"通过有组织的社区工作来预防疾病、延长寿命、促进健康和提高效益的科学与艺术。"1988 年,美国医学研究所(Institute of Medicine, IOM)发布了《公共卫生的未来》这一报告,在报告中指出:"公共卫生是履行社会责任,在确保人群健康的情况下,实现社会利益。"2003 年,在全国卫生工作会议上,我国政府将公共卫生定义为:"公共卫生是组织社会共同努力,改善环境卫生条件,预防控制传染病和其他疾病流行,培养良好卫生习惯和文明生活方式,提供医疗服务,达到预防疾病、促进人民身体健康的目的。"2009 年,中华医学会首届全国公共卫生学术会议提出:"公共卫生是以保障和促进公众健康为宗旨的公共事业,通过国家和社会共同努力,防控疾病与伤残,改善与健康相关的自然社会环境,提供基本医疗卫生服务,培养公众健康素养,实现全社会的健康促进,创建人人享有健康的社会。"②从以上定义中不难发现,"公共卫生"的首要目标是保障社会公众的健康,作为一种社会管理和群体防病的形式,既需要预防医学的专业知识,也离不开政府的卫生行政管理。

所谓"危机",从字面上理解包括危险和机遇两方面内涵,其本身既包括导致失败的根源又孕育着迈向成功的希望。学界大多认为危机是一种紧急事件

---

① 姜明安:《行政法与行政诉讼法》,北京大学出版社,2019 年,第 96 - 97 页。
② 乔学斌、王长青《卫生管理学》,中国中医药出版社,2023 年,第 171 - 172 页。

或者情境、状态①,也有部分学者将危机与灾害、突发事件加以区别,认为危机并不等于灾害或者突发事件本身,但是对突发事件本身的不良反应则可能造成危机②。无论采取何种定义,危机都具有突发性、威胁性、破坏性、不确定性和时间有限性等共同特征。"公共卫生危机"作为危机的一种类型,在学术界常常与公共卫生事件不加区分地使用。我国《突发公共卫生事件应急条例》第 2 条规定:"突发公共卫生事件,是指突然发生,造成或者可能造成社会公众健康严重损害的重大传染病疫情、群体性不明原因疾病、重大食物和职业中毒以及其他严重影响公众健康的事件。"本文中的公共卫生危机是指由公共卫生事件引发的一种具有突发性、威胁性、破坏性、不确定性,严重损害国家安全、社会秩序、人民生命健康的状态。

三、行政紧急权的概念及发展

(一) 行政紧急权的概念及特征

对于"行政紧急权"的概念,行政法学界的认识不尽相同。国外有学者认为,这实际上是将国家权力高度集中于领导人一人,通过行政紧急权的扩张来保障国家生存。代表人物为美国政治学家罗斯特③。在此观点下,于勒·洛贝提出了行政紧急权的三种模式。一是绝对主义,认为政府除宪法赋予的权利外,不享有其他任何应对紧急状态的权利。二是相对主义,肯定政府在应对危机时享有行政紧急权,可以扩张政府权力,限缩公民权利,但其行使应当尽可能在法律框架内进行,对于超出现行法律的行为,通过解释法律和制定法律的方式将政府行为合法化。三是自由主义,将行政活动分为合宪行为领域和紧急状态领域,主张在紧急状态下,行政紧急权可以超越法律和公民权利,并且将行权的合法性问题交由公众事后决定④。

---

① 张成福:《公共危机管理:全面整合的模式与中国的战略选择》,《中国行政管理》2003 年第 7 期,第 6 页;Charles Hermann, *Crises in Foreign Policies: A Simulation Analysis*, Indianapolis: Bobbs-Merrill, 1969, p. 14; Uriel Rosenthal, Michael T. Charles, and Paul T. Hart, eds., *Coping with Crises: The Management of Disasters, Riots, and Terrorism*, Springfield: Charles C. Thomas Pub. Ltd., 1989, p. 10。
② 参见张海波、童星:《公共危机治理与问责制》,《政治学研究》2010 年第 2 期,第 50 页。
③ C. Rossiter, *Constitutional Dictatorship*, Princeton University Press, 1948. p. 5.
④ Jules Lobel, Emergency Power and the Decline of Liberalism, *Yale Law Journal*, 1385(98) 1989, pp. 1387 – 1399.

国内学者对于这一问题的讨论也很丰富。莫纪宏认为,行政紧急权是国家立法机关或行政机关宣布进入紧急状态后,政府所享有的不同于平时状态的权力①;肖慧娟认为,行政紧急权是指政府在紧急状态下,作出紧急处理措施的权力②。戚建刚在融贯论视角下认识行政紧急权,指出:"它是指由组成它的各个要素相互作用并与外界发生有机联系的组织与功能状态。"③江必新将行政紧急权定义为国家紧急权的一种,是应对紧急状态的重要法律手段,并强调在宪法层面的紧急状态下讨论行政紧急权④。本文认为"行政紧急权"是行政机关处理紧急事件,应对紧急状态的权力。需注意的是,此处的"紧急状态"并非仅限于形式意义上的内涵,而是在实质意义上的理解,即不仅包括国家立法机关、行政机关宣布进入紧急状态的情形,还包括一些由紧急事件引发的应急状态。

尽管关于行政紧急权的定义五花八门,但可以从中归纳出该权力的基本特征。①超法规性。在紧急状态下,行政机关仅靠平常状态下的执法手段不足以应对危机,因此常常会采取紧急状态法律所赋予的处置权,甚至超出法律规定实施一些事实行为⑤。②扩张性。扩张性是从行政权力与公民权利的关系角度来说的。行政紧急权在行使过程中,往往会打破国家权力与公民自治之间的边界,涉及对公民权利的限缩或克减。③集中性。集中性是从行政权与立法权、司法权,中央行政机关与地方行政机关的关系角度来说的。行政紧急权实现了立法权、司法权向行政权的集中,地方行政权向中央行政权集中,主要表现为委任立法、行政司法和行政紧急命令⑥。④程序简化性。行政紧急权出于对危机进行快速反应,保证效率的需要,经常会牺牲常规状态下的程序要求,如听证、告知理由等。

（二）行政紧急权的正当性基础

正如前文所言,行政紧急权具有超法规性,在法治国家、法治政府、法治社会建设背景下,不存在脱离法律的真空地带,行政紧急权的正当性是将其囊括

---

① 莫纪宏:《中国紧急状态法的立法状况及特征》,《法学论坛》2003年第4期,第9-10页。

② 肖慧娟:《行政紧急权利若干问题探析》,《行政与法》2004年第2期,第61页。

③ 戚建刚:《"融贯论"下的行政紧急权力制约理论之新发展》,《政治与法律》2010年第10期,第111页。

④ 江必新:《论紧急行政权的限度》,《行政法学研究》2022年第5期,第111-112页。

⑤ 马怀德:《应急反应的法学思考——"非典"法律问题研究》,中国政法大学出版社,2004年,第107-108页。

⑥ 戚建刚:《行政紧急权力的法律属性剖析》,《法律科学》2006年第2期,第49-51页。

进法治体系的前提和基础。

1. 必要理论

"必要理论"起源于12世纪初,教会法学家格拉提安在《教令集》中第一次提出了"必要之事无需法律"的著名法谚。对这句话可以从两种角度进行解读:一是当发生必要之事时,则排除一切法律的适用;二是必要性可以促使自己创制出新的法律。神学大师托马斯·阿奎那在《神法大全》中重申了"必要理论":"当危险迫近,来不及把问题向当局提出时,需要本身可以允许权宜行事;因为需要临头无法律。"①在中世纪,人们一般更倾向于在第一种意义上适用这一法谚。神权法的鼎盛使宗教权力凌驾于法律之上,所以作为法律的守护者,宗教根本无须通过法律证明其自身的合法性。况且当时人们对于法律的认识局限于正常状态下的法律,当出现紧急状态造成社会秩序混乱时,法律就不再适用,而是通过其他方式恢复正常秩序或是创造新的秩序。阿奎那在《神法大全》中将法律分为四类,而神法的存在也是因为"必要",即人的判断存在局限,各种各样的人对于人类活动往往会作出极不相同的判断,从这些判断中形成的法律也不尽完美。因此人们对于无法预知的危机,不可能制定适当的法律予以应对。这种背景也解释了中世纪认为必要之事排除法律适用的原因。

在近现代,"必要理论"更多表现为以必要性创制法律,并成为后世公法中"必要性原则"、刑法中的"紧急避险"规则,以及民法中的"情势变更"等规则的理论渊源。19世纪,英国的詹姆斯·麦金托什爵士指出:"戒严法能出现及存在的唯一理由,就是必要。倘若已无必要,戒严法多停留一分钟,就变成非法之暴力。"戴雪指出,"必要"对于个人而言是正当防卫的理论基础,对国家而言是军事防卫的理论基础。紧急权力只能依赖于时势的迫切需要而存在"②。20世纪,桑迪·罗马诺也指出必要性是法律最初、首要的来源。并且强调:"如果必要性或者紧急状态时期没有法律,那么他们就会创制法律。"③

2. 特权理论

洛克的"特权理论"是行政紧急权正当性的另一大基石。作为古典自然法学派的代表人物,洛克在《政府论》下篇第十四章"论特权"中,系统阐述了政府

① 梅扬:《紧急状态的概念流变与运作机理》,《法制与社会发展》2023年第6期,第78页。

② 转引自孟涛:《紧急权力法及其理论的演变》,《法学研究》2012年第1期,第112页。

③ Giorigio Agamben, *State of Exception*, trans. by Kevin Attell, Chicago: The University of Chicago press, 2005, p.27.

的特权理论,为政府行使自由裁量权提供了理论依据与思想指引。洛克认为:
"这种并无法律规定、有时甚至违反法律而依照自由裁处来为公众谋福利的行
动的权力,就被称为特权。"①也即行政特权是政府为公共利益需要超出法律规
定而自主决定的权力,同时洛克也清醒地认识到特权背后隐藏的危险,因此站
在人民主权的立场上主张以公共利益制约政府特权。同时,洛克指出:"立法者
既然不能预见并以法律规定一切有利于社会的事情,那么拥有执行权的法律执
行者,在国内法没有作出规定的许多场合,便依据一般的自然法享有用自然法
为社会谋取福利的权力,直到立法机关能够方便地集会来加以规定为止。"②该
论述意指政府在特定场合下享有较大限度的自由裁量权是出于现实需要,并且
这一特权在管理国家事务时不可或缺。行政紧急权完美契合特权理论的适用
情境,成为现代国家治理中应对危机合理且必要的手段。

(三) 公共卫生危机下行政紧急权的发展

前文提到,行政紧急权的适用情境是紧急事件发生并引发紧急状态时。对
于紧急状态,学理上以引起紧急状态的社会危险性质为标准,对紧急状态进行
分类。常见的有二分法,例如俄罗斯联邦《紧急状态法》将紧急状态分为暴乱类
和自然、技术原因造成的紧急状态。法国《紧急状态法》则将紧急状态分为公共
秩序类和社会灾难类。土耳其以宪法的形式将紧急状态分为一般型和战争
型③。另外,有三分法,将紧急状态分为自然灾害型、社会事件型、自然和社会
复合型④。还有四分法,例如加拿大《紧急状态法》将紧急状态分为公共福利
型、公共秩序型、国际紧急型和战争紧急型四类⑤。甚至五分法,将紧急状态分
为战争型、自然灾害型、事故灾难型、公共卫生事件型和社会安全事件型。无论
采取何种分类方式,由突发公共卫生事件引起的公共卫生危机都名列其中。因
此,行政紧急权在公共卫生危机中亦发挥着重要的作用。

1. 国外发展情况

1984 年,英国为保障英格兰和威尔士的公共卫生安全,制定了《1984 年公
共卫生(疾病控制)法案》。该法案对传染病防治作出相应规定,允许政府在特

---

① [英]洛克:《政府论》(下篇),瞿菊农、叶启芳译,商务印书馆,1964 年,第 99 页。
② [英]洛克:《洛克谈人权与自由》,石磊译,天津社会科学院出版社,2014 年,第 244 页。
③ 戚建刚:《中国行政应急法律制度研究》,北京大学出版社,2010 年,第 183 - 185 页。
④ 梅扬:《紧急状态的概念流变与运作机理》,《法制与社会发展》2023 年第 6 期,第 83 页。
⑤ 戚建刚:《中国行政应急法律制度研究》,北京大学出版社,2010 年,第 182 - 183 页。

定情形下有权采取限制公民自由的措施。2020 年初,英国政府制定了《2020 年卫生保护(冠状病毒)条例》,后续又颁布了《冠状病毒法案》取代这一条例,对民众的行动自由和集会自由进行明显限制。该法案将冠状病毒防治中限制公民自由的权利赋予公共卫生官员,这些官员不仅包括已经注册的公共卫生顾问,还包括可能缺乏公共卫生专业知识的被指定官员①。对限制人身自由权利实施主体范围的扩大,无疑是公共卫生危机下行政权力对个人基本权利的挤压。

　　1950 年美国制定《灾害救助和紧急援助法》,该法后续经过多次修改,每次修改都在一定程度上扩大了联邦政府在应对突发公共事件的权力。1994 年,美国国会通过《公共卫生服务法》,旨在预防和处理暴发性传染病等公共卫生危机。其中不乏涉及行政紧急权的规定,例如 361G 条(b)条(《美国法典》第 264条)规定:"根据本条规定,不得作出拘捕、羁留或有条件释放个人的规定,但为了防止传入、传播、扩散基于卫生部长建议及与卫生局长的协商而在总统行政令中指明的传染性疾病除外。"②2002 年,美国颁布的《州公共健康紧急权力示范法》增加了法官保留的做法,试图对"9·11"事件后扩张的联邦和各州权力加以限制③。

　　日本 1961 年制定《灾害对策基本法》,1997 年颁布了《厚生劳动省健康危机管理基本指针》,增设健康危机管理对策室(现为健康危机管理灾害对策室),将以往属于医药食品局和卫生局的部分职责交由大臣官房统一跨部门综合协调。随后,日本又颁布了《关于地方健康危机管理》《感染症健康危机管理实施要领》《国立医院等健康危机管理实施要领》《国立感染症研究所健康危机管理实施要领》《国立医药品食品研究所健康危机管理实施要领》等法律文件,规定了公共卫生危机下政府的职权与职责④。

　　2. 国内发展情况

　　我国对于行政紧急权的研究相较于国外,起步较晚且发展较慢。在公共卫生危机下,我国行政紧急权的法律依据和制度设计仍有进步空间。在 2003 年SARS 危机暴发前,我国公共卫生领域的立法较少,关于行政紧急权的规定散

---

① 《冠状病毒法案》(英国),附表 21,第 24 条第 1 款,http://www.legislation.gov.uk/uksi/2020/350/contents/made。
② 《美国法典》(美国),第 264 条第 2 款,https://www.govinfo.gov/app/collection/uscode。
③ 高秦伟:《传染病防控中的隔离措施》,《中外法学》2020 年第 3 期,第 643 页。
④ 贺付琴:《域外重大传染病疫情防治法律制度与措施》,《人民法院报》2020 年第 8 期,第 1 页。

见于各法规中。自 SARS 危机爆发后,政府深刻认识到国家在应对公共卫生危机方面的不足,先后制定颁布了一系列针对性的法律法规,逐步建立起较为完整的应对突发公共卫生事件的法律规范体系。在这一变迁的过程中,卫生领域的行政紧急权也得到了进一步发展。

1989 年全国人大常委会制定颁布了《传染病防治法》[①],其中第 25 条规定:传染病暴发、流行时,政府要立即防治,必要时报上级批准可采取紧急措施。

1995 年《食品卫生法》颁布施行,第 37 条规定:县级以上地方人民政府卫生行政部门对已造成食物中毒事故或者有证据证明可能导致食物中毒事故的,可以对该食品生产经营者采取临时控制措施。

1997 年《动物防疫法》[②]颁布施行,第 21 条规定:发生一类动物疫病时,县级以上地方人民政府要及时处理疫病,可以对有关人员、运输工具及物品采取强制性控制和其他限制性措施。

2003 年《突发公共卫生事件应急条例》[③]制定实施,系统规定了如何对突发公共卫生事件进行控制。其中体现行政紧急权的条款也较为丰富,如第 3 条规定:"突发事件发生后,国务院设立全国突发事件应急处理指挥部,由国务院有关部门和军队有关部门组成,国务院主管领导人担任总指挥,负责对全国突发事件应急处理的统一领导、统一指挥。"第 31 条规定:"应急预案启动前,县级以上各级人民政府有关部门应当根据突发事件的实际情况,做好应急处理准备,采取必要的应急措施。"第 34 条规定:"突发事件应急处理指挥部根据突发事件应急处理的需要,可以对食物和水源采取控制措施。"

2005 年《重大动物疫情应急条例》[④]施行,第 34 条规定:"重大动物疫情应急指挥部根据应急处理需要,有权紧急调集人员、物资、运输工具以及相关设施、设备。"

2007 年《突发事件应对法》(现行有效)施行,第 49 条规定:"自然灾害、事故灾难或者公共卫生事件发生后,履行统一领导职责的人民政府可以采取下列一项或者多项应急处置措施。"

此外,地方各级政府在面对突发公共卫生事件时,也制定了许多地方性法

---

① 经两次修订,现行有效的是《传染病防治法(2013 年修正)》。
② 经四次修订,现行有效的为《动物防疫法(2021 年修订)》。
③ 经一次修订,现行有效的为《突发公共卫生事件应急条例(2011 年修订)》。
④ 经一次修订,现行有效的为《重大动物疫情应急条例(2017 年修订)》。

规、规章，我国在一次次危机处理过程中逐渐加深了对行政紧急权的认识。

四、行政紧急权的法律控制

（一）行政紧急权控制的必要性

1. 公权力的双面性

行政紧急权作为行政权的一种，天然具有公权力属性。公权力的产生源自民众私权利的让渡，其目的是保障私权，促使社会和谐有序地运行。然而权力的总量是不变的，公民让渡一部分权力给政府就必然导致私权空间的限缩。因此，公权与私权之间形成了一个此消彼长的关系。如果对公权力不加控制和制约，依据权力的属性，必然有膨胀的倾向，导致权力滥用，这是经过人类几千年历史反复验证的一条经验。行政紧急权在产生之日起，就不可避免地蕴藏被滥用的风险。重大公共卫生危机下法律赋予了政府应急职责，给予政府领导和指挥核心地位，在一定程度扩大了政府的权力，使政府得以运用国家机关的权威采取非常的应急手段应对突发事件[①]，但一些地方政府和主管部门面对危机事件出台的令人难以理解甚至明显不当的行政执法措施，在引发社会争议的同时，也足以使我们反思对行政紧急权的控制，避免行政机关借紧急权之名，行滥用权力之实，导致公权力的无限强化和法律权威的弱化，最终引发更大的社会危机。

2. 行政紧急权的特征

（1）超法规性。超法规性具有两个层面的意义。一是自然法层面对实定法的超出，二是实定法层面对正常状态下法律体系的超出[②]。公共卫生危机下的行政紧急权面对的突发事件大多来势汹汹且发展速度迅猛、形势变幻莫测，具有不确定性。尽管我国目前已经建立起公共卫生领域的应急法律规范体系，但基于人的理性的有限性和法律的滞后性，我们无法保证所有特殊情况都已被现行法律包含。从形式法治的标准上看，行政机关对未知事件采取的措施仍有超出现行法律范围的可能性。对正常状态下法律体系的超出则是指在紧急状态下，平常的法律秩序难以发挥作用，需要通过法律解释和紧急立法的方式为行政行为提供法律依据。行政紧急权的超法规性虽说是应对危机所必须，但在

---

① 王晨光：《非典突发事件冲击下的法治》，《清华大学学报（哲学社会科学版）》2003 年第 4 期，第 11 页。

② 戚建刚：《行政紧急权力的法律属性剖析》，《法律科学》2006 年第 2 期，第 47 页。

法治社会中,应当尽可能将权力控制在合理限度内,保证其在法治的大框架中运行,避免行政紧急权的明显违法。

（2）集中性。前文已经论述过,行政紧急权的集中性表现为横向集中和纵向集中。在正常状态下,分权结构的设定使国家机关之间既相互配合又相互制约,可有效防止权力滥用。而危机之下,分权意味着效率的低下,考虑到公共卫生危机处理的紧迫性,权力制约必须让位于效率。然而,效率的无限提高最终将会演变为专制,警惕专制的出现是对行政紧急权进行控制的必然要求。

（3）扩张性。在公共卫生危机下,行政紧急权的行使不可避免地会打破国家权力与公民自治的界限,"在政府与自由的永久争议上,危机意味着更多的政府而较少的自由"①。在应对公共卫生危机的进程中,因行政紧急权扩张而让渡个人权利的事例比比皆是,其中最常见的就是对公民人身自由的剥夺和个人隐私的暴露。"人应成为终极目的,国家存在的正当性在于尊重人的主体性,任何时候、任何情况下不得把人看作一种工具、客体或手段,国家的一切行为不得损害基本人权与人的尊严"②。在行使行政紧急权时如何将对公民权利的限制保持在合理尺度内,是行政紧急权的控制必须要回应的课题。

（4）程序简化性。行政紧急权的运作需要遵循特定的程序,所谓特定是指相较于普通程序而言更为简约,目的在于确保行政紧急权及时高效地发挥作用③。在公共卫生危机下,法律规定与应对实践之间往往存在较大差异,法律无法为危机应对提供精确指引,由于程序的简化,行政紧急权所包含的高度自由裁量性可能无法在事前或事中得到程序的约束,致使执法人员在行政执法过程中不作为、乱作为,程序规制的效力处于悬置状态。对行政紧急权的控制可以弥补程序简化带来的行权恣意。

总之,对行政紧急权加以控制是由公权力的自身属性和行政紧急权的自身特性共同决定的。公权力作为维护秩序的组织性支配力,在设立上要有明确的授权,在行使中要能规范用权,在运转中要敢于大胆限权,以保证权力始终在正确的轨道上为国家发展保驾护航。行政紧急权自身的特殊性使其在价值选择上有别于一般的行政权力,出于迅速化解危机的需要,效率价值相对于公正价

---

① Cecil T. Carr, "Crisis Legislation in Great Britain", *Columbia Law Review XI*, 1940, p. 1324.

② 韩大元:《后疫情时代:重塑社会正义》,《中国法律评论》2020年第5期,第48页。

③ 黄学贤、周春华:《略论行政紧急权力法治化的缘由与路径》,《北方法学》2008年第1期,第109页。

值在此种情形下更具有优先性。然而,对于效率的追求并不能以完全牺牲公正为代价。因此,对行政紧急权进行法律控制是实现整体权利保障与个体权利克减相协调、社会利益扩张与个人权益紧缩相和谐、长久自由实现与暂时自由抑制相统一的必然选择。

(二)行政紧急权的控制模式

如何对行政紧急权予以控制,与该国采取的紧急权力法律制度有关。纵观各国紧急权力法律实践,目前各国采取的紧急权力法律制度主要分为三种。

(1)惯常模式。惯常模式不承认行政紧急权的存在,主张现有法律规范已完全足以应对任何突发事件。由于不认可紧急权的存在,自然也无须对其进行特别控制。

(2)例外法模式。例外法模式以前文的"特权理论"为依据,主张行政紧急权可以为了公共利益的需要"违反"现行法律规定,主要表现为例外措施。在该种模式下,对行政紧急权的监督主要以事后监督为主,若存在滥用权力行为将承担相应的法律责任。

(3)调试模式。调试模式代表了紧急权力发展的主流趋势。在这一模式下,紧急权力与法律规范能够和谐共生,法律承认紧急权力的存在,为其运行提供了制度空间。紧急权力以法律为准绳,追求社会秩序的快速恢复。调试模式中,行政紧急权服务于法律的最高目标,通过五种措施对紧急权加以限制。一是事先在法律中明文规定行政紧急权运行的条件,如列举不同种类的紧急状态,作为启动行政紧急权的前提。二是行政紧急权的启动需受其他国家权力机关制约,目前大多数国家以立法机关进行制约。三是规定行政紧急权的行使必须遵循一些法律基本原则,不同程度地尊重和保障公民的基本权利。四是规定行政紧急权的"日落条款",规定紧急权停止行使的特定时间或事件。五是通过司法机构对行政紧急权进行监督①。

我国采取多元化的紧急权力法律制度,紧跟时代趋势,将调试模式与例外法模式相结合,一方面先后制定了一系列法律法规,为行政紧急权的运行提供了制度环境,明确行政机构应对突发公共卫生事件的主体地位。另一方面,制定了大量的例外规范即"应急预案",以党内处分的方式对行政负责人进行例外问责。依托于我国行政紧急权的制度安排,行政法学界对行政紧急权的控制主

---

① 孟涛:《紧急权力法及其理论的演变》,《法学研究》2012 年第 1 期,第 116 - 119 页。

要提出了四种思路。一是以公民权利制约，在行使行政紧急权时，应以维护公民权利为目标，为公民权利提供事前保护和事后救济；二是以法律原则制约，行政紧急权的行使仍需遵循宪法、行政法的法律基本原则，如法治原则、比例原则、人权保障原则等；三是以运行过程制约，提出行政紧急权的必须按照设定好的程序要件行使；四是以国家权力制约，通过立法权、司法权、行政权的行使实现对行政紧急权的整体控制①。除此之外，江必新主张对法律原则、规则进行适应性调整，用以框定行政紧急权的配置及行使限度②。戚建刚在"融贯论"视角下提出对行政紧急权的控制要将整体制约与内部要素制约结合起来③。

（三）公共卫生危机下行政紧急权的法律控制措施

1. 立法控制

加强对行紧急权的控制，首要任务是建立健全公共卫生应急法律体系。目前，我国在公共卫生领域尚未设立类似《公共卫生服务法》的总领性法律。相关法律规范散见于《传染病防治法》《动物防疫法》《突发事件应对法》等法律法规中。随着实际发展的需要，其中部分法律经过多次修改，而另一部分法律自颁布之日起一直沿用至今，彼此之间的衔接并不够紧实。作为行政应急基本法的《突发事件应对法》自 2007 年颁布以来，尚未经过修改，其中的一些内容已不能适应新形势下应对危机的需要，且与卫生领域特别法《传染病防治法》的一些规定不相协调。例如，依《传染病防治法》规定，地方政府须接到上级政府发出的传染病预警后才能采取应急措施；而《突发事件应对法》则规定县级以上地方人民政府在事件发生后立即开展应急处置工作。这两者在采取应急措施的时间规定上存在冲突。相较于《突发事件应对法》，国务院颁布的《突发公共卫生事件应急条例》规定更为细致，成为各级政府在公共卫生危机下行使行政紧急权的主要依据。但该条例的效力位阶为行政法规，由行政机关制定，作为一项赋予行政机关非常规权利的规范性文件，其地位略显尴尬。

在十四届全国人大常委会立法规划中，已经将"突发公共卫生事件应对法"

---

① 方世荣、戚建刚：《权力制约机制及其法制化研究》，中国财政经济出版社，2001 年，第 6 页；戚建刚：《"融贯论"下的行政紧急权力制约理论之新发展》，《政治与法律》，2010 年第 10 期，第 106 - 107 页；黄学贤、周春华：《略论行政紧急权力法治化的缘由与路径》，《北方法学》2008 年第 1 期，第 110 页。

② 江必新：《论行政紧急权的限度》，《行政法学研究》2022 年第 5 期，第 117 - 121 页。

③ 戚建刚：《"融贯论"下的行政紧急权力制约理论之新发展》，《政治与法律》2010 年第 10 期，第 112 - 116 页.

列入"条件比较成熟、任期内拟提请审议的法律草案"。① 在新一轮的修法工作中,要着重做好相关法律之间的衔接工作,对不适应突发事件处理需要的条款,尽快予以修改或废止,保证法律体系的完整和通畅。我们需要明确规定公共卫生危机下行政紧急权的启动要件、运行程序要求、权力界限、时间限制以及追责制度,以便将行政紧急权行使的全过程纳入法律监督,做到有法可依。针对行政紧急权的超法规性,可以将不宜具体规定的或者无法规定的情形以抽象为工作原则加以规定,以概括性授权的方式赋予地方行政机关根据实际情况采取相应的应急措施。

2. 权利控制

权利控制是从行政相对人的角度出发,对行政紧急权加以控制。其法律依据主要来自两个方面,一是国家宪法,二是国际人权法。我国《宪法》第51条规定,"中华人民共和国公民在行使自由和权利的时候,不得损害国家的、社会的、集体的利益和其他公民合法的自由和权利"。这是在公共卫生危机下,行政紧急权得以限制公民人身自由、财产权、经营自主权等个体权利的宪法依据。

从国际人权法的视角来看,《公民权利和政治权利国际公约》第4条规定:"在社会紧急状态威胁到国家的生命并经正式宣布时,本公约缔约国得采取措施克减其在本公约下所承担的义务……"该条款也被称为"克减条款"。然而任何时候,即使是处于公共卫生危机下,对于基本权的限制也应当保持在一定限度内,"否则对个体权利的限制最终就会演变为对权利的彻底掏空和排除"②。"克减条款"不仅为紧急情况下缔约国得以减轻其承担的义务提供了国际法依据,还通过规定"不得克减的权利"防止缔约国政府对行政紧急权的滥用,这些不得克减的权利主要包括生命权,免于酷刑,免于奴役和宗教信仰自由等③。《国际法协会紧急状态下人权准则巴黎最低标准》则为各国设定了行使紧急权利的条件和需遵循的基本原则,以实现危机中对人权最低限度的保障④。

因此,行政紧急权在行使过程中如果涉及对公民基本权利的侵犯,首先得获取法律的明确授权。其次,行政紧急权对公民基本权利的限制必须也只能是基于公共利益的需要,不得过分造成不必要的损害。最后,公民核心的基本权

---

① http://www.npc.gov.cn/npc/c2/c30834/202309/t20230908_431613.html.

② 赵宏:《疫情防控下个人的权利限缩与边界》,《比较法研究》2020年第2期,第14页。

③ 莫纪宏:《完善紧急状态立法保障公民的宪法和法律权利》,《中国司法》2004年第6期,第7页。

④ 莫纪宏、徐高:《外国紧急状态法律制度》,法律出版社,1994年,第92页。

利绝对不容侵犯或剥夺,不影响应对公共卫生危机的基本权利也不应受到限制。如果在行权过程中,公民最基础的人身安全和人格尊严都无法得到保障,无异于本末倒置。后者,如知情权,在行使行政紧急权过程中,如实告知相对人有关情况,不仅是行政机关的义务,还能获得相对人的理解,避免因信息壁垒带来执法难题。

以公民权利对行政紧急权加以控制,就必须赋予公民对不合法行政行为诉诸司法的权利。具体包括允许公民对行政主体及其工作人员违法或者不当的行政行为进行举报、控告,向上级行政机关提起行政复议,以及向人民法院提起行政或者民事诉讼。作为社会正义的最后一道防线,人民法院和人民检察院应当恪守法律监督和权利救济的职责,结合行政机关采用的行政手段、处理公共卫生危机的实际需要以及公民所遭受的损害重点审查行为的合法性。危机导致不可抗力无法及时审查的情况,应当适用时效中止规则。

3. 程序控制

"行政程序作为规范行政权、体现法治形式合理性的行为过程,是实现法治行政的重要前提。而行政程序发达与否,则是衡量一个国家法治行政程度的重要标志。"①正当程序原则作为行政法的基本原则,对规范行政权力,避免行政紧急权膨胀具有重要意义。行政紧急权要求程序简化,但简化绝不意味着搁置或抛弃,而是对一些在公共卫生危机下不会对公民权利造成过大影响的程序进行省略,对一些可以事后补正的程序允许补正。例如,对集体讨论等内部程序可以省略,以提高行政效率。听证会的举办需要协调多方参与,耗时较长,在危机之下,根本没有实现的可能性,因此听证程序也可以省略。对告知理由等程序可以允许事后补正。然而,对依法行政、不偏私,告知权利,听取陈述与申辩等程序应当予以坚持,因为它们是行政程序保障公民权利的集中体现。

---

① 姜明安:《行政法与行政诉讼法》,北京大学出版社,2019年,第325页。

科技风险行政规制的兴起与完善路径

张渊琛 *

■

摘　要：随着科学技术的迅速发展，我国社会风险主要类型逐步向大量科技风险转变。"十四五"数字经济发展规划中明确指出，在增强关键技术创新的同时，也需要注重应对技术风险挑战，强化风险预警能力，提升系统性风险防范水平。在面对科技风险时，政府负有义务与责任通过预防和救济科技风险及危害的方式，为大众乃至整个社会提供保障。为使科技风险规制落到实处，本文在总结域内域外现状、明晰了风险社会下的科技风险类型及其规制困境与厘清了科技风险规制的价值要求与立法现状的基础上，认为科技风险可以通过以下途径治理：首先，确立容错与动态的风险行政规制原则；其次，建立政府主导的风险规制研究体系；最后，健全公众知情权保障制度及科技风险社会共治体系。

关键词：科技风险；行政规制；风险预防原则；本益分析

现代社会中产生的主要社会风险，往往萌芽于高新科学技术的研究与广泛应用，因此被统称为"科技风险"。现代科技风险与传统的社会风险相比，最大的区别在于，因涉及人在科学与事实上的双重"无知领域"，而产生了完全意义上的"不可预测性"。但是，这种"不可预测性"绝非放弃科技风险法律规制的理由，相反更加显现出对其法律规制的重要性。

因此，在面对科学技术在应用中带来的科技风险时，尽管具有不明确或者不确定的因素，行政机关仍然需要认真、审慎地对待这种不可预测性，将"风险预防原则"（Precautionary Principle）作为法律手段，置于化解科技风险的首要位置。具而言之，行政机关要尽可能地对科技风险进行规制，并承担监管不力的后果与责任。正因如此，如何适用风险预防原则，包括其适用的情形、适用的

---

* 张渊琛，女，江南大学法学院硕士研究生。

程度,以及是否需要其他原则加以限制和矫正等问题亟须明确。与此同时,行政机关在实施科技风险规制举措时,容易产生行政行为合法性危机,对此也需要从科技风险规制的价值要求层面进行回答。

经过几次工业革命,生产力的发展促使人类逐渐迈入工业社会。在享有工业成果的同时,工业文明副作用的破坏力也初步显现出来,使得现代社会亦有可能被淹没在人类自己创造的文明之中。正如乌尔希里·贝克提出"风险社会"时所描述的:"在由社会所决定并因此而产生出来的危险破坏和(或)取消福利国家现存的风险计算的既定安全制度时,我们就进入了风险社会。"[①]

而现代社会风险又往往诞生于高新科学技术的应用与实践。人工智能、基因编辑技术、核能技术与转基因技术等高新技术的兴起,带来的潜在危害产生了新的社会风险,使其难以通过可控的理性计算与经济补偿加以事前预防或者事后规制。诸如"基因编辑婴儿"等"基因科技流氓"(CPISPR Rogue)事件[②]对人性尊严及科技伦理的破坏,人工智能应用带来的数据隐私泄露,[③]以及基因编辑、驱动与转基因技术在内的基因技术应用可能造成基因池的污染与物种多样性减少等问题。[④] 由此可知,现代社会风险相较于传统社会风险而言,其显著特征在于高新科学技术的大量研发与广泛运用所滋生的诸多科技风险。因此,对科技风险进行风险规制势在必行,甚至在全球范围内,已经成为或正在成为各国政府的重要工作职能之一。

基于上述研究背景,风险行政法研究在全球范围内逐渐兴起。作为现代社会主要风险之一的科技风险,需要引起学者以及各国政府的重视。相应的,我国近年来也有部分学者已经开始重视科技风险规制对行政法传统制度体系和基础理论的挑战。[⑤]

立足于我国现有的行政法风险规制现状,进一步明晰我国在风险社会下的

---

① [德]乌尔希里·贝克:《世界风险社会》,吴英姿、孙淑敏译,南京大学出版社,2000 年,第 101 页。

② David Cyranoski, "HE JIANKUI: CRISPR Rogue", *Nature*, (564)7736, 2018, p.329.

③ 金元浦:《论大数据时代个人隐私数据的泄露与保护》,《同济大学学报(社会科学版)》2020 年第 3 期,第 18 页。

④ 石佳友、刘忠炫:《基因编辑技术的风险应对:伦理治理与法律规制》,《法治研究》2023 年第 1 期,第 89 页。

⑤ 靳文辉:《风险规制中的央地政府关系之规范建构》,《法学研究》2022 年第 5 期,第 69 - 83 页;杨丽:《风险行政诉讼中原告资格认定》,《行政法学研究》2022 年第 4 期,第 156 - 166 页;张青波:《自我规制的规制:应对科技风险的法理与法制》,《华东政法大学学报》2018 第 1 期,第 98 - 111 页;王虎:《风险社会中的行政约谈制度:因应、反思与完善》,《法商研究》2018 第 1 期,第 22 - 29 页。

科技风险识别与风险规制困境,一方面,有助于促进高新科学技术在法治轨道上、伦理规制下,为人类社会的延续与发展作出更大贡献;另一方面,有助于推动我国风险行政法制度体系的完善与健全。此外,由于现代国家的成长依赖于国家治理的制度化、法律化[1],科技风险规制等风险行政法体系的完善也有助于推进我国的现代化进程。

一、研究现状

(一)国内研究现状

我国对于不同领域风险规制的研究相对晚于西方国家,而且大量的研究主要集中在行政法领域,形成了关于风险预测、决策体系的现代行政法范式。相关的代表著作有赵鹏的《风险社会的行政法回应》、陈春生的《行政法之学理体系》、黄辉的《行政决策科学化与社区安全风险评估研究》等。在文献期刊方面,有针对我国风险行政法研究的前提问题、人民基本权利的保障、行政法范式的流变与社会稳定风险评估等方面的细致研究;也有部分文献就科技风险规制进行了研究,并取得了丰硕成果。诸如,科技在行政行为中的应用[2]、当前行政规制体系对科技风险的规制困境[3]等。

但我国关于科技风险规制和现代风险社会的行政法范式变革研究,仍然处于起步阶段。具体表现为:一方面,对于科技风险领域的关注较少,而科技快速发展给现有传统行政规制模式带来了诸多挑战;另一方面,整个风险行政法范式的变革方向在立法层面缺乏指引,呈现出停滞不前的发展趋势。

(二)国外研究现状

国外自 20 世纪 60 年代始,学界就开始围绕科技风险及其对人类社会的影响等问题进行研究,提出了"风险"的一系列主题论述。诸如,德国社会学家乌

① 吴汉东:《中国知识产权制度现代化的实践与发展》,《中国法学》2020 年第 5 期,第 25 页。
② 宋华琳、孟李冕:《人工智能在行政治理中的作用及其法律控制》,《湖南科技大学学报(社会科学版)》2018 年第 6 期,第 82-90 页;查云飞:《人工智能时代全自动具体行政行为研究》,《比较法研究》2018 年第 5 期,第 167-179 页;王敬波:《数字政府的发展与行政法治的回应》,《现代法学》2023 年第 5 期,第 112-124 页。
③ 郑玉双、刘默:《风险沟通:人体基因编辑技术风险的法律制度构建》,《学术交流》2022 年第 11 期,第 51-63,191 页;石晶:《人体基因科技风险规制路径的反思与完善:以宪法与部门法的协同规制为视角》,《法制与社会发展》2022 年第 2 期,第 100-118 页;张哲飞:《我国科技风险议题设置的行政法反思》,《科技进步与对策》2018 年第 7 期,第 133-140 页;张青波:《自我规制的规制:应对科技风险的法理与法制》,《华东政法大学学报》2018 第 1 期,第 98-111 页。

尔希里·贝克首次提出的"世界风险社会"①概念,德国行政法学家汉斯·沃尔夫提出应对风险的"预防行政"概念②等。

就风险社会理论而言,在著作方面有贝克的《风险社会》、吉登斯的《失控的世界》、道格拉斯的《洁净与危险》、卢曼的《风险:一种社会学理论》③等。根据上述学者的观点,风险是指在特定时空中,某种特定危害发生的可能性,或者是某种行为引发不特定危害发生的可能性,其具有主观与客观的建构主义色彩。因工业文明不断发展和人类活动加剧,社会风险在现代社会中呈现出高频率的暴发态势。此外,由于风险构成本身存在价值判断,国外学者也针对风险的决策考量、风险规制与责任承担等内容进行了研究。

在科技风险对现有行政法体系的影响方面,人们逐渐发现相较于传统社会风险,在现代社会高新科学技术应用中所产生的科技风险不确定性程度极大增加,包括但不限于不能确定的不利后果的严重程度、涉及范围大小,以及具体发生概率等。诸如,在人工智能领域,德国法学家蔡德勒(Zeidler)指出"未来行政机关工作人员将被机器大幅替代,由此会产生机器所作意思表示的认定与所作行为的责任归属等法律问题"④。在基因技术领域,世界卫生组织公布了《人类基因组编辑治理框架(2021)》⑤并表示应对人类可遗传基因组编辑(Heritable Human Genome Editing)的研究和应用秉持审慎态度。在核能研究领域,《核能手册》⑥指出"核能法律规制的目标不是禁止核能利用行为,而是既强调风险控制,也重视增进收益"。

此外,也有大量文献表明高新科学技术携带的科技风险可能会造成政府法律层面的问题,如政府信息公开问题、行政行为合法性危机与突破法律保留原则等问题。现有行政法的相关规定与部分原则在应对科技风险时,常常会出现

---

① 〔德〕乌尔里希·贝克:《风险社会:新的现代性之路》,张文杰、何博闻译,译林出版社,2018 年,第 9 页。

② 〔德〕汉斯·J. 沃尔夫等:《行政法》第 1 卷,高家伟译,商务印书馆,2002 年,第 145 页。

③ Niklas Luhmann, *Risk: A sociological theory*, Berlin, GER: de Gruyter, 1993.

④ Zeidler, ber die Technisierung der Verwaltung, 1959, S. 14 ff.

⑤ WHO Expert Advisory Committee on Developing Global Standards for Governance and Oversight of Human Genome Editing, *Human Genome Editing: A Framework for Governance*, Geneva: World Health Organization, 2021.

⑥ C. Stoiber, et al., *Handbook on Nuclear Law: Implementing legislation*, Vienna: International Atomic Energy Agency, 2010, p.3.

力不胜任的情形：在无法律、事实依据时可能会突破依法行政的边界产生合法性危机，在对风险评估错误时可能会突破比例原则对公民基本权利造成减损，以及在其他情形下对其他行政原则的突破等。这也意味着当前行政法关于科技风险的应对规则存在不足与诸多空白之处。

二、风险社会下的科技风险识别及其规制困境

（一）科技风险的产生与类型

1. 科技风险的产生

"风险"一词可溯源至意大利语"Risque"，起初是指一种客观且来自自然世界的现实危险，诸如洪灾、地震、干旱等自然灾害，其区别于现代社会风险的显著特征是该风险大多来自人类社会之外，不以人的意志为转移。

而随着人类文明的进步与世界各国工业化、现代化进程的持续推进，出现了许多不同于传统社会风险的现代社会风险，诸如交通事故、战争与基因流氓事件等。这种现代风险更多地内生于人类社会，是人类在取得巨大物质财富的同时，伴随而来的各式自然或者人为，但主要附随于人类自身活动的产物。依据我国学者金自宁等人的观点，即"现代工业社会的风险是人类社会进步（特别是以现代科学技术进步为标志）的副作用"[1]。

换言之，科学技术的发展结束了以传统风险为主的自然社会，并经过工业化、现代化等方式将人类社会引入了难以预测风险的社会变迁进程之中。面对传统的崩塌，科技发展导致的灾难性后果会进一步引起并加深人们对未知未来的恐惧，而当某种恐惧成为共识性认知时[2]，"科技风险"便由此产生。

科技风险与现代科技的发展紧密相关，但归根到底与人类对知识的获取密切相连。科技的进步与发展依赖于各类知识的探索与积累，科技风险的产生也来源于社会知识的积累。后者根源于人类所了解的知识越多便越无知。这是因为，人类为了科技的进步会尽可能多地攫取科学知识，同时会更加明确、清晰地感受到未知的宽广与黑暗，宛如注视着尼采所言的广阔深渊。这种对科技未知领域的无知与恐惧，使得科技风险在诸多不确定性中逐渐滋生。

此外，因为风险后果的影响范围在时空上也可能无限延伸，难以确定其损

---

[1] 金自宁：《风险行政法研究的前提问题》，《华东政法大学学报》2014年第1期，第7页。

[2] 金自宁：《风险中的行政法》，法律出版社，2014年，序言第10页。

害的范围,甚至发生不可逆转的灾难性后果,所以科技风险在规制形式上体现为难以通过事故统计学进行精准计算、预测与控制。而当风险切实发生后,往往也难以通过保险制度等经济补偿手段加以弥补。综上,科技风险的产生有着现代社会科技发展的特定时空属性,在产生方式上则与人类的"无知"与"知识攫取"息息相关,表现的核心特征为"不可预知性"。

2. 科技风险的类型

科技风险的本质是在"知识攫取"过程中,因对科学技术的"无知"所带来的不可预知的风险。而从科学研究到技术应用的过程中,首先,"无知"往往会体现为并不知悉该科学技术本身是否存在风险或者存在多大的风险,其次,该科学技术进入应用阶段后是否可能导致难以预测、预防,进而无法化解的风险,以及该科学技术是否会与外部环境之间相互影响后衍生出新风险等形态。据此可以将科技风险分为科学技术的内生风险和外生风险。

(1) 科学技术的内生风险。科学技术的内生风险是最容易被社会大众感知到的风险,其与科学技术的外生风险最大的区别在于:内生风险来自科学技术本身,与具体的应用实践无关。例如核能技术与放射性元素的研究。事实上,这些技术通常是人类认识其他事物所需的必经步骤,或是人类实现研究目标过程中的必然产物,而且通常是对已经存在的物质的利用手段。因此,这些技术或者技术的产物,自发现之初便具有高度的危害性和极大的不可预测性。以核能技术与放射性元素的研究为例,两者均为社会大众广泛知悉,是本身具有较大风险的科学研究或技术手段。在历史上,核能技术利用与放射性元素研究而导致的严重技术灾难并不少。诸如,切尔诺贝利核事故(1986 年)产生的放射性污染烟尘致使附近 30 公里内的居民点与耕地被废弃,进而导致区域生态环境发生重大改变,[①]日本福岛核泄漏事故(2011 年)从发生至当下的多次核污水排放对全球海洋生态环境等依旧存在不可估量的危险。[②]

(2) 科学技术的外生风险。科学技术的外生风险,是指科学技术进入应用阶段后,因现有知识的缺乏,可能对外部环境造成一些难以预测的危险,因而政府也需要将其视为风险并予以一定地规制。这一风险相较于内生风险的区别在于:该科学技术的研究本身并无风险,并且符合人类合理认知与求知范围,并

---

① 张潇、陆林、张晓瑶等:《切尔诺贝利核事故对区域景观格局及生境质量的影响》,《生态学报》2021 年第 4 期,第 1304 页。

② 范纯:《日本福岛核泄漏事故的法律省思》,《法学杂志》2012 年第 5 期,第 137 页。

不会对人类社会造成不当影响。但是，当该种技术成为科学"运用"的科技时，便可能因当下人们的知识缺乏、认知不足等，使得其潜在的危险性难以明晰，并且造成社会公众接受度低下等结果。社会对生物科学技术的回应是科学技术外生风险的典型例子，其中基因技术的应用争议颇大，为各国政府与社会大众所关注。基因技术的研究，为人类追寻生命起源和解码生命过程等未知领域提供了一定的机会，对有关人类基因组的科学研究也起到了重大突破作用。[①] 此外，对基因技术的研究也对农业、医疗与环境保护等领域有着明显的正向促进作用。但利用基因技术得到的产物却可能对自然基因池与物种多样性产生不可逆转的影响，因而至今人们对于转基因食品依旧保持审慎的态度。[②] 又如，类似"基因编辑婴儿"等基因流氓事件的发生，也引发了人的主体定位反思与未来人的福祉考量等伦理风险危机。

由此可知，科技的内生风险与外生风险的区分存在于时间维度，诞生时为内生，运用中为外生。但是两者并非决然对立的，也可能存在交叉的情况，例如核能虽然被定义为内生风险，但是不代表其在具体的运用过程中不会产生新的风险。但是，对内生风险和外生风险的分类表明，对科技风险的考量需要注重对时间的把握，将其贯穿于科学技术与科学产物的从无到有全过程。

（二）科技风险的行政规制困境

尽管科学技术本身存在自己作为"知识"的内在价值，也具备有效改善人类生活的外在价值，但是其也作为一种风险性社会工具而存在，科学技术的创造与运用无时不影响着人类社会。因此可以说，科学技术在促进社会富足的同时也孕育了大量的科技风险。

因此，为使科学技术的发展与应用更符合人类当前和长期的利益，对科技风险进行风险预防与行政规制不可或缺。对此，我国进行了大量立法，如《安全生产法》《放射性污染防治法》《突发事件应对法》等，同时国务院也就科技治理发布了《关于加强科技伦理治理的意见》《生成式人工智能管理办法》《基因工程管理办法》等行政法规，与此对应的科技行政监管体系也粗具雏形。但是，囿于现阶段全社会重视经济发展、科技创新的思维定式，这一监管体系并不足以解

① Sergey Nurk et al., "The Complete Sequence of A Human Genome", *Science*, (376)6588, 2022, pp. 44 - 53.

② 崔凯、Sharon Shoemaker：《中美公众的转基因态度差异及公众质疑转基因原因探析》，《华中农业大学学报(社会科学版)》2020 年第 6 期，第 155 - 159,168 页。

决科技风险的下述行政规制困境。

1. 科技风险的不可预测性困境

传统行政行为主要表现为给付型与反应型,旨在维护公共秩序和保障公共安全,但是对风险的规制是指向未来的、潜在的、不可预见的未知领域。科技风险的核心特征是不可预测性,而针对科技风险进行预防决策的困境仍在于"不确定性"的广泛存在。

在主观层面,风险、不确定性与人的无知紧密相关,人类所具备的知识积累所能够触碰到的领域是存有限度的。就基因技术而言,对其应用是否会对环境、生态以及基因库产生什么危险或是否存在危险都是不确定的,人类选择推广转基因技术等并非出于风险的明确,而是基于本益分析所作的经济决定。

在客观层面,科技风险不论是内生型还是外生型,都具有复杂性、不可量化性与时空延展性等,这些特征均会造成科技风险在客观上难以被现有科学所量化,进而加剧了风险决策的不可预测困境。

2. 风险行政缺乏合法性的困境

根据行政法基本原理,行政机关在实施行政行为时,应当符合依法行政、比例原则等基本原则。针对科技风险所作的风险行政规制自然属于行政行为的范畴,但基于"科技风险的不可预测性困境",行政机关在进行风险规制时将会面临"规制的风险信息不足"的现实挑战。此时,政府既要对科研活动谨慎作出许可,又要对具有风险的科技成果审慎设限。[①]

行政行为的合法性要素主要包含法律依据、事实依据与因果关系等。一方面,在法律自身具有滞后性缺陷的前提下,如何规制风险也具有高度的复杂性、不确定性与情境依赖性[②],加之立法机关也受限于理性而难以制定出完备法律,因此行政机关作出预防行政往往会缺乏准确的法律依据。另一方面,"以事实为依据"的法治理念对于明确的事实依据具有极高的要求,但是科技风险的不可量化导致行政机关对于严重程度、涉及范围与时空持续等事实依据通常只有感性认识。同时,事实依据与影响后果之间的因果关系也难以直接证明,对于承担责任人更是难以确定。

---

① 张青波:《自我规制的规制:应对科技风险的法理与法制》,《华东政法大学学报》2018 年第 1 期,第 99 页。

② 赵鹏:《知识与合法性:风险社会的行政法治原理》,《行政法学研究》2011 年第 4 期,第 48 页。

上述种种"不可预测性"而产生的各式问题直接导致了行政机关的事前预防与事后规制,即风险之源头与风险之后果,都缺乏了规范上的可靠预期。质言之,风险行政行为将会突破依法行政、比例原则与法律保留等原则,从而造成行政合法性危机。

3. 风险行政中各类主体的价值冲突困境

行政机关、科研机构、专家学者和社会大众作为不同利益相关主体对科技风险规制的价值判断会因利益诉求不同存有较大区别,甚至是矛盾(见图1)。在组织层面,存在行政机关与科研机构两个组织架构,对科技风险的形成与规制造成不同程度的影响。而在个体层面,主要表现为专家学者与社会公众对科技风险认知的冲突,表明风险有时并非客观存在,而更多的是主观建构的产物。[①] 但是抛开个体与群体的区分,各类主体之间也会影响彼此对于科技风险的态度与认知。因此,需要厘清各主体的观点与立场,探求影响其观点的内在根源,在此基础上力求达到平衡状态。

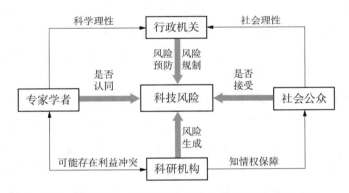

图1　科技风险下不同利益相关主体的相互影响机制

对于行政机关而言,在风险行政中,行政机关因为风险的不可预测,难以做出合理、准确的风险规制措施,可能会因为过高估计风险造成对社会大众权利的过分减损,也可能会因为过低估计风险造成不可逆转的损害。但无论怎样,行政机关都可能处于两难境地。而为避免此种情况,行政机关可能会选择依赖专家学者一方,或者单纯地让自己扮演专家的角色,意图将可能存在过错的风险规制行为掩盖为依据科学结论所作,使得其行政行为外在表现为遵循了事实

---

① Niklas Luhmann: *Risk: A Sociological Theory*, Berlin: Walter de Gruyter, 1993, p.7.

本质而必然采取的行动。

对于科研机构而言,这里所指的科研机构从广义上理解,应当包括了科研院所与科研企业等主体。前者作为事业单位其所具备的逐利性相对低于后者。但科研院所与行政机关之间有着研究资金移转等非平级关系,科研院所也可能沦为行政机关转移责任的工具。而科研企业作为市场主体之一,具备天然的逐利本性,科技风险的显现会降低其利润,因而科研企业对于风险信息会陷入不愿披露甚至隐瞒的情形。

对于专家学者而言,因其具有更为丰富的科技相关知识,对于风险如何发生、风险的影响,以及如何对风险进行有效规制,具有完整而系统性的认知,所以通常被视为知识权威。专家学者与民众对风险的认识差异可以简单概括为"科学界定风险,人们感知风险"①。专家系统的专业性要求其作为一种脱域机制,要相对客观地鉴定风险,依据科学上的因果关系对风险如何干预与处置进行研判。② 作为智囊团和定心丸而存在的专家学者,在科技风险治理中发挥着中流砥柱的作用。因此,专家学者在整个利益相关主体中,理应作为中立者,为科学理性发声。但在实践中,专家学者可能被行政机关或者科研机构的"挟持"进而丧失中立性,亦有可能因为其专业知识有限,而基于其直觉作出具有非中立性的价值取向的结论。③

对于社会公众而言,其更多的是从个人视角考量科技风险对个体的影响,如对于某一科技风险是否应该接受。当个体的利益诉求一致时,社会公众的集体认知将表现为社会理性,其与专家学者的科学理性往往会存在割裂与交织。具体而言,相较于专家学者的科学理性而言,社会公众的意见在理性程度上往往会显得更为薄弱与脆弱。④ 社会公众对于风险的认知往往出于感性的判断,也即朴素价值观与直觉,通常缺乏完备的信息以及必要的知识。⑤

此外,随着社交媒体网络的蓬勃发展,社会公众对于风险的感知极易在舆

---

① [德]乌尔里希·贝克:《风险社会:新的现代性之路》,张文杰、何博闻译,译林出版社,2018年,第29—31页。

② 肖梦黎、陈肇新:《突发公共危机治理中的风险沟通模式:基于专家知识与民众认知差异的视角》,《武汉大学学报(哲学社会科学版)》2021年第6期,第117页。

③ 赵鹏:《知识与合法性:风险社会的行政法治原理》,《行政法学研究》2011年第4期,第51页。

④ [美]凯斯·R.孙斯坦:《风险与理性:安全、法律与环境》,师帅译,中国政法大学出版社,2005年,第34—64页。

⑤ 赵鹏:《知识与合法性:风险社会的行政法治原理》,《行政法学研究》2011年第4期,第51页。

论上掀起风暴,两种知识的碰撞最终会造成科学决策与民主决策之间的矛盾。此时行政机关就需要对专家学者和社会公众的意见进行评估,不可一味迷信知识权威,也不可盲目顺应民众舆论,应当在兼听两种声音的同时,让风险治理在科学理性的引领下,保持社会理性的温度。

综上所述,科研机构通常是生成科技风险的源头,其与专家学者之间可能存在着某种利益冲突,与社会公众之间存在知情权保障的冲突。专家学者与社会公众对于科技风险的认知也存在冲突,其根源在于专家学者与社会公众对于"科学知识"掌握程度存在差异。此外,前者是否认同科技风险的存在、影响与规制,后者是否接受前者的判断,所体现的是科学与民主间的碰撞,容易导致风险的失控。而行政机关作为结构中的顶层存在,应起到风险预防与风险规制的作用,因此需要在充分考虑科学理性与社会理性的基础上,进行最终的决策与判断。

三、科技风险规制的价值要求与立法现状

(一)伦理与现实:科技风险的价值判断

1. 科学、科技与伦理风险的关系

当作为"知识"的科学研究,转化为作为"工具"的技术应用,原本处于理论层面的风险"可能性",也转化为实体照进现实之中。[①] 然而,并不是所有的知识都能转化为工具被使用,也并非所有的科技都需要进行风险规制。某些想法虽然在科学理论层面已经具备可能性,但是在事实上并没有具体实现转化。未能实现转化的原因,除了受到当时技术局限性这一客观因素的影响以外,最重要的是受到了伦理、道德条件的限制。[②] 例如,克隆技术被禁止使用在克隆人上。这与康德所说"人是目的,而不是手段"不谋而合,现实与伦理对科技的法律规范提出了价值层面的要求。

科技与日常生活之间的紧密程度,决定了科学研究中的价值中立在科技使用上并不能得到承认。有学者认为,科技问题是在人们可以做到范围内,由伦理道德之类的价值判断再次圈定一个禁止的范围,使得科技在特定领域内被适

---

① 刘忠炫:《基因编辑伦理问题的类型化区分及其法律规制》,《中国政法大学学报》2023 年第 3 期,第 129 页。

② 陈景辉:《捍卫预防原则:科技风险的法律姿态》,《华东政法大学学报》2018 年第 1 期,第 61 页。

用。① 因此,科技问题也被认为是关于价值判断的规范问题,受到价值判断的束缚。②

而政府作为宏观控制的统筹机构,需要对科技可能存在的伦理问题进行审查与评估,阻止那些可能会危及社会生活的科技运用,以公共方式严格规制那些可能会大规模损害个体生活的科技运用。③ 这就是政府采取行动的依据,也是相关法律规范所要依据的准则。

2.我国的伦理审查与科技伦理治理规范

为了应对科技发展与伦理保护之间的冲突,伦理审查制度应运而生。制度设置的伦理审查委员会起到了安全阀的重要作用,其通过对伦理与受益、风险展开评估,进而对科学研究的风险性进行判断,以此作为相应的科技活动能否推进的依据。④ 原国家卫计委在 2016 年颁布了《涉及人的生物医学研究伦理审查办法》,是当时我国主要的伦理审查规范。随后 2023 年,国家卫生健康委等四部委又联合发布了《涉及人的生命科学和医学研究伦理审查办法》,对我国的伦理审查制度予以进一步完善。相较而言,新办法扩大了伦理审查的适用范围,拓展了伦理审查的审查对象,细化了伦理审查委员会的审查工作,并且建立了委托审查机构。

先后两部伦理审查办法中均明确规定,涉及人的生物医学研究应当符合控制风险原则,要求将受试者的人身安全和健康权益置于首位,研究风险与受益比例应当合理。由此可见,控制研究中的人身风险也是研究伦理的内在要求之一。

此外,有学者提出了科技伦理治理的范式:"科技伦理治理以解决伦理困境为目标,对科技伦理的影响进行探寻与反思,为个体行为提供伦理指引。"⑤中共中央办公厅、国务院办公厅也于 2022 年印发了《关于加强科技伦理治理的意见》,这是我国首部关于科技伦理治理的国家层面指导性文件。其将合理控制

---

① 颜厥安:《鼠肝与虫臂的管制:法理学与生命伦理学》,元照出版社,2004 年,第 7 页。
② 陈景辉:《面对转基因问题的法律态度:法律人应当如何思考科学问题》,《法学》2015 年第 9 期,第 119 - 122 页。
③ 陈景辉:《捍卫预防原则:科技风险的法律姿态》,《华东政法大学学报》2018 年第 1 期,第 60 页。
④ 刘忠炫:《基因编辑伦理问题的类型化区分及其法律规制》,《中国政法大学学报》2023 年第 3 期,第 132 页。
⑤ 谢尧雯、赵鹏:《科技伦理治理机制及适度法制化发展》,《科技进步与对策》2021 年第 16 期,第 109 页。

风险视为科技伦理的内涵之一。在治理要求方面包含了伦理先行和敏捷治理，①前者表明科技发展与伦理治理的融合，需要将宏观层面的法律规范约束和调控贯穿科技活动全过程；后者表明风险预警与跟踪研判可以为及时、灵活地应对科技伦理挑战带来效率优势。

（二）从危害到风险：预防价值提升

1. 风险预防原则的兴起

传统行政法诞生于 19 世纪的法治国家背景下，核心概念是干预行政。因此"行政法的任务是保障公民权利不受政府干预行政的任意侵害"②，此时的行政法通常被认为是消极、静态的，是立法机关与立法对象、相对人的"传送带"③。政府作为公民、社会权益的守夜人，要求做到干预最小化，服务最大化，也就是所谓的控权保民。

到后现代行政法时期，工业社会向风险社会转型，正如上文所述，产生了"不确定性"的副作用。在科学技术领域，由于风险知识的不充分，专业壁垒的阻碍，原本静态的法律约束开始发生软化，④科学上和事实上的双重不确定性使得政府的职能从处罚危害、警示危险，进一步延展至预防风险（见表 1）。正是这种"不确定性"的影响，有学者认为"行政机关的风险规制只能依据未定的事实或预测、依循笼统的规范或目的"。⑤ 正是这种科学与现实中的双重不确定性，使得政府的总揽与统筹作用被视为解决危机利器，扩大干预机会、扩张裁量权和职权范围就显得理所应当。

---

① 世界经济论坛将"敏捷治理"定义为"适应性的、以人为中心、包容和可持续的政策制定，它不再局限于政府，而是来自越来越多的利益相关者的共同努力"。转引自鲁晓、王前：《科技伦理治理中"科技"与"伦理"的深度融合问题》，《科学学研究》2023 年第 11 期，第 1929 页。

② 曾赟：《风险社会背景下行政法范式的流变：预防行政概念的提出》，《法学研究》2010 年第 7 期，第 178 页。

③ ［美］理查德·B. 斯图尔特：《美国行政法学的重构》，沈岿译，商务印书馆，2002 年，第 10 - 11 页。

④ 赵鹏：《知识与合法性：风险社会的行政法治原理》，《行政法学研究》2011 年第 4 期，第 48 - 50 页。

⑤ 张青波：《自我规制的规制：应对科技风险的法理与法制》，《华东政法大学学报》，2018 年第 1 期，第 100 页。

表1 行政法中的科技规制模式

规制对象	规制目的	科学上的可能性	事实上的可能性	证明标准	处理方式
危害	维护社会安全与秩序	确定	确定	确定证据证明	事后处罚
危险	防御或制止损害发生	确定	不确定	排除合理怀疑	事前警示
风险	避免发生损失的可能	不确定	不确定	主观认识达成	事前预防

关于预防原则的具体内涵,学界有不同的观点。美国学者桑斯坦提出弱预防原则与强预防原则的分类,弱预防原则要求政府警惕科技风险,从而设置监管措施,①并且在缺乏事实上会造成损害的明确证据时,不应拒绝监管。② 而强预防原则要求,只要可能存在对当代或者下一代的健康或者环境产生重大损害的风险,在具体风险性质不确定的情况下,政府就应当采取措施阻断该活动的展开,直到损害不会再发生。③ 德国行政法学者汉斯·J. 沃尔夫提出了预防行政的概念,认为社会行政就是预防行政,因为为了维护现存的社会安全,国家除了需要排除现有的危险以外,还需要事前预防和事后消除。④ 我国学者曾赟进一步将其界定为"以维护公共安全与公共秩序为目的,为防止与减少突发事件所引起的危害而创造性地管理风险的活动"⑤。

概括而言,行政法中的预防原则要求对于风险的发生具有一定的预估,并对此作出回应以制止损害的发生,即提前将危险扼杀于摇篮之中。而在科技风险中,预防原则是风险规制可操作化的基础要求,要求在科学研究阶段进行监督和管理,在技术在实践中适用前进行审查,设置一定的准入门槛,防患于未然。

---

① [美]凯斯·R. 桑斯坦:《最差的情形》,刘坤轮译,中国人民大学出版社,2010年,第115-119页。

② Cass R. Sunstein, *Laws of Fear: Beyond the Precautionary Principle*, Cambridge University Press, 2005, p.18.

③ Cass R. Sunstein, *Laws of Fear: Beyond the Precautionary Principle*, Cambridge University Press, 2005, p.19.

④ [德]汉斯·J. 沃尔夫等:《行政法》第1卷,高家伟译,商务印书馆,2002年,第145页。

⑤ 曾赟:《风险社会背景下行政法范式的流变:预防行政概念的提出》,《法学研究》2010年第7期,第181页。

2. 我国科技风险预防的法律依据

自新中国成立以来，国家宏观政策一直重视对各种科学技术的帮扶与支持。在党的二十大报告中，习近平总书记也多次强调科技对于中国特色社会主义建设和发展的推动作用，提出完善国家安全风险监测预警体系的要求。2021年新修订的《中华人民共和国科学技术进步法》明确规定"健全预防和化解科技安全风险的制度机制"，表明在推进科学技术进步带来发展红利的同时，也需要重视对科技风险的预防。

当前，我国已经出台了多部对各类科学技术进行风险预防管理的行政法规和规范性文件。比如在人工智能、核能、基因技术等领域已经制定和颁布了一系列行政法规和规章（见表2）。由此可见，我国行政法规、规章中对于预防科技风险的规定，主要集中在相关部门、单位在事前对于技术风险进行安全审查、评估方面。但是除了最近颁布的《生成式人工智能服务管理暂行办法》规定了按照相关规定展开安全评估，按照规定备案以外，上述所列条例与办法均未表明安全审查、评估的具体措施与要求，相应的配套规则仍不够完善。

表 2　我国行政法规、规章中的科技风险预防条款举例

行政法规、规章名称	效力位附	生效时间	科技风险预防条款
基因工程安全管理办法	部门规章	1993 年 12 月 24 日	第八条　从事基因工程工作的单位，应当进行安全性评价、评估潜在危险，确定安全等级，制定安全控制方法和措施
农业转基因生物安全管理条例	行政法规	2017 年 10 月 7 日	第九条　国务院农业行政主管部门应当加强农业转基因生物研究与试验的安全评价管理工作，并设立农业转基因生物安全委员会，负责农业转基因生物的安全评价工作
人类辅助生殖技术管理办法	部门规章	2001 年 8 月 1 日	第二十条　卫生部指定卫生技术评估机构对开展人类辅助生殖技术的医疗机构进行技术质量监测和定期评估，技术评估的主要内容为人类辅助生殖技术的安全性、有效性、经济性和社会影响
人类遗传资源管理条例	行政法规	2019 年 7 月 1 日	第十五条　保藏单位应当对所保藏的人类遗传资源加强管理和监测，采取安全措施，制定应急预案，确保保藏、使用安全

（续表）

行政法规、规章名称	效力位附	生效时间	科技风险预防条款
民用核设施安全监督管理条例	行政法规	1986 年 10 月 29 日	第三条　必须有足够的措施保证质量,保证安全运行,预防核事故,限制可能产生的有害影响
生成式人工智能服务管理暂行办法	部门规章	2023 年 8 月 15 日	第十七条　提供具有舆论属性或者社会动员能力的生成式人工智能服务的,应当按照国家有关规定开展安全评估,并按照《互联网信息服务算法推荐管理规定》履行算法备案和变更、注销备案手续

通过法条检索可知,在我国立法中常常使用"预防"一词,但是属于风险规制具体措施上的"预防"却相当有限,更多的是将其作为一项原则,以指导思想的方式进行规定。① 比如 2020 年《生物安全法》第 3 条规定:"维护生物安全应当贯彻总体国家安全观,统筹发展和安全,坚持以人为本、风险预防、分类管理、协同配合的原则"就明确了风险预防的原则。而在《全面依法行政实施纲要》规定的行政法基本原则中,并不包含预防原则。可见,预防原则在我国的行政法中虽然已经初步显露痕迹,但是对这一原则的内涵、具体适用条件与要求的规定尚不明确,也就使得其在实际操作中捉襟见肘。

四、我国科技风险行政规制的完善路径

在面对科技风险时,政府作为民众联合组建国家之契约,负有义务与责任通过预防和救济科技风险及危害的方式,②为社会大众提供保护。但政府应当以何种方式及标准来应对科技风险是当期风险行政规制中亟须回答的中心问题。前文已经明晰了现代社会的科技风险识别以及规制困境,厘清了我国科技风险规制的价值要求,这为本文对我国科技风险行政规制的完善路径探讨提供了理论基础。

具言之,遵循社会治理与法治国家等价值基础与行政过程论的路径,我国可以通过确立容错与动态的风险行政规制原则以解决风险预防行政行为的合法性危机;建立由政府主导的风险规制研究体系使得科技风险的"不可预测性"

① 王贵松:《风险行政的预防原则》,《比较法研究》2021 年第 1 期,第 54 页。
② 陈景辉:《捍卫预防原则:科技风险的法律姿态》,《华东政法大学学报》2018 年第 1 期,第 59 页。

弱化；完善科技风险公众知情权保障制度以及社会共治模式以化解风险行政中各类主体的价值冲突困境。

（一）确立容错与动态的风险行政规制原则

1. 坚持采用风险预防原则与本益分析手段

前文指出，行政机关因为科技风险的"不可预测性"，在事前进行风险预防与事后对风险后果救济时，通常缺乏法律依据与事实依据等的可靠预期，立法机关也不得不通过概括性的授权，给予行政机关裁量空间，①据此造成比例原则、依法行政原则等的突破与软化。

因此就科技风险的规制而言，可以引入风险预防原则，并将风险预防原则作为主要行政依据，以缓解风险规制的合法性危机，如《里约环境与发展宣言》指出："为了保护环境，各国应依据本国能力，广泛使用预防原则。"②即风险预防原则所蕴含的"不确定性并不能作为禁止风险预防的理由"。我国虽然并未在法律中明确作出规定，但是有许多行政案例实施成功的背后均体现出了该原则，如我国严禁可遗传基因组编辑技术的临床试验和应用，③2009 年采取的控制甲型流感措施，以及 2019 年针对新冠疫情所采取的疫情防控措施等。

但是，并非所有的科技风险均需要采取风险预防原则进行强规制。此时，就需要引入本益分析手段，防止行政机关滥用风险预防原则对公民基本权利造成过度减损。基于成本与效益的权衡分析，可以考量针对某一科技风险采取风险预防原则是否合理。

在现实实践中，并非所有科技风险都具有较大较为宽泛的灾害级风险，因此将科技风险从强弱性质上分为强风险与弱风险，前者如同核能技术的应用，后者如目前争议较大的转基因动植物的商品化。采用风险预防原则与本益分析结合的手段，可以将治理路径分为两种：针对弱风险，坚持以成本效益分析为标准的弱风险预防原则；针对强风险，坚持强规制的风险预防原则，成本效益分析仅能作为参考，除非或直到这些损害不会再次发生。

2. 加强科技风险规制与自规制监管手段的调整

面对新事物，传统监管方式的自顾不暇并不必然能够带来新方式的出现。

---

① ［德］尤尔根·哈马贝斯：《在事实与规范之间：关于法律和民主法治国的商谈理论》，童世骏译，生活·读书·新知三联书店，2003 年，第 533－535 页。

② 《里约环境与发展宣言》第 15 条。

③ 石佳友、刘忠炫：《基因编辑技术的风险应对：伦理治理与法律规制》，《法治研究》2023 年第 1 期，第 96 页。

这是因为新监管方式往往是通过争议和实践形成的,比如上述提及的风险预防原则与本益分析手段的结合至今也尚未在我国以法律规范的形式固定下来。这也意味着在风险规制过程中,某些监管措施除对某科学技术的其中一环或场景不适用之外,本身也可能存在一定的缺陷与不足,这很可能会产生一些衍生风险。诸如滴滴涕(DDT)这种化学品,由于会对人类产生危险而在一些地区被禁止使用,但在贫穷国家 DDT,DDT 却是一种对抗疟疾的有效药物。因此该管制措施将会影响当地民众的健康。①

另外,随着科技进步的速度加快,可能原本适用的监管模式也开始呈现出滞后趋势,因此,监管思维、措施的随时调整与自规制监管手段的自检更新是应对科技快速发展、科技风险迭代变化的必然选择。诸如我国转基因技术领域,起初农业农村部颁布了《转基因植物安全评价指南》,以规制转基因技术所带来的风险,但随着基因技术的发展,更优异、靶效应更准确的第三代基因编辑技术开始应用,对此,农业农村部推陈出新,颁布了《农业用基因编辑植物安全评价指南(试行)》以回应科学技术的发展。因此,针对科技风险本身的不可预测性,更应当加强科技风险规制与自规制监管手段的调整与更新。

(二)建立政府主导的风险规制研究体系

现代社会的风险主要伴随着高新科学技术的应用,行政机关的风险规制对于不同领域里的专业知识的需求逐渐增多,行政机关须以专业知识为基础,并在组织架构层面形成专家咨询委员会与专家顾问等形式,正如前文也提及的专家学者的专业知识本身能够对政府的风险规制举措起到理性精神的支撑。在科技预防决策的"不可预测性"广泛存在的困境下,能够尽可能地利用现有知识,并促进相关研究逐步消除不确定性,提升相关决策的理性水平。② 此外,该研究体系的建立也有助于对科技风险规制与自规制监管手段的调整,如随着研究的深入,所积攒的知识能够促进其审慎地调整、修补相关举措。

而在具体的体系构建上,则需满足以下要求:①行政机关应当确保有妥善的程序设计确保专家学者及科研机构对相关科技风险的争议和问题知悉;②专家学者及科研机构应当确保针对该科技风险尽职尽责进行调查与研究,并按时

---

① Cass R. Sunstein, *laws of Fear: Beyond the Precautionary Principle*, Cambridge University Press, 2005, pp.31-32.

② 张青波:《自我规制的规制:应对科技风险的法理与法制》,《华东政法大学学报》2018年第1期,第101页。

向行政机关提交包括科学资料与证据在内的研究报告;③强化风险信息的公开,将研究进度、研究结果依照法定程序向社会公开;④行政机关与专家学者及科研机构之间应当保持相对中立的情况,在风险规制信息公开与决策做出时,政府及专家学者应当就其决策向社会公众说明理由。据此,方可促进人类相关知识的攫取并在一定程度上突破"无知",更好地认识科技风险。

(三)健全公众知情权保障制度及科技风险社会共治体系

1. 社会大众知情权保障制度

科技是将科学与人的生活联系起来的中间环节①,人们有权知道科学技术的广泛应用会对自身以及其生存的环境产生什么影响。社会大众既是科学技术服务的对象,也是科技风险的承受者,更是人类社会的主要治理主体。但是,在现实实践中,人们的知情权时常遭受减损,地位从"主体"逐渐边缘化,成为政府决策的被动接受者与风险的既定承受者,因此贝克曾指出"科学理性与社会理性之间存在断裂与交织"②,这批判了行政机构、科研机构等对广泛大众知情权保障的忽略。因而为保障社会大众知情权,促进公共参与和政治治理之间的良性循环,需建立知情权保障制度。

首先,须促进科研机构、企业的自我披露。科技风险的不可预测性的严重程度在一定程度上与风险信息的规模与公开紧密相关。而科研机构、企业等作为风险信息的主要持有者,在发展过程中往往为了利益诉求而拒绝自我披露,甚至在审查时隐瞒风险信息,如过去的三鹿毒奶粉事件(三聚氰胺中毒)。

事实上,促进科研机构的自我披露,不仅可以保障我国大众知情权,也能促进科研活动的开展经社会监督后,符合法律、伦理要求。披露的范围与程度应当考虑其商业秘密与知识产权等权利,但对于涉及科技伦理方面的重要科技风险信息,行政机关应当建立强制披露制度,如涉及人类基因编辑技术。此外,通过"主动披露,可适当减轻责任"等政策激励或执法手段的适度优化,也能促进科研机构为避免可能遭受的法律责任而尽可能地披露其所能披露的风险信息。

其次,须建立统一的风险信息集中平台。目前我国风险信息的发布、查询与汇总的平台存在横纵双向混乱、分散的问题,表现为中央至地方各级行政机关之间存有多级平台,地方的各地区之间又存在各自的平台,以及随着大数据

---

① 陈景辉:《捍卫预防原则:科技风险的法律姿态》,《华东政法大学学报》2018 年第 1 期,第 65 页。
② [德]乌尔里希·贝克:《风险社会》,何博闻译,译林出版社,2004 年,第 30 页。

的发展,各种网络媒体的涌现也加剧了混乱现状。民众对于如此之多的信息来源与各式信息,难以甄别其真假,甚至可能丧失对行政机关公信力的信任,这也成为公众风险认知提升及公众监督科学研究的严重阻碍。

因此,应当由政府进行风险信息的主动公开和对辖区科研企业披露的信息进行整理汇总并进行公布,对信息集中平台的搭建也应当设计简单、分类完整、易于操作,方便公众通过下载、连续访问的方式获得相关的科技信息。另外,国家也应当在中央层面建立全国风险信息集中平台,将各地的科技风险信息进行公布,以解决横向混乱。

最后,须简化风险信息发布程序。基于统一的风险信息集中平台,进一步地针对科技风险信息的对外公布程序进行适当的程序性简化,便于社会大众查询现有条件下的相关科技风险信息,为全面提升社会公众的风险认知提供可供操作的现实条件。

2. 社会治理之科技风险共治体系

党的二十大报告提出:"完善社会治理体系,健全共建共治共享的社会治理制度。"[①]质言之,在新时代,社会治理法治化应当构建基于行动交换、数据开放、信息共享、价值共创的多方互动共同体,[②]促进社会力量参与公共服务和公共政策过程的多方合作共同体。

而在科技风险领域,如本文图 1 所述,除科研机构、行政机关、专家等主体之外,社会公众的参与能够为风险规制决策提供社会理性,与科学理性并重。此外,公众作为风险规制举措的直接承受者,应当拥有对自身命运的掌握权,并且其对科技风险的接受程度也影响着政府作出的风险规制举措的实效。因此,行政机关应当主导建立具有交往理性的协商平台,其中,交往理性是属于法律谈判学的相关概念之一,其作用是促进各方主体就争议焦点能够通过相互理解、相互信任与共享信息,达成一份多方接受的商谈成果。[③]

在社会共治体系之协商平台的基础上,还需建立健全风险沟通程序。一方

---

① 《高举中国特色社会主义伟大旗帜为全面建设社会主义现代化国家而团结奋斗》,2022 年 10 月 16 日中国共产党第二十次全国代表大会。

② 刘琼莲:《社会治理共同体高质量发展的三重逻辑、推进重点与创新路径》,《天津社会科学》2023 年第 6 期,第 73 页。

③ 陈文曲、常学敏:《法律谈判:现代民事纠纷解决机制的基础:由法律谈判的概念展开》,《湖南大学学报》2019 年第 4 期,第 128 页。

面,专家、公众与科研机构等多主体的信息交换能够促进有关风险知识的增加,提升全民的公共安全和防范风险的意识。另一方面,风险沟通也能够实现现有知识的最大利用率;公众对相关风险能够得到正确、科学的知识普及,能够更理性地对待风险,可以有效杜绝民众跟风的非理性行为。

五、结语

诞生于人类社会科学技术发展之中的科技风险,源于社会科学知识的积累,其与传统社会风险相比,在不可预测性和破坏力方面具有显著差异。无论是科技发现之初便存在的内生风险,还是在科技运用之时才触发的外生风险,都表明科技风险与科技本身之间如影随形。这就使得人们生活中的不确定因素飞速提升,民众安全感与社会稳定性受到影响。这种不安全感促使人类不断深化对于科技风险的认识,进而有效实现风险规制。

但是,对于科技风险的行政规制存在治理困境。首先,主观上知识积累限度导致的无知,客观上风险的不可量化性,使得科技风险不可预测性广泛存在。其次,不可预测性也使得人们对于风险的规制缺乏一定的依据,使得风险规制不符合行政行为的依法行政、比例原则等基本原则,进而陷入风险规制的合法性困境之中。最后,行政机关难以作出合理准确的风险规制措施,科研机构所存在的逐利性,专家学者的科学理性与社会公众社会理性之间的冲突碰撞,表明风险行政中各类主体之间也存在价值冲突。

因此,在进行风险规制时应当在价值层面遵循依据现实与伦理的要求,即科技伦理治理,并将其确立为明确的法律进行规范统一。与此同时,基于风险在科学与事实上的双重不确定性,需要提升预防价值,遵循风险预防原则,在此基础上适当扩大政府对于风险的干预,并在法律中的具体操作上予以进一步的明确和规范。

根据科技风险的特征、规制困境、规制价值要求,可以得出我国科技风险行政规制的完善路径。在指导原则层面,确立容错与动态的风险行政规制原则,坚持采用风险预防原则与本益分析手段,加强科技风险规制与自规制监管手段的调整。在宏观研究层面,建立政府主导的风险规制研究体系,充分发挥政府的统筹兼顾作用,发挥各方优势,协调兼顾各方利益。在社会共治层面,首先需要健全社会大众知情权保障制度,其次需要完善社会治理之科技风险共治体系,知情权保障是实现共治保障的必要前提和措施,而实现社会共治又是知情权保障的存在所欲实现的目标与价值。

　　人们常说科技是一把双刃剑,以此来表明科技的两面性。事实上,科技更像是悬在人类头顶的达摩克利斯之剑,其既可以带来权力与财富,也可以带来灾难与毁灭。因此,科技风险就像是达摩克利斯之剑在各种风吹草动中的微颤,未知但需时刻警惕。这种倾听并非草木皆兵的亦步亦趋,而是在深思熟虑之下对不可预测性进行解构,真正做到防患于未然。

紧急状态下行政紧急权的法律规制

丁相中*

摘　要：紧急行政权是一项必要而又危险的权力。其必要性在于在危急情况下，紧急行政权是应对危机所必需的手段；危险性在于难以确定行政紧急权行使的边界，极易克减公民权利。行政紧急权作为行政机关在紧急状态下合法享有的一项权力，需要由宪法和法律进行严格规制。基于此，本文以行政紧急权的必要性和危险性为出发点，进而分析紧急状态下行政紧急权在法律的规制方面存在的诸多问题，最后提出相对切实可行的完善建议，旨在通过分析明确紧急状态下行政紧急权的状况，完善其法律规制。

关键词：行政紧急权；紧急状态；规制

　　当前我国宪法规定的应急制度呈现为二元结构，即战争状态和紧急状态[1]。2020年，新冠疫情席卷全球，众多国家先后宣布本国进入紧急状态，政府的行政紧急权开始发挥作用以应对危机，并且在全球范围内，行政紧急权行使的强度和广度呈现不断增长的趋势[2]。行政紧急权最显著的特点是其暂时性地打破了现有的公民权利与政府行政权的常态平衡，扩大了行政权力，缩减了公民权利，当危机解决时再恢复到常态下的平衡。行政紧急权犹如一把双刃剑，面对重大危机，行政权力的扩大与集中的确是一种非常重要，甚至是必要的手段，能够尽快解决国家和社会的危机，保障社会和公民权利，挽救国家和人民于危难之中。然而，行政权力的扩大与集中的代价是公民权利的缩减。在现代社会，在考量克减公民权利时，应当慎之又慎，行政紧急权肆意扩大，甚至滥用，

---

　* 丁相中，男，江南大学法学院硕士研究生。
　① 于安：《国家应急制度的现代化：紧急状态立法的背景》，《法学》2004年第8期，第4页。
　② 郑玉双：《紧急状态下的法治与社会正义》，《中国法学》2021年第2期，第107页。

不仅会侵犯公民权利,还会将国家和人民推向新的灾难[①]。紧急状态下行政紧急权的行使、控制以及监督等一系列问题逐渐成为社会关注的焦点。那么危机之下,行政紧急权是否必须存在? 若确实必要,如何控制这种必要但又危险的权力则是一个核心问题。本文力求在宪法和法律规制的层面探讨这一问题,同时也期望为未来《紧急状态法》的立法提供一些建议。

一、行政紧急权存在的必要性

(一)行政权力扩大是应对危机的最佳方式之一

必要性的第一层含义是,政府行政权力在紧急状态下,行政权力暂时性的扩大具备必要性。尽管在现代社会,重大自然灾害、事故和传染病流行等危机相对少见,但每一次重大危机都对国家和社会构成严重威胁。从保障公民的生命健康权利、确保国家社会体制正常运行到维持社会秩序的正常运转,都需要一项合法、集中、高效的风险管控的力量,而这正是行政机关的行使紧急权所具备的天然优势。因此,行政紧急权成为应对此类事件的最佳选择之一。

以新冠疫情为例,新冠疫情被世界卫生组织列为"突发公共卫生紧急事件",将突发新型传染病疫情等非传统安全风险的高度不确定性和广泛影响性彰显无遗。此类危机是难以预见的,通常情况下,我们对战争、内乱等重大事件保持时刻警惕,对于有预见可能的自然灾害等突发事件,也能够在现有的法治框架下有效应对[②]。然而,对于传染病疫情、特大地震等重大突发事件,客观上则需紧急采取改变现有治理结构的非常规的应急措施予以应对,而这正是行政紧急权的优势所在。

(二)权利克减的最终目标是权利保障

必要性的第二层含义是,对权利的克减具备必要性。行政紧急权最令人担忧的则是公民权利的克减,因为行政紧急权的运行必然会给公民权利造成或大或小的限制,尤其是对于公民人身自由权利的限制。

公民权利的克减主要体现在两个方面。一方面,对公民权利直接克减,以限制公民权利为表现方式。从法律规制的角度来看,《突发事件应对法》第 7 条

---

① 江必新、黄明慧:《论紧急行政权的限度》,《行政法学研究》2022 年第 5 期,第 111 页。

② 周振超、张梁:《非常规重大突发事件"紧急行政"模式的法治优化》,《中国行政管理》2021 年第 2 期,第 137 页。

规定了县级以上人民政府对本行政区域内突发事件享有制定措施和处置事件的权力，政府可以制定限制公民权利的措施对其直接克减；第 12 条规定了为应对突发事件，政府有权征用单位和个人的财产，此条是对公民的财产权利的直接限制；第 13 条规定了特殊情况下的突发事件可能导致诉讼程序中止，此条是对公民程序权利的直接限制。此外，《传染病防治法》第 43 条规定了传染病暴发时行政机关应对危机的权力，包括封锁大中型城市。另一方面，对公民权利间接克减，以增加或变相增加公民义务为表现方式。《突发事件应对法》第 11 条第 2 款规定了公民、法人和其他组织有配合参与政府采取的应急措施的义务。此条是对公民义务的增加，以更好地应对突发事件。

然而，《突发事件应对法》同时也对上述克减权利的行为做出了限制。该法第 11 条第 1 款规定："有关人民政府及其部门采取的应对突发事件的措施，应当与突发事件可能造成的社会危害的性质、程度和范围相适应；有多种措施可供选择的，应当选择有利于最大程度地保护公民、法人和其他组织权益的措施。"该条款包含着双重限制，前半句要求紧急措施必须与危机的严重程度相适应，即制定与本次危机相适应的措施，以有效、迅速地解决危机，恢复正常的社会状态；后半句则要求紧急措施的目的必须是保护公民、法人和其他组织权益，这也是行政紧急权存在的正当性基础。因此，在紧急状态下，为了保障公民的生命财产安全，必须在一定范围内有限制地牺牲部分私权利，从而使政府得以行使行政紧急权来恢复社会秩序①。

（三）公共利益的相对优位性

必要性的第三层含义是，限制公民个人权利以实现公共利益最大化具备必要性。关于个人利益与公共利益的关系，在古希腊时期，政府的存在是否具备正当性和合法性由公共利益作为价值判断标准。亚里士多德认为，正当的整体必须要照顾到公共利益②；近代西方公共利益观把"合意"视为国家产生之基础以及权力合法性之根源。洛克认为，政治社会是人们自愿结合与选择的结果③；卢梭认为，一切国家权力来自人民，国家权威源自公共利益需求，治理社会就应当完全根据公共利益④；霍布斯认为，国家的本质就是一大群人相互订

---

① 周佑勇：《紧急状态下的人权克减与保障》，《法学杂志》2004 年第 4 期，第 21－22 页。

② ［古希腊］亚里士多德：《政治学》，吴寿彭译，商务印书馆，1965 年，第 133 页。

③ ［英］洛克：《政府论》（下），瞿菊农、叶启芳译，商务印书馆，1964 年，第 63 页。

④ ［法］卢梭：《社会契约论》，何兆武译，商务印书馆，2003 年，第 31 页。

立信约,每个人都对他的行为授权,以便能够运用更大的力量维护和平与共同防卫①。

同样的,在现代处理个人利益与公共利益的关系时,通常坚持三个原则。其一,发生冲突时,公共利益较个人利益更具备优先性,即在价值衡量上,公共利益通常大于个人利益。其二,公共利益逐渐从限制个人利益的正当性条件转变为合法性条件。其三,个人利益是有限的,并且以公共利益为限。正如我国《宪法》第51条规定:"中华人民共和国公民在行使自由和权利的时候,不得损害国家的、社会的、集体的利益和其他公民的合法的自由和权利。"其四,公共利益逐渐从限制个人利益的正当性条件转变为合法性条件。在某种程度上,公共利益意味着公权力剥夺公民权利的合法性②。最典型的是我国《宪法》第13条第3款的规定:"国家为了公共利益的需要,可以依照法律规定对公民的私有财产实行征收或者征用并给予补偿。"基于公共利益的目的,国家能够合法的克减公民的财产权。

因此,公共利益源自个人利益,又服务于个人利益。公共利益最终仍将转化或还原为个人利益。公共利益向个人利益的转化过程,最终使得公民的个人利益得到实现和拓展③。体现在行政紧急权上,则是以扩大行政权力为手段,以为维护公共利益为目的,此时行政紧急权的目的既是个人利益的让渡,同时又是对公民个人利益的保障。换言之,行政紧急权不仅表现为行政公权力的扩张和公民个人权利缩限的关系,两者还存在相互依存的公共一致性关系。作为个人利益让步的结果,公共利益的维护是必要的。因此,通过行政权力采取必要的对公民个人权利的克减与限制,以应对紧急情况,采取非常规的手段抵抗突发事件对于公共利益的侵害,最终保障公共个人利益,从而实现公共利益最大化④。

二、行政紧急权必要性的限制

正如前文所述,行政紧急权是国家治理紧急状态的一项必需的权力,具备

---

① [英]霍布斯:《利维坦》,黎思复、黎延弼译,商务印书馆,1985年,第132页。

② 曾祥华:《公共利益的界定方法探讨》,《山西师大学报(社会科学版)》2011年第2期,第67页。

③ 陈书笋:《行政紧急处置权的法理解读》,《法学论坛》2011年第6期,第154页。

④ 苏海雨,郑文盛:《突发公共卫生事件中应急治理的法治化保障》,《中国卫生事业管理》2022年第5期,第359-360页。

必要性的理论基础。"必要"是行政紧急权能够超越常态下法律的正当性和伦理性理由的关键因素,但同时也是法律规制行政紧急权的最大障碍①。行政紧急权的必要性解决了其存在的正当且合法的问题,但其应当如何存在则是另一个需解决的问题。对行政紧急权必要性的限制应当从两个方面考量。如图1所示,其一,行政紧急权的最大范围。作为国家治理紧急状态的必要权力,行政紧急权要将"利维坦"关进笼子里,首先要为其活动的"笼子"限定一定范围的空间,并且行政紧急权相对于一般的行政权力更强大,在国家行使政府行政权力时,更像是一个强化版的"利维坦",而公平法律则是它的理智,因此应当让行政紧急权在应有的法制空间里运行。其二,行政紧急权的适度范围,行政紧急权的最大范围是最外围的界限,国家面临特别重大的紧急状态时,即最严重的情况下,其行政权可以在限定的最大范围内行使。但行政紧急权并非始终在最外围边界活动,对于非重大紧急状态,则应当在一个适度的范围内活动。

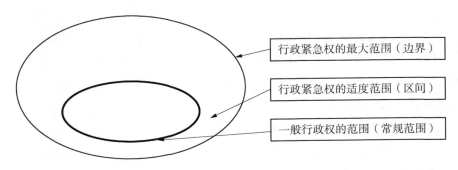

图1 行政紧急权的限度

(一)行政紧急权行使的边界

"有权力的人们使用权力一直到遇有界限的地方才休止"②。正当的权力一定有合理的边界,否则一定会造成权力的滥用。所谓的边界或者最大范围,也正是对公民基本权利的最低保护标准,这是公民作为人所享有的核心基本权利。

首先,行政紧急权的本质的是行政权,紧急状态下国家活动的主要特征,是国家权力呈现向国家行政机关集中的趋势,并主要由行政机关实行集中统一指

---

① 孟涛:《紧急权力法及其理论的演变》,《法学研究》2012年第1期,第115页。
② [法]孟德斯鸠:《论法的精神》(下),张雁深译,商务印书馆,2004年,第184页。

挥和采取非常控制措施。但是，即使在紧急状态下，仍然要严格区别行政权、立法权和司法权，既不能借紧急状态之由突破权力制约与分工的法治原则，更不能以行政权替代其他国家公权力，尤其是扩大权力后的紧急行政权。

其次，行政紧急权行使的基础是紧急状态。在2004年宪法修正案后，宪法规定了三类非常法律状态，即紧急状态、战争状态和动员状态。紧急状态作为一种非常法律状态，其目的是维护国家和社会安全，有效应对危机。在处理危机时，国家采取的限制公民基本权利的手段从未被认为是完全自由。并且，一旦紧急状态结束，行政紧急权要即刻退回一般行政权的界限之内。当然，如果客观情况并不需要具有这种特征的国家活动，采取一般法律措施就可以控制局面，此时就不需要实施紧急状态。

最后，限制公民权利与解决紧急事件应当密切联系，行政紧急权的行使导致行政权力的扩大，公民权利的克减，这是必然的，但也是有限制的。当权力扩大到最大边界时，仍然必须符合以下要求：一方面，克减的公民权利是必需的，换言之，若限制公民权利与解决紧急事件没有关系，则没有必要去限制，也不应当去限制；另一方面，即使目的正当，法律保留的权利也要谨慎限制，比如对公民人身自由的限制，这类基本人权与人类的尊严是不可分割的①，即并非公民所有的权利都可以克减。

（二）行政紧急权行使的适度范围

所谓"范围"指的是从一般行政权的边界到行政紧急权的边界，即行政紧急权所能"活动"的整个区间。而"适度"要解决的问题是，在该区间范围内，应对不同的紧急状态，行政紧急权行使的权限应当如何做出调整。详言之，行政紧急权在紧急状态下可以超出常态下的一般行政权的法律规范，但是不能超过上述行政紧急权行使的边界，并且应当对紧急状态划分等级。例如，《突发事件应对法》第3条第2款的规定："按照社会危害程度、影响范围等因素，自然灾害、事故灾难、公共卫生事件分为特别重大、重大、较大和一般四级。"虽然《突发事件应对法》所规定的这四个级别的事件并非严格意义上的紧急状态等级划分，但是在目前宪法和法律未做出明确规定的情况下，可以参照适用该等级划分。不同等级下的行政紧急权也应相应地有所调整，使其既能够具体情况具体分

① 郭春明、郭兴之：《紧急状态下人权保障的比较研究：国内法和国际人权法的视角》，《比较法研究》2004年第2期，第45页。

析,满足应对不同程度的危机,更重要的是,能够在政府权力的适度扩张与公民权利的限缩之间取得尽可能的平衡。

三、行政紧急权的滥用危险

相比公民私权之间的冲突,政府与公民发生冲突时,由于政府拥有强制力量和优益权,尤其是政府在滥用行政紧急权时,公民往往是冲突的失利者[①]。行政紧急权虽然可以在应对危机时,行政紧急权能够有效发挥其他手段所不具备的优势,从而维护国家和公民的根本利益,但正如前文所述,相比一般行政权,行政紧急权最显著的特点之一是行政权力的扩大,公民权利的克减。该特点包含两方面的内容:其一,行政权力的扩大表现为行政机关在紧急状态下拥有超越常规权限的权力,某些实体法律规范无法约束行政紧急权,相关程序性规定亦不适用于行政紧急权。这种情况下,行政机关的权力容易被滥用,公民的权利极易受到侵犯;其二,行政权力扩大还表现为权力过度集中,某些政策和措施的出台通常无需经过严格的程序审查,而且相比正常状态下的一般行政权,也缺乏清晰明确的标准和有效的审查监督。

因此,明确了行政紧急权的潜在危险性,在一定程度上也就明确了对行政紧急权进行规制的必要性。

(一)紧急状态下权力与权利的平衡难以稳定

行政紧急权的行使犹如行政机关上方悬着一把"达摩克利斯之剑",行政机关在获得行政权力扩张的同时,同样也面临着与之增加的两项重要的义务,即有效而高效地解除紧急状态,并全面并且合理地保障公民权利。否则当这把剑落下之时,行政机关失去的不仅仅是公民对行政紧急权的信任,更严重的是它将会加重危机事件的扩大。

我国《宪法》第33条第3款规定:"国家尊重和保障人权。"不论何时,即使在紧急状态下,国家依然要履行其人权保护义务,保护人民的生命、自由和财产权利。然而行政机关欲提升行政紧急权对危机的控制,对公民权利的克减的风险随之愈加强烈,这样的"风险治理"给法治所带来的挑战就是权力与权利的平衡难以稳定[②]。根据实践研究,国际法学家协会在1983年研究了发生紧急状

---

① 曾祥华:《必要、困难与前提:也谈公共利益的界定》,《江南大学学报(人文社会科学版)》2009年第1期,第48页。

② 王贵松:《风险行政与基本权利的动态保护》,《法商研究》2022年第4期,第18-19页。

态的 19 个国家,其结果显示行政紧急权的行使往往伴随着对公民权利的严重侵犯。

(二)行政紧急权滥用容易滋生腐败

在紧急状态下,政府行政权力扩大,其目的之一是为了迅速、有效地应对当前的危机,力求迅速解除紧急状态,恢复正常的社会秩序。因此,紧急状态下的某些措施往往是为了追求效率,没有严格遵守常态下制定措施的法律程序,并且其透明度、审查力度和监督力度等相对较弱。"权力过度集中,缺少有效监督,必然导致腐败"①。此时,便产生了行政机关内部腐败的滋生的土壤,而腐败所带来的问题则是加剧了危机的破坏性,并使公民权利更容易受到侵犯。

四、我国行政紧急权运行存在的问题

(一)紧急状态的定义不明确

《宪法》第 67 条规定,全国人大常委会有权决定全国或者个别省、自治区、直辖市进入紧急状态;第 80 条规定,国家主席有权依据宪法宣布进入紧急状态;第 89 条规定,国务院有权依照法律规定决定省、自治区、直辖市的范围内部分地区进入紧急状态。这些规定在 2004 年宪法修正案中由"戒严"一词修改为"紧急状态",强调了行政紧急权的行使前提基础是紧急状态,从立法上来说,完善了国家机关行使紧急权力的宪法规范②。

行政紧急权行使的前提是紧急状态,因此,首先应当明确紧急状态的定义。紧急状态作为一个法律概念,是由国家制定和认可的术语,实质上是指相当程度危险下一国国内的社会状态③。因此,当一国之内出现了正在发生或是迫在眉睫的严重威胁国家安全、公共利益和公民权利的事件时,实质上该国已经进入了紧急状态。然而,在形式层面,紧急状态通常处于休眠状态④,并且从各国应对危机事件的实践中看,紧急状态的宣布往往具有滞后性,甚至是被束之高阁。新冠疫情全球大流行时,多个国家相继宣布进入紧急状态。与此同时,我国全国人大常委会和国务院并未使用宪法所赋予的紧急状态决定权,而是由各

---

① 王祯军:《行政紧急权的性质、问题及规制:以权利保护与反腐败为视角》,《大连干部学刊》2011 年第 11 期,第 36 页。

② 莫纪宏:《完善我国应急管理的立法工作迫在眉睫》,《中国减灾》2008 年第 5 期,第 19 页。

③ 常璐、杨成梁:《"紧急状态"、"战争状态"概念及辨析》,《当代法学》2005 年第 2 期,第 132 页。

④ 李昊:《紧急状态的宪法实施机制与完善路径》,《法学论坛》2021 年第 1 期,第 103 页。

省、自治区、直辖市自行启动了"特别重大突发公共卫生事件一级响应",但事实上各地区采取的大量应对措施,就是紧急状态所属的领域①。在我国,现行《宪法》中关于紧急状态的定义并不明确,即没有明确何为紧急状态,亦没有明确在何种情况下相关机关可以或应当决定紧急状态。因此,在出现危机事件时,是启动紧急状态还是应当采取其他措施依然处在混淆状态。从长远来看,紧急状态概念上的不明确会降低社会公众对政府的信任,减损宪法的尊严和权威②。

此外,宪法所规定的"紧急状态"与《突发事件应对法》中的"突发事件"之间也存在事实上的混淆。在应对紧急事件时,如何区分判断"紧急状态"和"突发事件"也是问题所在。

(二)行政紧急权的启动和终止程序缺少

宪法规定了紧急状态的决定和宣告制度,但未明确解决以下问题:其一,在启动的决定程序方面,紧急状态的决定应当适用何种程序? 包括表决人数、决定不通过再次提起表决的条件,以及无法召集开会时如何宣布紧急状态的内容;其二,在启动的范围方面,全国或者部分地区适用紧急状态的条件应该如何判断? 详言之,当全国有过半数的地区满足了紧急状态的宣告条件时,此时应当适用上述部分地区,还是应当在全国范围内宣告? 其三,在持续时间方面,紧急状态的期间是多久? 延长条件和终止条件是什么? 宪法目前尚未规定。

显然,上述问题的明确,对于行政紧急权的启动和终止至关重要。一方面,这有助于实现程序正义,对于公民而言,行政紧急权的启动意味着公民权利的克减,此时,获得在行政紧急权的启动和终止程序上的公正对待,是权利被克减的公民作为道德主体所应得到的尊重③。另一方面,明确的程序是对行政紧急权的严格控制。行政紧急权的启动和行使是为了有效应对危机,在解决危机上,缺乏宪法和法律依据的最大问题是无法把握有利时机以应对危机,甚至无法正式宣布宪法所规定的"紧急状态"。这也一定程度上解释了为什么我国在2008年汶川大地震和2020年新冠疫情时没有正式宣布紧急状态,反而是采取了其他与"紧急状态"相当的措施来应对危机。

---

① 梅扬:《紧急状态的概念流变与运作机理》,《法制与社会发展》2023年第6期,第77页。
② 谢士衍:《论我国紧急状态的决定和宣布》,《上海政法学院学报》2022年第5期,第77-78页。
③ 陈瑞华:《程序正义的理论基础:评马修的"尊严价值理论"》,《中国法学》2000年第3期,第150页。

（三）行政紧急权授权不明确

行政机关行使行政紧急权必须严格遵守"法无授权不可为"（也称为"法无授权即禁止"）的宪法原则。要想严格控制行政机关的行政紧急权，把权力关进"笼子"里，这项原则就是笼子的一根重要的基础性支柱①。这也是绝对主义模式下行政紧急权与法律的关系，即无论何种情况下，行政紧急权必然在宪法和法律的范围之内活动。

目前，我国宪法并未明确规定行政紧急权的授权问题。宪法授权性规范构成了确定国家机构活动的宪法基础②，我国宪法规定了决定和宣布紧急状态的主体，在紧急状态下，宪法授权性规范实际上是对行政机关的一种法律限制，即限制行使行政紧急权的行政机关的级别、行使行政紧急权的方式以及行政紧急权的权限范围等。行政紧急权授权不明确带来的问题是，行政机关行使行政紧急权的合法性和正当性存在质疑的空间。从公民的角度来看，授权不明确的情况下行政机关行使行政紧急权本身就是对公民权利的一种侵害。值得注意的是，虽然宪法没有明确授权，但行政机关行使行政紧急权并不是必然丧失正当性。这里的法理基础是"为公共利益的目的"和"良性违宪"。典型如1988年以前的深圳，为了经济发展，深圳将土地使用权出租，突破了土地不得出租的宪法规定，这显然是一个违宪行为，但其目的在于发展生产力和维护国家根本利益，因此也被称为"良性违宪"③。

（四）紧急状态下的行政公开制度不健全

行政公开是保障公民的知情权、参与行政管理权和行使监督权的基础和前提条件④。在紧急状态时期，政府行使行政紧急权可能涉及更多的措施和颁布更多的行政规范性文件。此时涉及两个问题：其一，对于新制定的措施和新颁布的行政规范性文件，若法律没有明确要求必须公开，行政机关是否应当主动、及时地公开这些政府信息？其二，政府因采取应对紧急状态的措施所收集的公民个人信息应如何进行公开？

行政公开对公民利益有着直接、现实的影响，同时对于行政机关来说，紧急状态下的行政公开又面临着两个普通而棘手的问题：其一是行政机关"善意的

---

① 童之伟：《"法无授权不可为"的宪法学展开》，《中外法学》2018年第3期，第571页。
② ［德］康拉德：《联邦德国宪法纲要》，李辉译，商务印书馆，2007年，第575页。
③ 郝铁川：《论良性违宪》，《法学研究》1996年第4期，第89-91页。
④ 曾祥华：《诚信政府与信息公开》，《山东科技大学学报（社会科学版）》2009年第3期，第21页。

谎言"。面对危机或安全威胁,公众容易产生恐慌,而恐慌是扰乱社会秩序最快的手段之一,加之我国人口基数大,社会秩序更加难以稳定。此时,行政机关的行政公开往往会采取部分隐瞒或渐进式的告知方式,以防止危机信息对社会秩序造成冲击。其二是行政机关"恶意的谎言"。行政机关的领导基于政绩的考量,瞒报谎报的事情常有发生。在紧急状态下,行政关系的信任危机的危害可能远大于危机本身。

此外,政府信息公开制度还面临着常态和紧急状态下都面临的一些共同的问题。主要包括政府信息公开具有滞后性、缺乏对信息公开的监督和公民权利的救济。实践中往往是下级行政机关在执行上级机关的命令,不仅缺乏信息公开的动力,还有因为命令下达或上报上级机关而导致的公开不及时;对行政机关信息公开的监督也往往来自公民而非其他机关,同时,当前对于公民权利的救济并没有完善的措施和规则,尤其在紧急状态下,侵犯公民知情权的概率大大增加,因此,对公民知情权的救济显得尤为重要。

（五）行政紧急权的监督机制不健全

前文已述,在紧急状态下,政府行使行政紧急权存在行政权力滥用的危险。因此,行政紧急权必须进行监督,并且对其监督应当具备相对比较完善的监督体系。然而,当前的法律规制现状并未达到这一标准。

我国《宪法》第67条第1款、第6款和第7款规定,全国人大常委会有权监督宪法实施,有权监督国务院的工作,有权撤销国务院制定的同宪法、法律相抵触的行政法规、决定和命令。除《宪法》外,《突发事件应对法》和《传染病防治法》等仅仅规定了行政机关直接负责的主管人员和其他直接责任人员的法律责任,显然这是一种事后的、注重权力行使的实体结果的监督。对于行政紧急权的行使程序并无监督,这显然是不合理的,甚至在一定程度上默认了"毒树之果"的存在,因为不合理的程序也会存在看似正确的结果。当然,也有一部分法律法规规定了相关的监督措施,如《防震减灾法》第40条规定了防震减灾的审计监督。可见,行政紧急权缺乏有针对性的监督[①]。并且这样的监督措施并没有触及行政紧急权的滥用问题的核心,核心问题在于行政紧急权行使的合法性审查和合理性审查的不足。

此外,除了宪法和法律,关于"突发事件""紧急事件"的规定,更多的是在行

---

① 季卫华:《论我国行政紧急权的运行及法律规制》,《法律适用》2010年第Z1期,第126页。

政法规层面,例如《突发公共卫生事件应急条例》《森林防火条例》《地质灾害防治条例》等。同时,根据《立法法》第8条第5款规定,公民人身自由限制的强制措施属于绝对保留事项,当行政机关适用行政法规的应急条款行使行政权力时,显然不是完全意义上的行使行政紧急权。

五、行政紧急权的法律规制

在讨论行政紧急权的法律规制之前,首先需要明确一个问题:法律能否规制行政紧急权? 洛克认为,作为"守夜人"的政府,其主要任务是保护公民的个人自由和财产权,因此,即使在紧急状态下,政府的首要任务仍是保护国家,而不是严格地遵守现有法律[①]。哈耶克认为,国家紧急权的本质是"法外权力",是现有法律没有规制下的为公民保护或者谋求"公共福祉"的一种法外特权[②]。可见,按照上述理论逻辑,法律并不能规制行政紧急权,其辩护理由可以概括为"为了自然权利"的目的。但是,显然这种突破法律规制特权的自由主义模式一定存在突破现有法治体系的危险。难道只要以上述目的为辩护理由,政府就可以突破宪法和法律吗? 行政紧急权对于政府的诱惑无疑是巨大的,一旦可以突破法律,那么超越法律的权力将会变成无限制的权力[③]。但是,对于将行政紧急权锁死在现有法律规范之内的绝对主义模式,同样不能够及时有效地应对危机。法律具有滞后的局限性,它总是落后于社会发展,并随着社会的发展而有所调整适应。显然,这种模式无法迅速回应突发危机的不确定性和多变性。

考虑自由主义模式和绝对主义模式各自的优劣势,相对主义模式认为,行政紧急权的规制必须要依据宪法和法律,同时在形式法治的框架内活动。此外,还要坚持紧急状态下的实质法治,即在危机和风险的不确定环境中,要求政府必须具备应对危机的灵活性,其行政权力应当适当扩张,可能会暂时突破常态下现有的法律,但不会突破整个法治体系,正如前文所述,行政紧急权是有限度的。

---

① [英]洛克:《政府论》(下),瞿菊农、叶启芳译,商务印书馆,1964年,第101页。
② [美]哈耶克:《法律、立法与自由》(第二、三卷),邓正来等译,中国大百科全书出版社,2000年,第450页。
③ 戚建刚:《绝对主义、相对主义和自由主义:行政紧急权力与宪政的关系模式》,《法商研究》2004年第1期,第58页。

因此，行政紧急权的法律规制是必然的，权利克减最终是个宪法和立法问题[①]，行政紧急权的规制应当首先从宪法和立法的角度分析，结合前文的行政紧急权运行存在的问题，既考虑行政紧急权的必要性和其受限范围，又要评估现有法律规制和实践中的不足之处，从而尽可能地从宪法和法律层面规制行政紧急权。

（一）明确紧急状态的定义和条件

首先，通过宪法对"紧急状态"的确立制定原则性的判断标准。这一标准既要在语言上以共性概括的方式表达紧急状态下可能涉及的所有威胁，还要避免完全专断地定义紧急状态[②]。这样做符合宪法的原则性和概括性的特性，因为紧急状态不可能在宪法中以条文的形式详尽地罗列出来。规定"紧急状态"时，要明确紧急状态的概念，采用共性的表述，例如"紧急状态是国家安全、社会秩序、人民权利受到威胁"，以此为依据有一个原则上的判断标准。当符合紧急状态的条件时就应当宣布，而不需要以《突发事件应对法》中的"应急响应"来应对本该宣布紧急状态的情况。同时，借此区分判断"紧急状态"和"突发事件"。

其次，建议制定《紧急状态法》。一方面，对宪法的"紧急状态"概念所包含的内容和条件进一步细化，对紧急状态进行界定；另一方面，明确行政紧急权的行使主体，不仅要规定决定和宣布紧急状态的机关，还应明确由何种机关行使行政紧急权，以防行政机关滥用紧急权力。此处可以参考《戒严法》中对"戒严"的规定，但是，考虑到行政紧急权的危险性，应当严格限制省级政府行使行政紧急权。因此，建议全国范围、省级范围以及省级部分范围的紧急状态由国务院行使行政紧急权，对于省级部分范围的紧急状态，必要时可由国务院授权省级政府行使。

最后，考虑设置常态化的紧急状态咨询和预警机构。该机构的主要任务是专业化地掌握对紧急状态的定义和条件，类似"吹哨人"机制，在危机爆发前由专业的机构作出评析，并形成应对危机的缓冲区。

（二）明确行政紧急权启动和行使的程序

行政紧急权的启动和行使是否受到程序制约是控制该权力的关键。目前，

---

① 刘小冰：《紧急状态下公民权利克减的逻辑证成》，《法学》2021 年第 7 期，第 34 页。
② 初红漫：《权力规范与制衡的法律机制比较研究：以中美比较为视角》，《河北法学》2011 年第 2 期，第 130 - 131 页。

现有的法律规定了紧急状态时期政府的行政权力和公民权利的限制、义务的增加。以程序规制行政紧急权显得尤为重要。

从宪法规制来看,其一,在启动的决定程序方面,可以规定紧急状态的决定由全国人大常委会进行表决,表决应获得 2/3 以上全国人大常委会全体组成人员的同意。在紧急情况下,可以召集临时会议或者紧急会议进行表决。其二,在启动的范围方面,由《紧急状态法》等法律明确具体规定,若危机覆盖全国范围或者覆盖全国过半数省、自治区、直辖市,应当宣布全国范围进入紧急状态;若覆盖不足全国的省、自治区、直辖市的半数,则应当宣布该省、自治区、直辖市进入紧急状态;仅覆盖省、自治区、直辖市的部分范围,则宣布该部分范围进入紧急状态。其三,在紧急状态的持续时间方面,可以由宪法或者《紧急状态法》等法律规制。考虑实践情况,可以规定以 1 至 3 个月为期限[1],同时可以根据紧急状态的情况延长。延长和终止的程序应当等同于紧急状态启动的程序。

从法律规制来看,行政紧急权行使的规范可以由未来制定的《紧急状态法》来具体化。在行使的原则方面,要坚持以下原则:其一,坚持程序理性原则。程序理性是为了限制行政机关滥用行政紧急权而提出的。根据危机程度的不同,可以分成不同等级,所行使的行政权力大小由该等级决定。其二,坚持尊重人权原则,在尊重公民基本核心权利,如生命权、个人尊严和人身自由等最低人权标准的基础上[2],尽可能地保护和尊重公民的其他人权,如财产权。其三,坚持诚信公开原则。行政紧急权的行使必须在阳光下进行,接受监督。从行使的具体规则方面,相关规定应当详细具体,如强制隔离措施、强制疏散以及强制检疫等措施的规定。同时,制定规则赋予行政机关适当自由裁量权,以弥补规定的未尽之处,并在事后对自由裁量权的行使进行合法性、适当性审查[3]。

(三) 完善行政紧急权的授权

关于行政紧急权的授权问题,宪法不可能将所有授权问题都详细规定,相对原则性的规定更为实际[4]。对于被授权的主体和授权事项应当明确规定,其

---

① 王祯军:《论紧急状态启动的宪法规制》,《河北法学》2014 年第 10 期,第 55 页。
② 张婧飞,任峰:《论对行政紧急权的规制:以最低限度的程序正义为标准》,《云南大学学报(法学版)》2007 年第 3 期,第 25 页。
③ 范旭斌:《紧急状态下政府行政紧急权力的法律规制》,《学术界》2004 年第 6 期,第 61 页。
④ 秦小建:《全国人大常委会授权的宪法定位及合宪性展开》,《中国法学》2023 年第 1 期,第 169 页。

他具体规则可以以原则的方式规定,并由未来的《紧急状态法》或者其他法律加以具体化和明确化。

可以考虑由宪法规定,全国人大及其常委会授权国务院制定行政紧急处置规则①,相应的,《立法法》中的有关行政紧急权的授权的规定随之修改。由未来的《紧急状态法》对授权后的国务院的行政紧急处置规则的制定权加以明确具体的规制。

此外,行政紧急权的授权应当坚持法治原则、尊重人权原则和行政效率原则,即行政紧急权的行使必须以法治的框架为范围,以保障公民的权利为目的,以快速解决危机为手段。因此,一方面要明确被授权主体,以最大程度发挥行政紧急权优势并具备应急能力,如公安部门;另一方面要明确授权范围和期限,以危机程度和危机所涉及管理部门为标准,根据具体情况合理授权。

(四) 健全紧急状态下的行政公开机制

"没有公开则无所谓正义"②,在紧急状态下,政府信息公开旨在实现公民的知情权和监督权,以此来控制行政紧急权的行使。

根据《政府信息公开条例》第 10 条第 10 款规定,突发公共事件的应急预案、预警信息及应对情况,行政机关应当主动公开。紧急状态时期,与紧急状态有关的措施和行政规范性文件,除法律禁止公开的,原则上政府应当主动及时公开③。对于因采取应对紧急状态的措施而收集的公民个人信息,除为了应对疫情和行政相对人的申请外,原则上不得公开。

此外,对于行政机关的两类"善意的隐瞒",不管是基于社会秩序,还是政绩的考虑,其本质是行政机关对自身能力的严重不信任。一方面,行政机关应对危机的应变能力不够,从而担心无法掌握局面,冲击社会秩序;另一方面,在紧急状态下,行政机关对公民是否信任政府持怀疑态度,从而在公开信息时担心听到异样的声音,从这一角度也解释了为什么一国政府在遭受重大危机后担心出现执政危机。然而,命令与服从的对抗关系并不是现代社会的行政关系所要求的,而应当是一个合作关系,而"合作是一个过程"④。行政关系的双方在长

① 王祯军:《论行政紧急权的宪法规制》,《河北法学》2014 年第 7 期,第 58 页。
② [美]伯尔曼:《法律与宗教》,梁治平译,生活·读书·新知三联书店,1991 年,第 48 页。
③ 马怀德主编《应急反应的法学思考》,中国政法大学出版社,2004 年,第 291 页。
④ [美]庞德:《通过法律的社会控制·法律的任务》,沈宗灵、董世忠译,商务印书馆,1984 年,第67 页。

期的相互信任的过程不断合作,如此一来,即使在紧急状态下,取得更多信任的行政紧急权也能更好地应对危机。

（五）健全行政紧急权的监督机制

行政紧急权具有滥用的危险,有必要对该权力进行监督。我国目前对于行政紧急权的监督侧重事后监督。笔者认为,对行政紧急权的监督应当是全过程的,要充分发挥当前我国已建立好的监督机制,并在此基础上进一步完善法律法规的不足。

我国的法律监督分为国家监督和社会监督,对行政紧急权的国家监督主要包括四个方面。第一,权力机关的监督。全国人大常委会有权对国务院发布的相关行政紧急处置规则进行合法性审查,以行使撤销权的方式进行监督,此外,对于繁多的行政法规的应急措施,监督的任务可能更加繁重,并且监督应当是以是否违反法律的保留事项为重心。第二,监察机关的监督。对行政紧急权行使过程中的渎职和腐败行为进行监督。第三,司法机关的监督。在紧急状态下,行政机关所采取的应急处置措施属于法律行为,具有可诉性①。因此,主要是通过人民法院审理行政诉讼案件,救济行政机关行使行政紧急权过程中侵害的公民权利,审查行政机关的行政紧急行为的合法性。第四,行政机关的监督。以上下级行政机关的一般行政监督和以审计监督等专门行政监督为主,以行政复议和行政机关内部的行政监管为辅。对行政紧急权的社会监督,主要方式是社会舆论的监督和人民群众的监督,此种监督相比上述国家监督更加民主、广泛、公开。

此外,法律和行政法规不能仅仅规定行政机关直接负责的主管人员和其他直接责任人员的法律责任。对于行政紧急权的行使程序也应当规定相关的监督条款,例如,对颁布紧急规则、采取或变更紧急措施以及行政公开的程序性进行监督。

六、结论

在紧急状态下,紧急行政权是一项必要而又危险的权力,行政紧急权的行使意味着行政机关上方悬着一把"达摩克利斯之剑",毫无疑问,行政紧急权必须受到法律的规制。因此,本文考虑了行政紧急权的必要性和限度,以及现有

---

① 孔东菊:《论政府行政紧急权的行使》,《法学杂志》2006 年第 4 期,第 100 页。

法律规制和实践中的不足之处，从宪法和立法的角度分析了行政紧急权的规制，并提出相关的完善建议。然而，关于行政紧急权的法律规制是一个庞大而复杂的命题，本文关于行政紧急权的立法建议主要是限定于行政紧急权行使的限制问题，其他问题还需进一步系统全面地探究。同时，徒法不足以自行，确保法律的有效实施才能真正地实现对行政紧急权的全面法律规制。